人際關係與溝通

王以仁 著

作者簡介

王以仁

學　　歷：國立政治大學心理學系學士
　　　　　國立政治大學教育研究所碩士、博士
　　　　　美國密西西比州立大學諮商員教育所研究

經　　歷：救國團青少年輔導中心台北市義務張老師、督導
　　　　　國立台灣海洋大學、輔仁大學兼任輔導教師
　　　　　銘傳商專、國立中山大學專任講師
　　　　　國立嘉義師範學院初等教育學系專任教授
　　　　　國立嘉義大學管研所兼任教授
　　　　　教育部第一屆「學生輔導諮詢小組」委員
　　　　　中華民國家庭教育學會常務監事
　　　　　台灣嘉義監獄諮詢委員
　　　　　宇宙光諮商中心諮詢顧問
　　　　　台南縣、嘉義縣家庭教育服務中心顧問
　　　　　嘉義縣衛生局社區心理衛生中心顧問
　　　　　國立嘉義師範學院秘書室主任、實習輔導室主任、進修部主任、
　　　　　　學生輔導中心主任
　　　　　國立嘉義大學輔導學系主任、代理師範學院院長、學務長、副校長

現　　職：國立嘉義大學輔導與諮商系所專任教授

　　　　　國立嘉義大學家庭教育研究所教授

　　　　　台灣家庭教育專業人員認證委員會委員

　　　　　中華民國家庭教育學會監事

　　　　　嘉義市婦女權益促進委員會委員

　　　　　救國團嘉義張老師諮詢委員

　　　　　教育部家庭教育諮詢委員會委員

　　　　　嘉義市性騷擾與性別歧視申訴評議委員會委員

主要著譯作：《教師心理衛生》（合著）

　　　　　　《心理衛生與適應》（合著）

　　　　　　《婚姻與家庭生活的適應》（合著）

　　　　　　《婚姻與家庭：配偶及家人間的溝通和調適》（著）

　　　　　　《親職教育：有效的親子互動與溝通》（著）

　　　　　　《學校輔導與諮商》（合譯）等

作者序

　　本人在大專院校從事教職工作至今正好滿二十五年，其中有半數時間每年至少都會教到一班有關「人際關係與溝通」的課程；所使用的教科書內容在舉例時，多半也是以相關的美國人情世故來介紹，而難免有隔靴搔癢之憾。加上長久下來，個人也會累積一些心得而想撰寫一本這方面的專書。這個想法從萌芽到現在已有十年時光，前後也找過三、四批將近有七位同道好友做過不同的規畫，可惜最後大都因過於忙碌而無具體結果！

　　今年二月正好有機會向任教學校申請到半年的休假研究，個人鼓起勇氣在一鼓作氣之下，利用一個休假學期再加上一個暑假，終於完成了這本包含理論、實務及實用等三篇，共計有十二章的《人際關係與溝通》一書。寫作的過程是十分地艱辛，甚至數度有想要中途放棄的打算；但寫完之後的成就感又是令人萬分雀躍，一切的壓力與不愉快也都一掃而空。

　　近年來「人際關係與溝通」這類課程，除了教育、心理與輔導相關系科列為必修之外，也經常成為大學各學系通識課程中的選修科目之一，其重要性更不在話下！作者有幸能在此領域做出一點貢獻，也算是為個人學術生涯增添一些繽紛色彩。當然，本書得以順利出版，心理出版社相關同仁們的支持與協助，亦是令我萬分感激者！

　　作者本人於埋頭撰寫的過程中，因時間匆促再加上個人才學相當有限，故本書內容中自不免會有疏漏之處，誠心企盼各位先進能不吝給予指正。

王以仁

謹識於嘉義大學民雄校區輔導與諮商學系

二○○七年九月

目錄

第一篇 理論篇

第三篇　實用篇

第 一 篇

理論篇

第一章

導論

◎**本章學習目標**◎

- 「人際關係」、「溝通」與「人際溝通」之意義為何？
- 何為無效與有效的溝通方式？
- 在「人際形成模式」中，將人際互動與溝通分成哪六個階段？
- 人際溝通具有哪五項的功能？
- 良好的人際關係與溝通能提供哪六方面的社會支持網絡功能？
- 人際溝通歷程中可歸納出哪六項基本的人際溝通原則？
- 一般社會為其人際關係常訂定的三項規則為何？
- 人際關係依其目標可細分為哪五種規範性規則？
- 有哪些因素會影響人與人之間的經常接觸及互動？
- 何以文化的不同會造成人際溝通上的衝突與損害？
- 中美文化的不同在人際溝通上有何重大差異？

報紙投書

認錯道歉才是負責的表現

三合一選舉終於落幕，民進黨慘敗而遭致許多的非議。尤其是針對選後陳總統沒有一句道歉的言詞，引來各方頗多的責難。我倒寧可相信阿扁總統不是不願意道歉，只是在極度錯愕之下錯失掌握第一時間致歉的拿捏，更可能會擔心僅僅口頭道歉而未提出任何具體改革的方案與行動，也怕會被批評為口頭講講、毫無誠意。

其實，道歉也沒有這麼複雜與困難，只要反躬省思若真的覺察出自己有錯，而願意真心誠意地承認錯誤即可。道歉的重點不在於內容及理由的說詞，態度才是真正核心之所在；想想看，當一個位高權重的大人物誠意地來登門道歉時，你還會挑剔他來的時機不對？帶來的禮物又不具實用性？所說的言詞更不夠優美嗎？

阿扁總統給我的正面最深刻印象，就是在競選連任台北市長輸了之後的真誠努力打拚形象。所以，若是陳總統當真認為自己有錯，就針對這些部分公開誠意地道歉即可，不須有過多的說明與解釋。至於，往後如何去改正和彌補，只要定出一個時間表且能認真去實踐，眾多百姓心中自有公論！

《聖經》箴言第十五章一、二節：「回答柔和，使怒消退；言語暴戾，觸動怒氣。智慧人的舌，善發知識；愚昧人的口，吐出愚昧。」所謂危機有時正是轉機，但若不知悔改而一意孤行去走險路，那就只有靜待往後人民與歷史的審判啦！（本文係本書作者在 2005.12.10，發表於《中央日報》第 9 版「全民論壇」）

由上述文章之中，可以明顯看出人際關係與溝通和互動表達之重要性；即使貴為國家的領導人，也必須特別注意自己的言談，尤其是在公開場合的論述，更得加倍謹慎才是。在本章中將分別針對人際關係與溝通的意義及功能、人際溝通的原則與規則、人際溝通的基本理論，及多元文化與人際溝通等部分，一一加以說明如後。

第一節
人際關係與溝通的意義及功能

壹　人際關係與溝通之意涵

一、人際關係

「人際關係」是指人與人之間互相交往而彼此影響的一種狀態，亦是一種社會影響之歷程（Brammer, 1993）。Heiman（2000）則認為，有意義的人際關係是奠定在情感的交流，願意分享彼此的想法、秘密，有坦承、開放的心和親密感之基礎上。

國內學者蕭文（1996）認為人際關係是指少數人，通常是兩個人或三個人之間的關係，亦即一個人對另外一個人的看法、想法及做法。張春興（2000）亦認為，人際關係是指人與人交感互動時，存在於人與人之間的關係；人與人之間的關係是心理性的，是對兩人或多人都發生影響的一種心理性的連結。而林淑華（2002）則認為，人際關係是人與人之間的心理交會、情感溝通，以及生命的對話所形成的一種特殊關係，包括親情、友情、師長、朋友、同學等之間的彼此互動與依存關係。

綜合上述國內外的觀點，可將「人際關係」歸納為：人與人之間相互往來而彼此影響的一種互動過程，屬於會變化的動態狀況，可包括親子關係、手足關係、夫妻關係、師生關係、同儕關係、同事關係、勞資關係以及兩性關係等。

二、溝通

Daniels 與 Spiker（1987）認為，「溝通」是指二人或二人以上，透過語言和非語言的互動，共同分享意義的過程。國內學者謝文全（1988）將溝通

定義為：個人或團體相互間交換訊息的歷程，藉以建立共識、協調行動、集思廣益或滿足需求，進而達成預定的目標。張春興（1989）的《張氏心理學辭典》中談到「溝通」一詞，是指一方經由一些語言或非語言的管道，將意見、態度、知識、觀念、情感等訊息，傳達給對方的歷程。而吳就君與鄭玉英（1993）則認為，「溝通」一詞的意義是指在社會情境中，兩人有意義的互動，交談時所發生之口語和非口語的行為；是人與人之間給予和取得資料的過程，亦即訊息傳遞的過程。

統整前述的說法可知，所謂的「溝通」主要是經由兩人或兩人以上，運用口語表達和非口語的行動，讓彼此有所互動且將想要傳達的想法、理念和情感做一番交流，而產生訊息傳遞的過程。

茲將「人際關係」與「溝通」二者加以互相結合，可視為係因人與人的接觸而形成了人際關係，一旦有了人際的互動，就會需要相互之間的溝通。這就有如 Verderber 與 Verderber（1995）定義「人際溝通」（interpersonal communication）為一種具有意義的互動歷程（process），雙方在溝通歷程中相互影響，且彼此對於溝通當時及溝通之後所形成的意義均負有責任。而國內丁興祥、李美枝與陳皎眉（1991）認為，所謂的「人際溝通」則是指藉著某種符號（symbols）的媒介，將一個觀念或訊息，由一個人傳遞到另一個人的過程。而張德聰與黃正旭（2001）則指出，「人際溝通」乃指至少兩人以上的傳達者，以口語或非口語的方式，有目的進行訊息傳遞的過程，在傳遞過程中同時交流雙方的感情、思想和知識等，是一種有意義的社會互動行為。

在人際溝通過程中，最基本的形式就是「二人間的雙向互動溝通往來」，他們因著互動過程與功能的不同，分別扮演著「傳訊者」與「收訊者」的角色。當然，角色因著需要及功能的改變，也會隨之互換及變更，這是極其自然和常有的事。在二人溝通的過程中，傳訊者腦海中有他希望與別人分享的感覺或想法，這些都會受到傳訊者的身體特質、心理狀態、社會經驗、知識以及技能所影響。要把意思轉變成可溝通的訊息，傳訊者必先予以編碼，再藉由相關管道傳遞出去，而這些管道通常是指聲音（語言）和光（非語言行為）。

如上所述，訊息是由語言及非語言行為所組成者，收訊者經由譯碼的過程而了解其意義。譯碼的經過會受到收訊者的整體經驗影響，同樣對傳訊者也有其特有因素，在影響傳遞的訊息結構。在譯碼與解碼時，收訊者把傳訊者的訊息轉成自己的語言及非語言訊息，並經由所選擇的回饋管道將其反應遞回給傳訊者；傳訊者再將收到的回饋解碼，以便解釋從收訊者取得的反應（這些會在本書第二章第二節中有詳細的說明）。同時，在整個人際雙向互動溝通之中，此一過程將不斷地被重複進行著。

貳　人際溝通方式

在人際溝通之中，有將其歸納整理為無效及有效的二種溝通方式，分別並說明如後（陳皎眉、江漢聲、陳惠馨，1996；陽琪、陽琬譯，1995）。

一、無效的溝通方式

Satir 在一九七二年指出，當採用以下四種溝通行為時，將會產生無效的溝通。

㈠責備

不聽別人的說詞，不管別人的感受，溝通的焦點在於別人的錯誤上，易使對方處於自我防衛的狀態。

㈡懷柔

與前者相反，試著取悅對方而不強調自己真正的觀點，讓對方不知道他在想些什麼，如此將無助於雙方的溝通，反而會降低個人的自尊。

㈢心不在焉

乃指收訊者牛頭不對馬嘴，或係轉移話題或是不願意回答，如此也會降低傳訊者的自尊，而未能達到有效的溝通。

㈣理智化

聽者以十分理智而毫無情感的方式，完全不考慮對方的感受，只重視邏輯與分析，讓對方感到挫敗而不知如何與之溝通。

二、有效的溝通方式

凡能藉由溝通而達到相互理解或產生一致決議者,都屬有效的溝通。然而卻也沒有所謂的固定標準可言,譬如 Davidson 和 Moore 在一九九二年曾提出四項關鍵因素:

㈠維持一個「安全」的氣氛

讓對方在發言時感受到不被威脅的安全氣氛是很必要的,且對傳訊者的發言加以確認並表示了解,將有助於雙方的溝通。

㈡做一個最佳聽眾

傾聽是溝通的首要因素且是必要的,因為能聽得進去且聽懂對方話中之含意,會使雙方感覺心有戚戚焉。

㈢多作自我表達

在彼此互動關係中需要讓對方知道自己在想些什麼,而不是玩猜謎遊戲讓對方無法進入你的世界。

㈣歧異爭論時能面對問題

雙方的差異是不可爭的事實,即使是雙胞胎也不見得想法是完全一樣的,因此遇到歧異點或是爭論,逃避並非長久之計,更無法有效地去解決困擾,認真地面對並試著溝通都是必要的。

而 Berne 於一九六一年依據 P － A － C 溝通分析理論,提出了人際之間溝通常出現的三種型式(引自邱錦昌,1981):

一、互補溝通

互補溝通是一種適當的、也是預期中的溝通方式,同時也遵循正常人際關係的自然法則,溝通雙方都能獲得對彼此相互期望的互補滿足。如以 Berne 的溝通分析而言,刺激與反應在 P － A － C 圖中成平行線時,就是互補溝通,例如:父母角色對父母角色。

二、交錯溝通

當一個人對另一個人有所期盼而沒有得到預期的反應，兩人之間的溝通就形成交錯溝通。當交錯溝通出現時，一般人可能採取逃避、退縮或改變溝通方式的策略因應。事實上，當交錯溝通出現時，即是人際關係出現障礙的訊號，而人際關係互動中的痛苦通常也是由此衍生出來的。

三、曖昧溝通

曖昧溝通最複雜，溝通的雙方可能有兩個以上的意圖，而且表面上的意圖往往與真正的意圖不同。在曖昧溝通中，人際之間充滿心理遊戲，亦即表面上看起來很好，實際上卻不好的溝通方式。這種溝通方式之所以不好是因為除了表面上的訊息之外，還隱藏著許多不為人知的訊息；與採取曖昧溝通的人交往，隨時都需要細聽他話中的含意，好像在玩捉迷藏一樣。玩心理遊戲的結果常讓人覺得好累、動輒得咎。尤其戀愛中的男女，有些期望不便直說只得玩曖昧的溝通遊戲，讓雙方都覺得戀愛的辛苦，甚至不歡而散。

由上述三種溝通方式的陳述可知，互補溝通是良好人際關係與溝通的基礎，而交錯溝通及曖昧溝通則往往是製造人際關係障礙的重要因素。

另外，Devito（1994）提出「人際形成模式」，將人際互動與溝通分成六個階段：一、接觸（contact）；二、投入（involvement）；三、親密（intimacy）；四、衰退（deterioration）；五、修復（repair）；六、解散分離（dissolution）。也就是說，人際關係與互動剛開始接觸時，會受到彼此的第一印象與個人相關條件的影響，其後將視雙方投入的程度來決定二者之間的關係能否臻於親密狀態；然而，在人際溝通與互動過程中，有時亦免不了發生一些誤會而使彼此關係衰退，倘若有可能澄清誤解則雙方關係則得以修復，否則一再地負面交往或衝突，最後不免會步上解散而分離之局面。

參 良好人際關係與溝通之功能

在人際關係與溝通的相關理論中,都強調人際關係與溝通的良窳,將是個人自我及人格能否健全發展的重要關鍵。事實上,良好的人際關係能讓個人活得久一點、過得快樂一點,且其身心也更健康一點。黃鈴媚、江中信、葉蓉慧譯(2007)提出五項人際溝通的功能,分別說明如下:

一、透過人際溝通滿足社交與心理需求

人類是社會的動物,與他人互動就像我們需要食物、飲水或睡眠一樣。我們與人談論的事情經常是芝麻小事,可能只是閒聊時說一些無關痛癢的話,或是交換一些生活資訊,有時也會吐露一些與利益福祉相關的深入話題。無論對話多麼嚴肅或重要,我們都會因滿足了與他人談話的需要,而獲得快樂與滿足感。

二、透過人際溝通達成目標

在溝通時我們試圖去達成某些目標(goals),這有可能是純粹藉此來表達善意,也許更複雜一點而要求老闆加薪。然而,無論哪種目標,都必須藉由彼此人際的溝通來讓對方知悉,如此也才有達成的可能。

三、透過人際溝通建立自我

透過溝通以及人與人的回饋關係中,我們才有機會更進一步認識自己,包括個人的優點及缺點,以及學會如何針對他人對我的所作所為,做出適當的回應。

四、透過人際溝通獲取資訊

通常個人可透過直接觀察、閱讀或媒體報導來獲得訊息,同時亦可從與他人的溝通對話及互動回應的過程中,接受到某些生活所需之重要資訊。

五、透過人際溝通，可影響他人也受他人影響

一般生活中任何資訊的交換，其目的不外乎是去影響他人。從向朋友借錢，到聆聽政治人物的政見發表、要求孩子趕快寫功課，都是在使用人際溝通試圖去改變他人的信念及行為，而他人也是使用相同的過程來試著影響你。

而根據苗廷威譯（1996）亦提到良好的人際關係與溝通，對個人的生活具有以下四方面的益處：

一、壽命

有良好人際關係或經常與他人保持良好互動者，壽命較失去良好人際關係的人要長些。例如，已婚男性在配偶死亡六個月內的死亡率上升了40%，自殺率也有上揚的趨勢，已婚女性亦類同。一項相關研究調查發現：在各年齡層裡，最缺乏人際關係的人較可能會死亡。

二、生理健康

已婚者和單身者相比，比較不會死於各種疾病。而且人際關係的親密與否，對男性的影響大過女性，對年輕者的影響大過年紀較大者。此外，有不少的研究發現，配偶、親朋好友能幫助病人克服疾病，加快痊癒的速度。擁有工作上的人際關係，對於健康也有幫助；尤其是女性，有工作對單身、喪偶或離婚者有顯著的幫助。

三、心理健康

未婚者罹患精神疾病的比例高於已婚者。綜合數十個大型研究結果所得的平均顯示：男性單身者罹病率是已婚者的三倍，在女性則是將近兩倍。另有研究發現，擁有美滿婚姻及工作的女性較不易罹患憂鬱症，因為這種親密的關係與互動，也同樣是一種社會支持。

四、幸福感

在「美國生活品質」的調查研究中，不論男性或女性，已婚者都比未婚者有較高的幸福感，尤其是那些沒有子女的夫妻。針對孤獨感的研究結果顯示，覺得孤獨的人也較傾向於覺得不幸福、沒有自信與低自尊等；而人之所以覺得孤獨，通常是因為缺乏朋友或其他的人際關係。

為什麼良好的人際關係對個人的身心健康有如此正面的幫助呢？綜合相關研究得知，其機轉在於良好的人際關係可提供下列六方面的社會支持網絡（social support net）功能，來協助個人因應來自社會與家庭的巨大壓力：

一、親密依附

透過良好的人際關係可提供一種沒有條件的依附安全感，其中自然也包含著深度關懷和信任感在內。

二、知心朋友

知心朋友之間可以相互接納及傾吐心事，這能發揮類似心理治療的過程與效果，藉此協助個人紓解生活壓力，亦可增進對自我的了解與接納。

三、自信與自尊

來自別人的肯定能強化個人對自己的信心，他人的關懷與友誼也會讓個人認為自己是值得愛的人，而對自己更有信心及相信自己的能力，也能有較高的自尊。

四、實質上的幫助

良好的人際關係網絡能夠提供個人實質上的協助，以因應生活瑣事所造成的困擾，讓個人不致因一連串的小困擾而形成大壓力，這是最直接的支持體系。

五、資訊上的幫助

　　廣泛而良好的人際關係能提供個人較多資訊上的協助，以便能快速而有效地解決問題。例如，職業婦女如有良好的人際關係網絡，在解決托兒問題時，就比沒有人際網絡者有較佳的效率。

六、社會整合

　　當個人能受到眾多朋友的接納，或是能夠參與一些團體活動，會讓其感到在整體社會關係中，能得到他人的接受與肯定，並可提高個人的價值感。

第二節　**人際溝通的原則與規則**

壹　**人際關係與溝通之原則**

　　在一般人際溝通之歷程中，可以歸納出六項基本的人際溝通原則（王以仁、陳芳玲、林本喬，2005；洪英正、錢玉芬編譯，2003；黃鈴媚、江中信、葉蓉慧譯，2007；曾端真、曾玲珉譯，1996），今分別加以說明如下：

一、人際溝通具有連續不斷的持續性

　　在家庭中某些成員之間的關係緊張或經常爭吵（例如：某些家庭親子之間相應不理，夫妻之間經常彼此大聲爭執），都可以看出他們之間的人際溝通具有長期的持續性。因為人際間的溝通可以是屬於語言或非語言性質，在與他人的接觸往來中，我們時時在傳遞出別人可以下定義及做推論的行為訊息；人際的互動與溝通行為並非僅僅限於某個單一事件，而與其過去的觀點、交往經驗、所處環境等因素均有密切的相關。

二、人際溝通具有其目的性

人與人之間的談話溝通必有其目的，不論其目的是否能被溝通的雙方充分地意識到或是達到。在家人之間的溝通過程中，孩子經由發問來試探父母的心意與標準；同時，父母也會藉由聊天閒談，不經意地表達出對孩子的期望及引導。二人之間經常藉由語言的互動，不斷地持續進行下去，這其中一定包括個人意識或潛意識方面的預期；即使是閒聊式的溝通，彼此談談藉此增加互動或打發時間，均可說是達到其目的了。

三、人際溝通具有整體性

在人與人的溝通中經常是以整個打包好的語言或非語言訊息之形式出現。且通常語言或非語言訊息之間會一致地相互增強，就如同一個人在恐懼時不會全身的肌肉都放鬆；然而，當訊息之間出現了衝突情況，就值得多加注意，就像某人堅持他說的全是實話，但其眼神卻是閃爍而逃避與他人接觸時，就得多質疑其真誠與誠實性了。

四、人際溝通具有相對的關係性

在任何溝通過程中，人們不只是分享內容意義，也藉此顯示彼此之間的關係。在互動行為過程中，將涉及人際關係的情感與誰是主控者二層面，其中關係的控制層面又可分為互補的或對稱的二種情形。在二人的互補關係中，其中一人讓另一人來決定誰的權力較大，因而後者的溝通訊息可能是支配性的，而前者的訊息則是在接受這個支配。而對稱關係中，人們不同意有誰居於控制的地位；當其中一人表示要控制時，另一人將挑戰他的控制權以確保自己的權力。在家庭關係中的控制權問題也不是經由一次交談就達成協議，而是經過長時間的溝通、澄清來達成；在家中互補關係比對稱關係較少發生公然衝突，但在對稱關係中彼此的權力較可能均等。

五、人際溝通具有不可逆轉性

在人際的關係與溝通過程中，一旦產生了互動與交流就不能加以撤銷或忽視，這就有如俗話說的「一言既出，駟馬難追」！有時，在人們的相互溝通中做出某項承諾卻無法兌現，說了某些話又覺得不恰當，但這些都是絕對無法改變及逆轉者，即使接下來可以「做一番澄清」或「設法加以解釋」，仍無法將其完全收回；故在二人之間互動溝通中的每一個細節，均無法佯裝不知或企圖蒙混過去。

六、人際溝通必須經由學習而獲得

人際關係與溝通看來好像都是挺自然的，有如與生俱來的能力，也不易察覺自己的溝通行為是否有所偏差。在與家人相處溝通的互動過程中，要抱持著我不完美而須不斷學習的積極心態，這樣才能改善並提升彼此的溝通層次與實際效果。事實上，由於我們個人的背景因素，都會擁有一些用來和別人有效相處的溝通技巧；但仍然缺乏一些必須具備的其他溝通技巧，這些都需要藉由不斷的學習和練習當中去獲得。

上述六項既然稱之為人際溝通的基本原則，可見在人與人的互動過程中，必然還會有些例外的，這也就是在這六項原則之上還有個共推的特性，就是「要靈活地實際加以運用」，亦即要能發揮適時的調整作用才行！我們不是常說做人處事必須同時考慮到「5W」，分別為人（who）、事（what）、時（when）、地（where）、物（which one）。譬如說，在一個機構正式會議的場合，在討論某項議案中針對反對者進行遊說式的發言，這時所說的每個字、每句話都應非常正式，必須完全遵守人際溝通基本原則中的「人際溝通具有其目的性」與「人際溝通具有不可逆轉性」，同時「人際溝通具有連續不斷的持續性」也會在會議成員之間發酵。反之，若是一對情侶在公園中談情說愛時，其間的言談內容必然不宜太過正式，也不需要顧慮「人際溝通具有不可逆轉性」這項原則啦！

貳 人際關係與溝通之規則

在此除了介紹人際溝通的基本原則外，於人際社交往來和溝通中也會訂定一些相關的規則。亦即是指「大多數人（一個團體、鄰居或次文化團體的大部分成員等）所認為或相信大家都應該表現或不該表現的行為」。以下列舉一般社會為其人際關係常訂定的三項規則，敘明如下：

一、法律

法律事實上就是將約定俗成的規定加以明示的結果，例如手足不得通婚、個人不得重婚等。法律對人際關係的約束力最大，但也是最特定的（只及於法律條文中規定的行為）。

二、道德

次於法律的規則是道德，它是指受到多數人認可的規定。在人際交往中，違反道德的行為將會受到他人的抵制，嚴重時更會影響人際交往。例如宣揚他人的隱私，這種行為是不道德的，而宣揚者將受到他人的抵制，包括拒絕與他互動、唾棄他等。

三、民俗或禮節

民俗或禮節通常是個人為了避免失禮，或與他人有所不同而自動遵循的規則，其強制性不如法律及道德，但所影響的層面卻最廣，大至婚宴儀式，小至出門穿不穿襪子，都可以算在內。

除上述規則分類外，與人際關係有關的規則還可依其目標，細分為下列五種類型：

一、規範性規則

規範性規則是用以維繫人際關係，使之得以繼續運作者，在所有國家或

文化中共有之規範，包括：尊重對方的隱私、不透露他人的秘密，及不公開批評對方。

二、酬賞性規則

所謂報酬性規則是規範個人在人際關係中獲得或供應報酬的種類或質量者，在所有國家或文化中共同者，包括：分享成功的消息、回報恩惠與讚美，及表現情緒支持等。

三、親密性規則

在不同人際關係中，有不同的親密性規則。例如，家庭中的人際關係親密程度及分寸與朋友之間不同，我們要求家庭中的人際交往方式是要有較高的親密行為，而對朋友則沒有對家人的高，至於同事、鄰居就更低了。

四、協調與避開困難的規則

這類規則適用於特定關係之中，並具有協調集體行為的功能，以便能達成人際關係的目標，例如，「朋友之妻不可戲」就屬於其中明顯的一項。

五、與第三者之間的規則

在人際關係與交往的過程中，有時可能會牽涉到第三者，如何處理第三者的問題也應該加以規範，例如，對於不在場第三者之隱私或意見的處理。

在所有人際關係中，規則的存在是一定必要的，所有情境中的行為都受到某些規則之支配或影響，這包括正式和非正式場合中的人際關係。規則在人際關係中具有減低可能導致關係破裂的潛在衝突來源，及提供了社會交換以誘使個人保持社會關係的兩項主要功能。同時，了解規則可以成為個人學習社交技巧的指引，藉著事先了解人際間互動關係的規則，個人能夠比較有效率地事先學習人際互動中必備的社會交往技巧，以增進個人良好的人際關係。而要如何去發現規則呢？其一是詢問團體的成員什麼是他們認為應該做的，然後歸納出其中意見一致的地方；其二是詢問團體成員如果某種規則被

破壞了，會發生什麼情況？是否會導致關係的破裂？如果答案是肯定的，那麼這就屬於團體中人際互動之重要規則。

參 人際關係與溝通之影響因素

人與人之間要在一段時間裡與某些人經常保持社會接觸，有些基本的條件會影響人與人之間是否能經常保持接觸，包括空間因素與時間因素。其中，前者係指人與人的空間距離如何，譬如常說的「辦公室戀情」，就是如此；而後者提到的時間因素，是指想要經常保持接觸的人就會想辦法挪出時間來互動，在熱戀中的情侶即是如此。因此，在日常生活的人際關係中，彼此時間的配合以及時間的多寡都會影響人際間的效率。

如果空間能接近、時間亦允許，是不是人與人之間就一定能形成緊密的、友善的、平等的、良好的人際關係呢？其實也不盡然，還需要考慮以下四項因素（邱錦昌，1981；張老師月刊編輯部，1987；詹火生、張笠雲、林瑞穗，1988；Levinger & Snoek，1972）：

一、人際吸引的條件

(一)外表吸引力（第一印象）

第一印象指的是人際交往時，第一次見面時對彼此的觀感，包括：1.個人的外貌、衣著、身材等方面；2.個人的名聲、他人的評價等；3.言行舉止，含括非語文的肢體語言在內。通常一個受歡迎的人，對於自身的舉止、衣著、言行等都會盡力修飾，以便在與人交往時能夠自然表現善意（包括表情、動作、言語等）。

(二)互動與喜歡

人際交往如缺乏互動的機會，即使每天同處一室也不容易產生緊密、善意的人際關係。因為一旦缺乏了解彼此的機會，也就無法進一步交往；反過來說，即使有機會交往，但彼此間缺乏好感，相處久了也只會更痛苦。

(三)相似或互補

　　所謂「物以類聚」，意思是說，人與人相處總會找與自己特質相近或互補的人在一起。人際交往中，能夠符合人際關係定義中要求「經常保持相互的接觸」，就不僅是良好的第一印象、彼此有互動機會及好感所能夠維繫的，還需要交往個體之間在人格特質及態度、價值觀等方面，有某種程度的相似或互補，如此才可讓互動的雙方相互吸引，並保持較長時間的往來。

二、人際互動規則的遵守

　　如上所述，在人際交往歷程中有許多應遵守的規則，如果未能遵守這些規則，其人際間的互動關係可能因此被破壞或中止。例如，中國人講究面子，中國人的面子情結使得人際交往中有些事不可做，否則將破壞人際交往的規則。因此，在中國人的社會中，為維持面子所常見的面子行為有以下四項：
(一)聲明性行為：就如所謂的「醜話講在前面」。
(二)恪守禮儀：以遵守禮節來增加自己和他人的面子。
(三)加強能力：增強自己的能力，以減少行為的失誤，並可藉此增加籌碼。
(四)自我防衛：為逃避面子的壓力，所採用的策略包括否認、從社會接觸中退縮等。

三、人際溝通的暢通

　　人與人間的溝通一般是指將個人的意思、觀念、消息、知識、情感等傳達給對方，且為他能知覺到這些行為，其中包括語言或非語言的部分；然而在此傳遞訊息的互動過程中，須能具備相當程度的順暢及成效，而非只要傳達了意思就算是溝通。

四、人際互動關係的滿足

　　以人際交換理論的觀點，人際間持續交往的理由中，有一部分原因來自於彼此需求的滿足。在現實的人際關係中，如果人與人之間不能再滿足彼此的需求，其關係會漸淡、甚至消失。因此有人說：世間沒有真正的朋友，也

沒有永遠的敵人。這句話不一定是真，但卻可用以描述個人無法在互動關係中獲得滿足的結果。反過來說，如果個人在人際互動中滿足他的需要，是否就表示這樣的人際關係會持續下去呢？答案似乎也不盡然。例如，在親子關係中，不論子女年紀大小，父母總想盡辦法滿足子女的需要或願望，親子關係不容易因需要的滿足與否而改變；但在非親屬關係的人際交往中，如果交往的動機僅止於表面需要，如尊重、讚許或物質報酬，甚至利益交換的滿足，既是因利益結合，當利益不存在時，當然關係也就隨之中止了。

第三節　人際溝通的基本理論

　　有關人際溝通的理論相當多，在此僅就最主要且在本書論述中常被提及的三種理論，一一加以介紹如後。

壹　人際需求理論

　　人際需求理論（interpersonal needs theory）方面，主要係以 A. H. Maslow 的需求階層論（need hierarchy theory）為基礎，以此來解釋動機的需求表現。他將人的需求分為五個層級，由最基本的需求逐次向上提升，依次分別為：生理需求、安全需求、愛與歸屬的需求、自尊需求，及自我實現需求。從此理論可以看出，在生理需求、安全需求這種生存基本條件滿足後，人們會更進一步產生人際關係等一系列較高層次的需求。

　　Schutz 於一九七三年則提出人際關係的三向度理論（three-dimensional theory）。他認為每個人都有人際關係的需求，而人際關係的滿足與否可能影響自我概念；他將人際關係的需求分為三類，即接納（inclusion）、控制（control）及情感（affection）三方面需求，不同需求類型的人會發展成不同的人際反應特質，略述如下（黃淑玲，1995；曾端真、曾玲珉譯，1996）：

一、接納

接納的需求亦即為歸屬的需求,是個人存在於團體中的慾望,是一種覺得自己重要、有價值,而且被愛、被關懷的感覺。雖然每個人滿足這種需求的人際互動量有所差異,但一般而言,每個人都會有這方面的社會性需求。個人如果被團體接納,則不會感到孤寂;反之,較少接納需求的人,常常與別人保持距離,傾向於內向而退縮。

二、控制

控制的需求是成功地影響周遭人、事、物的慾望,指個人在權力、人際間影響力及權威之間做決定的過程,而且每個人的控制需求是有差異的。控制需求低的人,服從權威但規避責任,不做決定且不願意承擔責任;控制需求高的人,則競爭性強,但需要時時駕馭他人,否則會焦慮不安,然而亦無法擔負做決定的責任。唯有控制需求適當的人,才可能適度地被人控制並控制別人,並有信心去調整自己的角色。

三、情感

情感的需求及愛的需求,反映出一個人表達和接受愛的慾望。情感代表兩個人之間親密的情緒感覺,尤指不同程度愛和恨的感覺。情感需求太少的人常避開人群,不談感情的事,也不信任自己的情感。另外一種情感需求過度強烈的人,則極端需要別人喜歡,藉著別人的喜歡來減輕自己的焦慮。唯有情感需求適中的人,才能接納別人的情感或別人的拒絕,並滿意於自己的人際關係。

貳 社會交換理論

社會交換理論(exchange theory)是由 Homans 於一九五○年左右提出的,主要是從經濟學與心理學領域的觀點出發,他認為在人際交往的互動當

中，可有如一般商品交換形式，藉由酬賞（reward）和成本（cost）的互換與計算，來加以了解人際互動行為，而且人們常常期待高酬賞、低成本的互動（曾端真、曾玲珉譯，1996）。酬賞包括物質性的酬賞，或能滿足對方需求的語言和非語言行動；成本則是為了維持繼續的關係，所必須付出的時間、金錢或精力等。交往的過程中酬賞與成本會相抵，而得到一個正或負的結果。

社會交換理論進一步提到，人們有意識地、故意地衡量任何關係的代價與報酬，亦即人們會理性地選擇繼續或終止關係。所以，此一理論假設人能從經濟觀點進行理性的行為分析，尋求對個人有利的關係，而避免付出太多。事實上，雖然人可能在大部分的情況下是理性的，但卻仍無法解釋部分過於複雜的人類行為。不過，從投資報酬觀點來檢視人際溝通的互動關係，仍然是有幫助的。特別是在關係停滯時，可檢視雙方的代價和報酬，以便在關係完全惡化之前調整某些層面的關係。

參 基本焦慮理論

Horney 於一九四五年以社會的內涵來了解人格之形成，而提出了基本焦慮論（basic anxiety theory）。他認為一個人若得不到某些人際關係時，會覺得外在世界與他人都對他懷有敵意，而他和外在世界亦是敵對的。當人覺得自己是孤獨、無助而受到脅迫時，進而會產生了基本焦慮，為對抗此種焦慮通常他會採取下列三種方式之一來保護自己（徐西森、連延嘉、陳仙子、劉雅瑩，2002）：

一、接近他人（moving toward people）。

二、對抗他人（moving against people）。

三、遠離他人（moving away from people）。

Horney 認為，我們每個人都會因人、因時、因地來運用這三種策略，如果只僵化地使用某一策略時，將會造成某種精神不適之症狀。

第四節　多元文化與人際溝通

 經驗分享

評論學術期刊文章的不同角度

　　一九九五年初我前往美國密西西比州立大學（Mississippi State University）進修，第一學期就選修了二門博士班課程，其中一門是三學分的「高等研究法」，講授者是一位中壯年的教授，他上課時口若懸河、滔滔不絕，一副頗有自信的模樣。他剛開始就要求每兩週要評論（criticize）一篇他選的著名學術期刊的研究論文，我第一次做這份作業時，都以提出這篇研究論文的優點來著墨；因為我認為著名學術期刊都會有極嚴格的審查制度，能被刊登出來者必是一時之選，怎麼會輪到我來批評指正呢！

　　哪知我把第一篇評論作業交出去後，在下一次上課中間休息時間，授課教授就把我叫去，他要求我在每篇評論作業中，至少要指出三項缺點並提出修改建議，否則拒絕接受我的評論作業。我當然會據理力爭提出我的看法，但最後這位授課教授仍然堅持再棒的研究論文都不可能是完美的，每篇找出三項缺點是修習這門「高等研究法」所必須達成者。同時，他也強調每個人都可以有自己不同的角度與看法，只要能自圓其說或自成一體就可以表達出來。

　　從這一門課程修習過程中，我體認到美國人的直爽、自信與自我肯定，凡事大都採取「只對事不對人」的態度與做法，漸漸地我在自我表達和自我肯定方面，也有了頗多的學習與進步，同時更能理解中美之間在做人處事及互動往來上之差異，亦能掌握彼此有效溝通的訣竅。

上述小方塊的經驗分享是我個人過去在美國進修時的親身經歷。從這整個敘述過程中，不難發現中美文化之間的差異，確實容易造成彼此相互溝通的誤解與衝突。以下將針對人際溝通的差異性及不同文化造成的溝通差異，來一一敘明。

壹 人際溝通的差異性

差異性（diversity）是指人與人之間的變化，影響著溝通過程中幾乎每一個部分，而人們了解彼此多半仰賴其身分及所使用的語言。大部分差異性的討論都與文化有莫大的關聯，當討論到文化的溝通脈絡時，文化（culture）可被定義成「相當大批的一群人所共享的知識系統」；所謂共享的知識系統，包括共享的信仰、價值、符號及行為系統。跨文化傳播學者Andersen（2000）認為，對溝通學者來說，文化是重要的概念，因為每一位溝通者都是文化下的產物。

正因如此，吾人必須更加慎重地檢視自己的溝通行為，以免在與自己文化背景不同的他人互動時，不自覺地造成文化上的冒犯，進而損害彼此之間的關係。雖然，在討論差異性時多半是來自於文化的部分，但是我們同時也必須對於性別、年齡、社經地位、身體特質等方面之差異處處留意，以免因這些差異而影響了相互的人際溝通。

貳 不同文化造成的溝通差異

文化是由影響某一地區多數人行為的共同信仰、價值觀及生活規範所組成者。譬如回教文化、猶太文化、黑人文化、同性戀文化或公司組織文化，都各有其特色與差異。以猶太民族慶祝逾越節而言，就是要藉此提醒其族人不要忘了他們與上帝之間具有特殊關係的信仰文化；而台灣人過「九九重陽節」，則反映出華人社會中尊敬老年人的傳統文化。

通常，美國被公認為是較不重形式文化的國家，美國人凡事都直來直往，

也會比其他國家的人有更多的自我表達及自我揭露。特別在跨文化友誼互動的初期，因著對立的開放與封閉行為之間的差異，更容易引起誤解與不悅。譬如，美國人看英國人太保守，似乎對追求真誠友誼毫無興趣，因其不回饋也不常自我揭露；但英國人可能視美國人的自我揭露為無禮、不宜而令人困惑。只有在了解了不同文化如何看待自我表達和隱私的恰當性之後，我們才能夠適應不同情境做不同層次的表達與坦露。這個部分，若對照著作者在本節開始所做的經驗分享，即可發現跨文化差異的確容易造成溝通上的障礙。

國內，根據嚴竹華（1999）在文化差異影響行為方面進行的研究，比較中國儒家文化與西方基督教文化（以美國為主）之內涵，及其對世俗化溝通行為的影響。結果發現，中西雙方不同的倫理價值體系與溝通行為確實有所差異，西方人受基督教倫理影響，表現在世俗行為中是傾向於「就事論事、一次解決」的溝通；而中國人因受儒家倫理規範影響，表現在世俗行為中是傾向於「人情世故、細水長流」的溝通。此一研究發現，若與作者在本節開始時所做之經驗分享來加以對照，則不難發現跨文化之差異情形，確實會造成彼此在價值體系與溝通行為上的不同，亦容易因此產生相互溝通上的障礙。

故在加入本土社會文化考量之下，以重視人際和諧關係的雙構面（事／人）觀點，採取中國人考慮「事」與「人」共同兼顧為優先，若無法同時兼得則退而求其次，會採取先考慮「人」的溝通，以期能建構了解本地社會或組織之溝通模式。

再者，交流分析理論（TA）認為，交叉型溝通是容易造成彼此中斷，或至少有一方會採取規避、退縮的溝通；但在中國社會中，人際間「負向交叉型」溝通確實可能成為無效的溝通方式，且更可能引發關係破裂或衝突的不良後果。但若雙方採用「正向交叉型」溝通時，在本地社會中則被認為是和諧、滿意的溝通，而且更可建立長期的人際關係。由此溝通能力與溝通態度關係之研究發現，完整的本土化溝通行為分析，已將「事」與「人」合併加以考量，其間之權衡取捨正表現出文化的特性。因此，可根據本土化特性來修正 TA 模式的內涵及建構，並得到與西方理論頗為不同的結果。

有鑑於多元文化在人際溝通上可能造成的差異，於本書寫作過程中除蒐

集整理國內外相關文獻外,特別在各章之中亦加上作者親身經歷的相關經驗,及近年來在台灣各大報紙之有關投書,期盼能由此加強文化差異方面的適度平衡。同時,在各章之末均有介紹一項「班級╱小團體活動」,藉此增加修課或閱讀者能與同班、同組或同寢室同學,一塊兒經由其中之個人分享與彼此回饋,來減少因個別差異所帶來的溝通障礙。

本章摘要

　　「人際關係」是人與人間相互往來而彼此影響的一種互動過程，屬於會變化的動態狀況，可包括親子關係、手足關係、夫妻關係、師生關係、同儕關係、同事關係、勞資關係與兩性關係等。而「溝通」主要是經由兩人或兩人以上，運用口語表達和非口語的行動，讓彼此有所互動且將想要傳達的想法、理念和情感做一番交流，而產生訊息傳遞的過程。

　　將「人際關係」與「溝通」二者加以互相結合，可視為係因人與人的接觸而形成了人際關係，一旦有了人際的互動，就會需要相互之間的溝通。在人際溝通過程中，最基本的形式就是「二人間的雙向互動溝通往來」，他們因著互動過程與功能的不同，分別扮演著「傳訊者」與「收訊者」的角色。當然，角色因著需要及功能的改變，也會隨之互換及變更，這是極其自然和常有的事。

　　在人際溝通之中，可將其歸納整理為無效及有效的二種溝通方式。當採用責備、懷柔、心不在焉與理智化等四種溝通行為時，將會產生無效的溝通；倘能維持一個「安全」的氣氛、做一個最佳聽眾、多做自我表達與歧異爭論時能面對問題，則易產生有效的溝通。

　　而 Berne 於一九六一年依據 P－A－C 溝通分析理論，提出了人際之間溝通常出現的三種型式，分別是互補溝通、交錯溝通及曖昧溝通。其中，互補溝通是良好人際關係與溝通的基礎，而交錯溝通及曖昧溝通則往往是製造人際關係障礙的重要因素。另外，在「人際形成模式」中，將人際互動與溝通分成：接觸、投入、親密、衰退、修復及解散分離等六個階段。

　　人際關係與溝通相關理論中，都強調人際關係與溝通的良窳，將是個人自我及人格能否健全發展的重要關鍵。而人際溝通也具有五項功能：(1)透過人際溝通滿足社交與心理需求；(2)透過人際溝通達成目標；(3)透過人際溝通建立自我；(4)透過人際溝通獲取資訊；(5)透過人際溝通，可影響他人也受他人影響。

另外，良好的人際關係與溝通，對個人的生活中的壽命、生理健康、心理健康與幸福感均有助益。同時亦能提供親密依附、知心朋友、自信與自尊、實質上的幫助、資訊上的幫助與社會整合等六方面的社會支持網絡功能。

在一般人際溝通之歷程中，可以歸納出六項基本的人際溝通原則，分別是：(1)人際溝通具有連續不斷的持續性；(2)人際溝通具有其目的性；(3)人際溝通具有整體性；(4)人際溝通具有相對的關係性；(5)人際溝通具有不可逆轉性；(6)人際溝通必須經由學習而獲得。而在這六項原則之上還有個共推的特性，就是「要靈活地實際加以運用」，亦即要能發揮適時的調整作用才行！也就是說，做人處事必須得要同時考慮到「5W」，分別為人（who）、事（what）、時（when）、地（where）、物（which one）。

在人際社交往來和溝通中也會訂定一些相關的規則，通常一般社會都會為其人際關係訂定三項規則，分別是法律、道德與民俗或禮節。其次，人際關係有關的規則還可依其目標，細分為規範性規則、酬賞性規則、親密性規則、協調與避開困難的規則，及與第三者之間的規則等五種類型。在所有人際關係中，規則的存在是一定必要的，所有情境中的行為都受到某些規則之支配或影響，這包括正式和非正式場合中的人際關係。規則在人際關係中具有減低可能導致關係破裂的潛在衝突來源，及提供了社會交換以誘使個人保持社會關係的兩項主要功能。

人與人之間要在一段時間裡與某些人經常保持的社會接觸，有些基本的條件會影響人與人之間是否能經常保持接觸，包括空間因素與時間因素。其中，前者係指人與人的空間距離如何，俗話說「近水樓台先得月」就是如此；後者提到的時間因素，是指想要經常保持接觸的人就會想辦法挪出時間來互動。如果空間能接近、時間亦允許，也不盡然就能形成良好的人際關係。因還須考慮人際吸引的條件、人際互動規則的遵守、人際溝通的暢通，及人際互動關係的滿足等因素。

人際溝通的理論相當多，在此僅說明最主要的三種理論，分別是：人際需求理論（包括需求階層論與三向度理論）、社會交換理論（藉由酬賞和成本的互換與計算），及基本焦慮理論（採取接近他人、對抗他人或遠離他人

三者之一的策略）。

　　差異性是指人與人之間的變化，影響著溝通過程中幾乎每一個部分，而人們了解彼此多半仰賴其身分及所使用的語言。大部分差異性的討論都與文化有莫大的關聯，文化是重要的概念，因每一位溝通者都是文化下的產物。人必須更加慎重地檢視自己的溝通行為，以免在與自己文化背景不同的他人互動時，不自覺地造成了文化上的冒犯，進而損害彼此之間的關係。

　　文化是由影響某一地區多數人行為的共同信仰、價值觀及生活規範所組成者。在文化差異影響行為方面的研究，比較中國儒家文化與西方基督教文化之內涵，結果發現中西雙方不同的倫理價值體系與溝通行為確實有所差異。西方人受基督教倫理影響，表現在世俗行為中是傾向於「就事論事、一次解決」的溝通；中國人因受儒家倫理規範影響，表現在世俗行為中是傾向於「人情世故、細水長流」的溝通。在加入本土社會文化考量下，以重視人際和諧關係的雙構面（事／人）觀點，採取中國人考慮「事」與「人」共同兼顧為優先，若無法同時兼得則會採取先考慮「人」的溝通，以期能建構了解本地社會或組織之溝通模式。

班級／小團體活動

※「個人擬物化」的分享活動。

活動名稱：個人擬物化。

活動成員：同班、同寢室或修課同學，以 5-8 人分為一小組來進行。

活動時間：40-50 分鐘。

活動方式：一、小組成員先圍成一個圓圈，而後輪流說他自己像什麼，講話
的方式就如：「我覺得自己像……」，並進一步加以解釋說
明之。

二、自我比喻可用動物、植物、無生物等來表示，亦可限定只能
用動物等方式來進行。

三、個人自我比喻說明之後，小組的其他成員可立即給予相關之
回饋。

本章習題

一、何謂「無效」與「有效」的溝通方式？請以你自己親身的相關經驗分別
　　加以闡述之。

二、人際溝通所具有的功能有哪些？試自我評估在這些功能項目中，哪一項
　　是你最擅長發揮者，並請具體敘明之。

三、針對人際溝通歷程的六項基本原則，列出你認為最重要的三項，並且進
　　一步說明其理由為何？

四、以你個人的經驗，在諸多人際關係規則中，哪一項對人際的運作與維持
　　最重要？試詳細論述之。

五、請列舉一項你個人親身經驗過因不同文化差異，造成人際溝通上的誤解
　　或衝突事件。並試著深入自我剖析與批判。

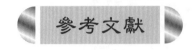

參考文獻

一、中文部分

丁興祥、李美枝、陳皎眉（1991）：**社會心理學**（第 3 版）。台北：國立空中大學。

王以仁、陳芳玲、林本喬（2005）：**教師心理衛生**（第 2 版）。台北：心理出版社。

吳就君、鄭玉英（1993）：**家庭與婚姻諮商**。台北：國立空中大學。

林淑華（2002）：**國小學童情緒管理與人際關係之研究**。未出版之碩士論文，國立屏東師範學院國民教育研究所，屏東。

邱錦昌（1981）：**人際溝通技術在學校輔導上的應用**。台中：台灣省教育廳。

洪英正、錢玉芬編譯（2003）：**人際溝通**。台北：學富文化公司。

苗廷威譯（1996）：**人際關係剖析**。台北：巨流圖書公司。

徐西森、連延嘉、陳仙子、劉雅瑩（2002）：**人際關係的理論與實務**。台北：心理出版社。

張老師月刊編輯部（1987）：**中國人的面具性格**。台北：張老師出版社。

張春興（1989）：**張氏心理學辭典**。台北：東華書局。

張春興（2000）：**現代心理學**。台北：東華書局。

張德聰、黃正旭（2001）：台灣網路族群人際溝通之調查研究。**生活科學學報**，7，29-60。

陳皎眉、江漢聲、陳惠馨（1996）：**兩性關係**。台北：國立空中大學。

陽琪、陽琬譯（1995）：**婚姻與家庭**。台北：桂冠圖書公司。

黃淑玲（1995）：**國民小學學生人際關係、學業成就與自我觀念相關之研究**。未出版之碩士論文，國立高雄師範大學教育學系，高雄。

黃鈴媚、江中信、葉蓉慧譯（2007）：**人際關係與溝通**。台北：前程文化公

司。

曾端真、曾玲珉譯（1996）：**人際關係與溝通**。台北：揚智出版社。

詹火生、張苙雲、林瑞穗（1988）：**社會學**。台北：國立空中大學。

謝文全（1988）：**教育行政──理論與實務**。台北：文景出版社。

蕭文（1996）：國中學生人際關係欠佳之輔導研究。**教育與心理研究，1，** 218-223。

嚴竹華（1999）：**溝通能力與溝通態度對溝通效能影響之研究**。未出版之碩 士論文，私立中原大學企業管理學系碩士班，桃園。

二、英文部分

Andersen, P. (2000). Cues of culture: The basis of intercultural differences in non-verbal communication. In L. A. Samovar & R. E. Porter (Eds.), *Intercultural communication: A reader* (pp. 258-266). Belmont, CA: Wadsworth.

Brammer, L. M. (1993). *The helping relationship: Process and skill.* New York: Allyn & Bacon.

Daniels, T. D. & Spiker, B. K. (1987). *Perspectives on organizational communication.* Dobuque, Lowa: Brown.

Devito, J. A. (1994). *Human communication: The basic course.* New York: Harper & Row.

Heiman, T. (2000). Friendship quality among children in three educational settings. *Journal of Intellevtual & Developmental Disability, 25*(1), 1-12.

Levinger, G. & Snoek, J. D. (1972). *Attraction in relationship: A new look at interpersonal attraction.* Morristown, NJ: General Learning.

Verderber, R. F. & Verderber. K. S. (1995). *Interact: Using interpersonal communication skills* (7th ed.). Belmont, CA: Wadsworth/Thomson Learning.

第二章

人我之間

- 自處是指個人如何面對與掌控自我，其具體內涵為何？
- 人際關係的建立與持續進展，可分為哪四個階段？
- 生活態度有哪四種類型？
- 在溝通的基本模式中，包括哪些元素？
- 現代人常用的五種溝通方式（管道）為何？
- 對自己的認識包括主觀我及客觀我，如何以此二者來建構成自我的周哈里窗？
- 自我概念包含自我形象及自尊，而個人的自我概念又是如何組成的？
- 自我概念的組成可統合為整體層級圖，其最上層、第二層及最底層各為何？
- Kinch 提出自我概念與溝通之間關係的模式圖為何？
- 性別特質角色的類型有哪四種？
- 性別角色刻板印象為何？
- 角色的相關概念有哪些？
- 常見的角色問題與困擾有哪四項？

 報紙投書

穿著牛仔褲，也要看場合

日昨貴報「時論廣場」有位張姓新聞工作者投書，抱怨在參加我匈牙利代表處歡迎呂副總統的晚宴上，因穿著牛仔褲而被該處冷代表要求新聞局曾組長，表明因其穿著不妥而將其請出會場一事。個人倒有不同的觀點，認為穿著牛仔褲似乎也得看場合，以免造成彼此的不便！

我個人並不十分清楚，在上述類似的場合是否有穿著禮儀的成文或不成文規定？若有，則參與宴會的主人與客人，大家都應遵守以示相互間的尊重；若無，則可按個人的喜好與方便，只要不過度暴露或髒亂即可！

我所服務的單位過去是師範學院，目前雖整併為綜合大學，我的系仍屬教育學院。針對即將畢業到國小去實習或代課的準老師們，都會事前再三叮嚀他們：第一次到服務學校去報到及拜會校長和主任們時，必定要整飾自己的服裝儀容，不要蓬頭垢面、滿臉鬍鬚，也不宜穿著短褲、牛仔褲、拖鞋等，且在應對進退方面亦要合乎禮儀！個人到美國度假時，看見在 IBM 等大公司工作的友人，上班時也都是很正式的穿著，只有到週五因即將展開週末休閒活動，這天就可穿較輕鬆的便服或牛仔褲上班。

所以，個人認為我國駐匈牙利的冷代表若對類似的晚宴場合，都要求正式的穿著，而非對張員特別待遇，那就不能對他的做法有所苛責！然而，若能在發出的晚宴請帖上稍加說明以做提醒，將可減少類似的不必要衝突；或是在表明穿著牛仔褲不適的同時，能協助當事人更換一條褲子而非直接請出場去，那就更能達到賓主盡歡之功！（本文係本書作者在 2002.03.24，發表於《中國時報》第 15 版「時論廣場」）

由上述小方塊文章中，可以明顯地看出這位張姓新聞工作者，與當時我國駐匈牙利的冷代表之間，所產生的摩擦與衝突；由此亦可了解到在人與人之間的不良溝通互動過程中，難免會出現一些落差與不滿。在本章中，將分別針對自處、與人相處及彼此往來，二人之間的溝通與互動，以及自我概念等部分，一一加以說明如後。

第一節 自處、與人相處及彼此往來

　　要想人與人間能和諧相處，有時還是十分的不容易。通常得要「你好、我好、大家好」，才能達到真正良好的彼此互動。我是誰？我目前有哪些的需要？這可能是長久以來，會不斷出現在我們腦海中的問題。因著處於人生不同的發展階段，我們也會產生各不相同的答案，也就是說答案亦會隨著我們本身條件的改變，而跟著改變。

　　通常，我們介紹自己時會包括：性別、年齡與社會地位等。若目前還是高中生的話，就可能會以學科上的表現（我的數學比歷史好）、體能專業（我參加學校田徑隊）、領導才幹（我是某項社團的社長）、社交圈子（志雄是我最要好的朋友），或是未來的計畫（我將來想要讀資訊工程學系）來介紹自己。

　　如果你高中畢業且順利地進入了大學，就會針對自己的專業領域、職涯規畫及人際關係等方面，來做更進一步的介紹及說明。倘若你已經工作了一段時間，早就已經認定自己是個專家，且有著個人固定的性向、信仰和政治立場；也因為如此，你將會慢慢地展現出個人特定的樣式。

　　自我並不是一生下來就有的，而是存在於我們和特定對象間的互動，或是參加一般性的社交活動中逐漸形成。當我們參與他人的討論與溝通時，亦即分享了他人對世界、人類和自我的觀點。從我們一出生，便與他人開始有了互動；也藉此能了解到他人如何看待我們，並把這些觀點融入我們的自我概念與人際交流之中。

　　因此，以下將針對一個人的自處開始分析，倘若我們懂得如何與自己相處，再逐步進展到與人相處之道，而後即可深入探討彼此互動的部分。

壹　自處

　　要想和他人能愉快地互動與溝通，首先就得懂得如何與自己相處。自處是指個人如何面對與掌控其自我，其中包含：自我了解、自我接納及自我學習。在此一一分別說明如後：

一、自我了解

　　這是個人對自己何以為我的認識，進一步而言亦即清楚知道個人具備有哪些特性（包括優點和缺點）。中國人常提到「人貴自知」、「一個人要有自知之明」，這都強調了自我了解的重要性。

二、自我接納

　　這是指個人可以做到完全地接受他自己的優點及缺點。通常，面對個人的缺點時，往往都會採取逃避或自我防衛的方式，甚至因為別人不小心碰觸這一部分，而引發人際間嚴重的衝突。一個人要是不能坦然地面對與接納自己，怎能與人和諧地交流互動呢？

三、自我學習

　　這是指個人針對其自身缺點的改進或新需求的滿足，而自動進行的相關學習活動。面對自我的弱點及不足之處，能做到前面所說的「自我接納」，只能算是最基本的消極處理。當然，針對無法改變或不容易改變的部分，確實需要去接納；然而對於急需且有可能改變之處，就得透過個人的努力學習來自我改變、提升與發展。

　　從以上分析可知，在個人合宜的自處過程中，也有其一定的運作流程。亦即得從最基本的「自我了解」先開始，而後進到「自我接納」甚至是「自我悅納」，最後再進一步才朝向「自我學習」發展。

貳　與人相處

　　一個人與他人之間如何進行往來互動，即被稱之為「與人相處」。人是社會群體的一部分，在其日常生活中不可能離群索居，而完全與他人之間斷絕任何關聯。然而，除了家人親友之外，在諸多與我們互動的他人，不可能個個都是自己的好朋友，而須依其親疏等級的不同區分為「點頭之交」與「深交密友」。

　　中國人常說「笑臉迎人」，但也說到「交淺不言深」！這就提醒我們在人際相處上，要常主動去打招呼且能對人保持善意的微笑，但也得參考彼此之間的交往情形，勿做過早或過深的自我表白。

　　在與人相處與互動的過程中，人際關係的建立與持續進展也可分為以下四個階段（洪英正、錢玉芬編譯，2003；曾端真、曾玲珉譯，1996），分別說明如後：

一、彼此吸引

　　在人與人剛剛接觸與見面打招呼之際，就會有人際吸引力的產生；因著外在的美貌、幽默的談吐、過人的才華、親切的態度等，都可能會產生不同程度的人際吸引，而成為最初人際互動的「點頭之交」。

二、開始交談

　　有了接觸與吸引之後，自然會針對某些主題彼此聊聊，藉以交換意見，由此可蒐集有關對方更多的資訊，亦能使得彼此之間有更深一層的相互認識。

三、持續交談

　　經過以上二個階段後，若彼此之間都頗滿意而想要能有進一步的互動與交往，則他們之間就會維持更頻繁而密切的接觸與交談，以便藉此產生較深之情誼。

四、邁向親密

當二人之間的相處十分融洽、交談熱絡，且能相互吸引，最後就會彼此結成「深交密友」，而進入到與他人相處最高階段的「邁向親密」。

根據作者多年來從事輔導諮商與教學的經驗中發現，在與人相處的溝通互動過程中，較常見到的障礙有下列四項：

一、彼此不夠真誠坦然

在人與人間的相處關係中，具有真心誠意最為重要，一旦彼此表現出爾虞我詐地相互欺瞞，必定無法帶來良性的溝通。

二、主觀拒絕與否定對方

當我們與對方交往互動時，心中早已具有某些不相信對方的成見，而表現出否定和拒絕的態度，其溝通成效必然有所限制。

三、各說各話，自說自話

當二人在交談的過程中，均急於表達己見，而完全忽略了應該認真去傾聽對方的表白。

四、無法做清楚的言語表達

有些人在發言時，說不清楚、不敢說，甚至在表達過程中不懂得抓重點，致使收訊的對方聽了半天，卻完全找不到頭緒。

參 彼此互動

在人與人的人際相處過程中，相互之間的往來與交流就稱之為「彼此互動」。而在彼此互動當中，當事人對自己與對他人的態度，往往會深深地影響到他們之間人際與溝通的成效；這種在生活中個人對自己和他人的看法與

行為傾向，稱之為「生活態度」（life position），可分為以下四種（王以仁等人，2005）：

一、我不好，你好

此項屬於否定自己而肯定別人。這是人在嬰兒早期共有的感覺，也是個人最初學得對人和對己的態度（嬰兒什麼都不會，只能依靠他人照顧）。滯留在這種生活態度的人，總認為自己不好、自己不行，別人樣樣都比他好，比他行；這種人自卑而退縮，常把自己孤立起來，不願意和他人打交道。抱著這種生活態度的人沒有自信心，輕看自己且易自責，別人也就會看輕他，不喜歡與他來往。

二、我不好，你也不好

此項屬於否定自己也否定別人。這種生活態度者，總認為自己不好且別人也不好，在他的眼中沒有一個好人（包括自己在內）。可說是悲觀主義者，凡事都不留存希望，不但對自己失望，對他人亦是如此。持有這種生活態度者不喜歡自己，也不喜歡與他人交往，當然別人也不會喜歡與他往來互動。

三、我好，你不好

此項屬於肯定自己而否定別人。這種人總認為自己好、自己行，而別人都不好、不行；他自視甚高，總認為別人在各方面都比不上他，反正他是高人一等的。擁有這種生活態度的人非常自我中心，不願接受別人的意見而自以為是；大家對他敬鬼神而遠之，都不喜歡和他做朋友，其人際關係自然也不好！

四、我好，你也好

此項屬於肯定自己也肯定別人。這種人認為自己不錯，看別人亦各有其長處。他不但能了解與發揮自己的優點，同時亦能欣賞他人的優點；他能包容許多現實事務的不完美，去接納自己也接納別人。這種人勇於面對現實去

解決問題，積極、樂觀而進取，很容易與他人和諧相處，人際關係十分良好。

　　由以上四種生活態度的分析與說明，可以得知人我彼此互動過程中，是相當的微妙。其中，一個人在主觀上是否能接納、喜歡、肯定自己，是相當重要的一環，這也是牽涉到「我好」的一方；另一方面，即在於是否能尊重、相信、肯定對方，此為牽涉到「你好」的部分。因此，在彼此互動的相處之中，要能做到「我好，你也好」，就能達到真正良好的彼此互動。

第二節　二人之間的溝通與互動

壹　溝通的基本模式

　　人與人之間雙向溝通的基本要件，不外乎是「聽」與「說」二方面。參見圖 2-1 可以明顯地看出，在彼此溝通的基本模式之中，包括以下六項元素（洪英正、錢玉芬編譯，2003；曾端真、曾玲珉譯，1996；McShane & Von Glinow, 2005；Price, 1998）：

一、傳訊者

　　是指在溝通過程中，傳遞訊息的表達者，是屬於開口說話的一方，也就是所謂的發言者。

二、收訊者

　　係指在溝通過程中，接收訊息的一方，是屬於張耳聽話的一方，亦即所謂的傾聽者。

三、編碼訊息

　　傳訊者將其想要傳遞的意念與情感轉換為符號（語言或非語言均可），

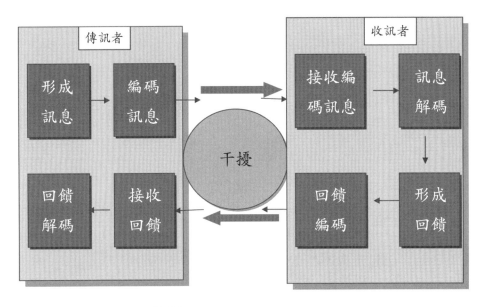

圖 2-1　溝通的基本模式

並把這些組成訊息來表達。

四、訊息解碼

收訊者從傳訊者處所接收到的訊息，將其轉變成自己的想法和情感。

五、回饋編碼

當收訊者接收了傳訊者的訊息後，可將其了解到的想法和情感回應給對方，也可視為是這位收訊者的編碼訊息的反應表達過程。當然，此時他已轉變成傳訊者，而原來的傳訊者則變為收訊者。

六、干擾

對溝通中傳訊者或收訊者的內在刺激（如：激動情緒、飢餓），或外在刺激（如：環境中的噪音、聲光誘惑），致使訊息傳遞與接收的有效性降低。

由以上的描述可以得知，二人之間的溝通在角色上可分為：說話表達的「傳訊者」，以及接收聽話的「收訊者」，當然，這兩個角色也可以依其實際需要而隨時加以更換。

通常，傳訊者會把個人要表達的訊息意思，先做編碼的工作，而後再向收訊者傳遞過去；當收訊者接收到傳訊者所發出的編碼訊息，要立刻加以進行解碼工作，接著就能夠完全得知傳訊者的訊息意思。隨後，二人角色互換，「收訊者」要設法回饋給「傳訊者」，他此時也就得搖身一變而成為「傳訊者」，並做回饋編碼後再發送出去，而由對方來接收及解碼。

同時，在此二人整個的溝通過程中，除了彼此間的訊息傳送與互動外，還有個人內在生理、心理方面的刺激與環境外在社會、物理方面的刺激所形成的種種「干擾」，這些也會深深地影響到他們之間溝通的成效。

貳 二人間溝通常用的方式

透過不同的表達及互動形式，二人之間可以有許多的溝通方式（管道）。尤其是 e 化之後，人與人間的溝通更可說是變化極為快速而多樣。以下列出現代人常用的五種溝通方式（洪英正、錢玉芬編譯，2003；McShane & Von Glinow, 2005），並分別加以探討之：

一、面談

這是指二人面對面的溝通方式，其中收訊者可以同時接收到對方的語言與非語言二種訊息；而同時傳訊者在整個過程中，也可以藉由語言與非語言等方面的訊息來表達。

二、電話

可以說是透過話筒進行的一種雙向溝通，彼此能直接收到對方的語言訊息，以及屬於語氣、語調與聲音大小的非語言訊息；但是，無法得知對方的面部表情與肢體動作等方面之訊息。

三、信函、傳真

　　這是指利用書信、便條、卡片等書寫的方式，來表達其個人的意思與情感。因受限於無法即時加以傳遞，故只能算是一種持續性的單向溝通，必須等待日後對方有了回應，才能做進一步的後續溝通。信件若想更快速或即時地傳達，也可運用傳真（fax）或是以下介紹的電子郵件、網路溝通等方式來進行。

四、電子郵件

　　英文稱之為email，這是由於近十年來e化發展之下的新產物，係透過網路來傳遞訊息。傳訊者只要有網路連線設備，同時又知道收訊者的個人網址（email address），就可以隨時收發電子郵件；既不需要信封、信紙，也不必貼郵票和投郵。

五、網路對話

　　這是透過網路上的聊天室，或是其他的快速即時網路對話機制（如：BBS、MSN等），可透過網路進行立即的線上溝通，且除了二人互動之外，還可以有多人同時加入互動溝通與討論的功能，就像視訊會議即為最先進之代表。

　　由前述介紹的各項溝通方式（管道），可以很明顯地看出在這方面隨著科技的進步，已開發國家的人們完全進入到e化的溝通世界。傳統上我們稱呼不識字者為「文盲」，但如今還將那些完全不懂得運用電腦及網路者，另外區分出來而稱之為所謂的「現代文盲」。

　　通常，以面談、打電話、寫信或傳真等較傳統的方式，來進行彼此間的相互溝通過程中，很容易知道對方的真實身分，也較容易保有二人之間的隱私。但如今透過網路和網站的互動過程中，往往對方會隱密其真實的個人資料，同時也不易見到對方的本尊，在此情況下的真誠性及安全性，都難免不令人產生某些疑慮！

尤有甚者，透過網路防火牆的入侵、間諜木馬程式的安裝、網路一夜情的氾濫等，都會造成現代社會人們在溝通上，產生許多的質變和量變！而這些也都會直接或間接地改變我們日常的生活，並影響到人們在工作及人際關係等方面的互動模式。

參 周哈里窗

透過人與人之間的溝通與交流，個人對於自我的探索將更為深入；其對自己的認識不僅包括自己眼中主觀的我，同時還有他人眼中客觀的我，並以此建構成自我的周哈里窗（Johari window）如圖 2-2 所示。茲將其中四個不同部分的我，分別說明如下（洪英正、錢玉芬編譯，2003；Seiler, 1996）：

一、公開我

公開我（open area）是反映我自己和他人都知道關於個人公開的部分。譬如：名字、性別、膚色、身高、宗教等大家都知道者。

二、隱私我

隱私我（hidden area）是指個人不想讓他人知道關於自己秘密的部分。譬如：自己的戀情、幻想與夢想、不道德的經營手法等他人無法知道者。

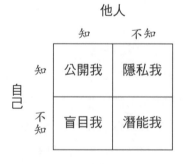

 圖 2-2　周哈里窗

三、盲目我

盲目我（blind area）是屬於他人知道而自己卻未察覺的個人部分。譬如：個人不察的生活習慣、不自覺的肢體動作等。

四、潛能我

潛能我（unknown area）是反映出自己和他人都不知道關於個人的部分。此一部分通常被埋藏在自我潛意識的深處，可藉由催眠、投射測驗、情境激發等方式來發現。

第三節　自我概念

為了要成為一個有效的溝通者，我們必須先自我了解，了解個人自我形象在與他人溝通時所扮演的角色。哪一個才是真實的我？這是人們經常詢問自己的問題，但很少有人能真正找到一個完全準確的答案。有時，父母說我是有才華的，但朋友說我太過於嚴肅，我到底是如何呢？

事實上，個人對自己的看法與知覺是否準確呢？而知覺（perception）是個人一種感覺、選擇及如何詮釋這個世界的過程（有關知覺，在本書第三章第一節有詳盡之解釋）。然而，人通常對於自己負面的想法會影響到自我知覺的部分，卻遠遠超過正面的想法。每個人都是複雜的個體，心理學家認為人有很多不同的我——社會我（social self）、心理我（psychological self）、生理我（physical self）；各方面的自我歸納出一個整體的我。在本節中將分別討論各種不同的自我。

壹　自我概念的意涵

　　自我概念（self-concept）是一個人對自己是個什麼樣的人的一種想法。它是個人對自己的概括想法——組織和引導著關於自我訊息的處理歷程（曾端真、曾玲珉譯，1996）。也可說自我概念是人對自己的期許、個人的外表、生理評價、社會評價及心理特質之總和。因此，可將自我概念視為是由我個人過去的經驗、與他人的溝通、自我的角色與價值觀，和對他人如何看自己的整體知覺。自我概念包含以下兩個要素：一、自我形象（self-image）：知覺到自己本身是個怎樣的人；二、自尊（self-esteem）：個人對自己的感覺與滿意態度。

　　自我概念、自我形象、自尊和知覺是非常相近的名詞，所以我們很難真正區分它們（自我形象、自尊與知覺將在本書第三章第一節再詳細介紹），而它們彼此之間卻常常會產生一些交互作用的影響。舉例來說，你所建立的形象、你的言行舉止、你對自己的看法，通常都是來自他人的回應，以此來建立自我的整體評價。假設你認為自己是個具有高技巧的鋼琴家，你會因聽到他人對你的好評價而認定自己彈得很棒；如果有人對你做出負面的評價，你會覺得不需要去理會它。我們所傳達的訊息，有意或無意間表達出我們對自己的看法。而我們對自己的看法，又會影響我們面對他人和與他人互動溝通時的表現。

貳　自我概念是一個過程

　　我們會將溝通稱之為一個過程，是因其沒有明確的開始和結束，而且它隨時都會在改變，同理可知，自我概念也是一個過程。自我知覺與別人對我們的知覺，會隨著時間改變、隨著事情改變、隨著人的不同而改變。舉例來說，你對自己的看法可能由於時間的不同而互異。如果你在某一很難的課堂中得到高分，你可能會覺得很開心，至少覺得自己是個頗有能力的學生；但

若情況相反時，對自己的看法可能就會完全不一樣了。同樣地，對自己身為學生的觀點，會與其在工作、在教會、在家中而大不相同。

自我概念的確是一個過程，是由別人如何看我們和我們如何看自己來說明。我個人到底是怎麼樣的呢？是別人期許我成為的樣子，還是我對自己的期許？在現實中，真實的我可能不像任何一個人所形容的樣子；而我的自我概念則包括別人對我的看法和我對自己的想法。然而，他人對我的想法會深深影響他與我的溝通，最後也可能會影響他從我這兒得到的回應。我同樣應該明白，我怎麼看自己也會影響我與他人間的溝通；溝通與自我概念兩者確實密不可分，且隨時都在進行著，它們是沒有開始和結束的。

參 自我概念的發展

自我概念在我們長大成人以前就形成了，而且繼續經由我們所認定的種種角色行為表現出來。角色（role）是一個人用以符合特定情境需求的行為模式。基於對自己的評估及別人對我的反應，我可能被迫扮演種種的角色。

個人自我形象的形成始於生命中的早期，而第一個重要他人的反應是來自其雙親或家人（Demo, 1987）。當我還是小孩的時候，最初的知覺可能是周圍所看見、聽見、嘗到，和聞到的一切。個人由他人對我的觸碰、言語來認識自己，他們的回應也幫助我來看自己。父母與我的溝通，不管是看得見或是看不見的，通常對自我概念的發展有著很深遠的影響。舉例來說，那些父母給我的玩具、衣服和他們告訴我的種種，都會影響我將來成長後的個性。當我擴展自己的人際和生活空間時，藉由與他人的溝通會改變或增加我對自我的知覺。

自我概念的形成往往會歷經一段複雜的過程，由負面到正面，我們很難預估哪個特定的形象會占主要地位，因為個人是由每一時刻的不同形象所組成的。自我概念不只受到我如何看自己，還同樣受到我如何看他人、別人如何看我，和我猜想別人如何看我等等的影響。事實上，個人的自我概念包括過去和現在之相關經驗，同樣會影響以後我怎樣看自己。因此，個人的自我

概念是由價值觀（values）、態度（attitudes）和信念（beliefs）所組成，將一一分別說明如下（Seiler, 1996）：

一、價值觀

通常，影響我們行為較多的觀念，稱之為價值觀。價值觀可歸類為：審美觀念的、宗教的、人文的、理智的、物質的。每一類都會決定我們的行為，如同在溝通過程中會顯示我們的自我概念一般。舉例來說，如果我對物質很要求，我會很注意我擁有什麼或沒有什麼來評斷自己的價值。當我想要某樣東西的欲念很強烈時，這樣的欲念就會大大地影響到我的行為表現。當財產變成我最重視的，就會為了追尋更多的財富，而花費更多時間去工作，甚至連健康、休閒的時間也都一併犧牲了。然而，一個人的價值觀對其個人的行為和溝通，往往會有正面及負面的不同影響。

二、態度

可以用來評量或區別一個人的個性、感覺、行為，或是其他的事件、想法者，都稱之為態度。態度決定個人的自我概念，但與價值觀不同的是其傾向更狹義的定義。另外，價值觀和態度有密切的關係，個人的價值觀由態度可以看出。舉例來說，你對政府為了加強國防而節省社福支出覺得不認同，可由你的態度表達出你對某些事情的價值觀；換句話說，在你的觀念裡認為，對社會弱勢族群關照的需要比起強化軍隊要來得重要的多。

三、信念

與態度最相近的是信念。信念是對一個未被證實的事情有著確信或是有把握的意念。例如，我們對歷史、信仰、人類和自己所產生的信念。個人的信念和價值觀、態度的重要性，是有等級分別的，亦即有些部分比其他還來得重要。我們對於最重要的信念，如對信仰、教育、家庭生活這些都不會輕易改變，但次要的，例如今天的天氣、運動的支出，都是短暫而可變更者。

其實，要想將價值觀、態度、信念完全分清楚是很難的，因為它們之間

是有相互關聯的。價值觀與信念的主要不同，在於價值觀包括了評估人或事的好壞；而信念是反映對某件事真或假的知覺。你對愛的態度和信念會隨著經驗改變，但價值觀是持久不變的。

肆　自我概念階層圖

就像我們所持守的信念，自我概念的組成可統整其層級如圖 2-3 所示。在最上層係一般的自我概念（general self-concept），是一系列個人對自我所持守的信念；這些信念被堅固地建立，相對地亦很難去改變或修正。在第二層的是自我概念主要的兩個要素：自尊和自我形象。接下來的層級為組成自尊和自我形象的因素：心理的自我概念、社會的自我概念、生理的自我概念。在最底下的層級為幾個具體的特質：智力的自我概念、溝通的自我概念、領導的自我概念、外表的自我概念、運動的自我概念。

進一步來探討自我概念的分級階層，在最底的層級中，這些要素不但容易改變，更會經常隨著情況的不同、時間的不同而改變。舉例來說，一位女學生對於其學校的自我概念，是隨著她的分數和老師們對她學業、態度的評

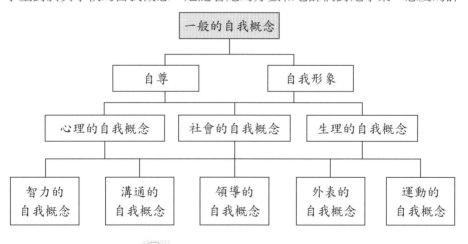

圖 2-3　自我概念階層圖

資料來源：引自 Seiler, 1996, p.70。

價而改變;她運動的自我概念,是建立於比賽中自我的表現及教練、隊友對她的評價。

伍 溝通與自我概念

　　自我概念和人的如何溝通之間是互補的。溝通會影響自我概念,而自我概念亦會影響其溝通。Kinch 曾於一九六三年提出自我概念與溝通之間關係的模式圖,如圖 2-4 所示。其中,別人對我反應的知覺(P),會影響我的自我概念(S),我的自我概念又會影響其行為表現(B),而我的行為又會和別人對我的實際反應(A)有密切的關係,同時別人對我的實際反應亦會影響到別人對我反應的知覺(P),故它們之間會形成一個循環。

　　每一個人對自己的看法會同時影響到其他夥伴的行為,每個人的自我概念是由他人給予的回應所形成者。通常,那些自我概念薄弱的人都比較容易感到沮喪,並容易受到別人不好的回應或誹謗的影響。而那些自我概念較正面的人,通常對自己的表現都感到樂觀,也比較容易適應新的環境。一般而言,具高自我概念的人在社會能力上,比那些低自我概念的人要強得多。別人對我們的期待在我們的自我概念中扮演著決定性的角色,因為在溝通中,他人的期待往往決定了我們的行為表現。

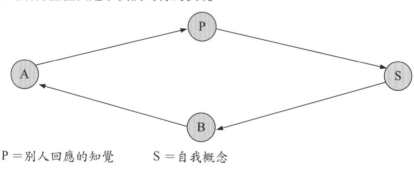

P =別人回應的知覺　　S =自我概念

B =行為表現　　　　A =別人對我實際的反應

圖 2-4　Kinch 自我概念與溝通之間關係的模式圖

資料來源:引自 Seiler, 1996, p.72。

　　在此，可以一項國內有關自我概念、溝通恐懼與人際反應方面的研究（陳英昭，1992），來進一步解釋前述之自我概念階層圖，和 Kinch 自我概念與溝通之間關係的模式圖。這項研究是以國內二百五十位企業員工為研究對象，分別施以自我概念量表、溝通恐懼量表及人際關係量表，其主要研究結果發現：自我概念的強弱與人際關係的好壞呈顯著正相關，自我概念的強弱與溝通恐懼的程度呈顯著負相關，而溝通恐懼的程度與人際關係的好壞亦呈顯著負相關。同時其研究亦發現，社會自我概念愈強，且兩人互動的恐懼愈低的員工，其對人際關係的參與感將愈高，而其疏離感將愈低；生理自我、心理自我及社會自我概念愈弱，會議討論及兩人互動的恐懼愈高的員工，其對人際關係的參與感、控制感及安全感將愈低。綜合言之，若企業員工對兩人互動及團體討論的恐懼愈低，而社會自我的概念愈強，則其人際關係將愈好。

　　由上述的整體分析中，可以清楚地認知到個人自我概念形成及發展中，會受到周遭許多相關人、事、物的種種影響，舉凡人際溝通的互動、社會文化的期待、本身所認同的團體及其成員等。我們可以知道，自我概念的形成並非一蹴可成者，同樣它的改變與更動亦非輕易就可完成；因此，自我概念對其個體本身，或是在與他人相處及互動溝通的過程中，都位居極其重要的關鍵地位而不容小覷。

第四節　性別角色與刻板化印象

經驗分享

在金門見識到女性的力氣也很大

　　一九七九年我服預官役，年初移防金門並借調到金東師部當民運官，正巧遇到農曆春節前夕，當地的汽水廠捐贈一百打汽水勞軍，給師部的長官們過年享用。我隨即依照長官指示申請一部中型卡車，並帶了二、三位師部連的士兵，一塊兒前去搬運回來。

> 　　到了汽水廠一眼望過去，一百打勞軍的汽水已擺在玄關前頭的空地上，等我與廠方主管溝通並辦妥簽收手續後，就剩下搬運的工作。這時，汽水廠戴斗笠且蒙面的女工，立刻過來協助我們將汽水搬上卡車；她們每個人左右兩手都各提一簍汽水（每簍裝有二打汽水），看似輕鬆地搬運上車。
>
> 　　我見此狀況，便立刻要求隨行的阿兵哥們一塊兒加入搬運行列，當然自己也身先士卒地立刻前往搬運；哪知當我左右手各拿起一簍汽水時，就面臨差一點即重到提不起來的窘境。原來，在我以往的印象與觀念中，認為平常女孩子的力氣都比男生要小些！哪知金門汽水工廠中的女性工作人員，因在平素的工作訓練過程中，已練就出如超人般的大力氣！
>
> 　　有了這個難得的尷尬經驗，我一改過去對傳統女性角色刻板化的印象，而後凡是接觸新的人事物時，必定要詳盡地蒐集相關資料來進行分析研判，絕不會再依據性別來任意驟下判斷啦！

　　上述的方塊小故事是我個人在金門服兵役時的難忘經驗。由此顯示，性別與性別角色的關聯及差異，尤其是受到社會與傳統文化所造成的一些刻板化印象，更會影響到人我之間的互動。以下將針對此一相關範疇來分別加以說明之。

　　一般而言，當介紹或認識一個新人時，必定會提到其性別為何。所謂的「性別」（gender）係指受孕之時，就已決定之生理上的男（male）或女（female）。一個人的性別，無論是男還是女，對其生活經驗的整體，都有著極重要影響。但性別角色（sex role）是一種理論性結構，是指與性別間表現區分有關者——正常的期望，以及與性別相聯繫、存在於一個特定文化與歷史情境中，有關的各種社會交往之規則（Spence, Deaux, & Helmreich, 1985）。而張春興（1995）曾提出，性別角色是指在某一社會文化傳統中，公認的男性或女性應有的行為，包含個人內在的態度、觀念，以及外顯的言行表現。亦即用來描述在某一特定社會文化下，被認定適合某種性別（男或女）所應

表現的態度、行為、功能及權利、義務等。如中國傳統所說「男主外、女主內」的分工，或認定男性好動而獨立，女性溫柔且依賴等觀點。

另外，深入就性別角色的意涵而言，可從個人與文化層面來論述。就個人層面而言，性別角色是個體認同社會接受的兩性行為模式，或是個體透過自我的行為表現以彰顯其所歸屬的性別行為型態（李美枝，1982）。就文化層面而言，性別角色係指在某一個社會文化傳統中，一般人所公認的男性或女性應有的行為組型（張春興，1989）；這些組型包括內在的態度、觀念，及外在的言行、舉止與穿著的服飾。由此可知，性別角色的分化是社會文化之產物，社會文化對性別角色界定有明確的遵循規範。

因此，性別角色可定義為依據性別的不同，受到社會文化的影響，且在社會化學習歷程中表現出社會期待的行為模式。其實，人類學、社會學與心理學都在使用「性別角色」的概念，但其意義卻不盡相同。人類學的性別角色偏重男女職位與工作的分化；社會學的性別角色偏重人際關係中相互對應的角色，如夫妻、父母、子女等；而心理學的性別角色卻涉及很廣，包括：態度、動機、職業興趣、休閒活動的偏好，及人格特質的差異。總而言之，性別角色乃指個體藉以明示其為男或女的言行表現（李美枝，1994）。

在相關主題的研究中，性別角色是指區分男女性別的內在心理屬性，即受試者在「性別特質量表」上所得的分數；並分為高度男性特質的男性化角色（masculinity）、高度女性特質的女性化角色（femininity）、兼具男性特質和女性特質的兩性化剛柔並濟角色（psychological androgyny），及性別特質不明顯的未分化（undifferentiated）等四種角色。所謂男性化角色，乃是傳統所以為男人所具有之工具性特質（instrumental characteristics），如：膽大的、冒險的、獨立的等；女性化角色則是傳統所認為女人具有之情感表達特質（expressive characteristics），如：膽小的、溫柔的、細心的等；兩性化角色則指一個人兼具傳統所認為男女兩性所具之正面特質，亦即兼備男性化及女性化之正面特質；而未分化則指一個人之男性化與女性化之人格特質都頗為偏低。

同時，在談到性別角色時通常會探討到包括：性別角色分化及期望、性

別角色刻板印象,以下將對此分別加以探討。

壹 性別角色分化及期望行為

　　所謂「性別角色分化」係指在每一個孩子的成長過程中,表現出來的實際行為符合其性別角色期望的程度。通常,一個人的性別角色如與其生理性別不相符時,將會受到社會上頗多有形與無形之壓力。故在傳統的觀念中,性別角色與生理性別是否吻合,確實是影響個人心理健康及社會適應的重要因素。

　　Bem(1974, 1975)曾對這種說法提出質疑,認為在一個複雜的社會中,個人如果執著於某一特定性別角色,將使其對環境之反應受到相當的限制。因此,男生理想的性別角色已不是具有高度男性特質的男性化角色,女生理想的性別角色亦非高度女性特質的女性化角色,而是不論男生或女生都宜兼具男性特質和女性特質心理上之剛柔並濟。且剛柔並濟者由於較少受傳統性別角色的拘束,故其個人行為較有彈性,亦能隨情境的需要產生各種不同的反應,故其在人我的互動社會適應上情形也較佳。

貳 性別角色刻板印象

　　所謂「刻板印象」(stereotyping)是指當訊息十分有限時,個人會依據一般社會傳統觀點來主動填補,而產生的偏差現象。故「性別角色刻板印象」即是指一群被大多數社會成員將各種概括化的特徵,以語文標記方式來期許、賦予兩性的團體行為;亦即將男、女分派到他和她被視為應該歸屬的類別中,而完全不考慮其個人的特質等訊息,如:視女人為極度情緒化者而男人就不會,其實有些女性不會情緒化,而有些男性也很容易顯現其情緒。

　　在本節開始之處,即分享了一則個人在金門服兵役時,有關性別或性別角色刻板印象的窘況。其實,在英美的傳統文化中,日常溝通用語也不乏性別角色刻板印象的例子,可由表 2-1 的舉例當中得窺其一斑。

表 2-1　英美日常生活中性別或性別角色刻板印象用語舉例一覽表

中文語意	傳統性別用語	性別平等用語
郵差	Postman	Mail carrier
警察	Policeman	Police-officer
主席	Chairman	Chairperson

　　從上述例子中可以明顯看出，傳統上具有的性別或性別角色刻板印象是如此地鮮明。舉凡郵差、警察、主席等職務之用語，過去都是固定由男性來擔任者，然而時至今日，不但要求兩性平等，甚至已達性別平等的世代；因此，人我之間互動時，務必摒棄性別角色刻板印象的負面影響，才不會因此造成人際間之衝突。

第五節　角色的取捨與調整

　　吾人常言：「人生如戲，戲如人生。」事實上，在實際的生活中不也正是如此，每個人活在這個複雜的社會舞台上，經常扮演各種不同的角色人物，演出不同的劇情和戲碼。不過，戲多半是假的，係由編劇者依其好惡與想像，任其意思安排設計而來，時有意想不到之結果。同時，在戲劇中，每個演員都根據腳本來扮演，故演員的行為表現都是明確且可預期者。然而，在人生的實際發展中，雖偶爾也會有些戲劇般之情事發生；但更多時候，卻是依照因果循環——要怎麼收、先怎麼種，再加上天時、地利、人和等因素交互作用而成。

　　同時，當一個人擁有的身分愈多，角色也會隨著增加，而人際關係之複雜與生活壓力的加重，亦會帶來身心兩方面某種程度的傷害。在此即將針對個人生活中所扮演的角色功能，及如何取捨與調整等方面，一併探討之。

壹　角色的定義

　　角色理論（role theory）的起源可回溯自早年舞台之表演。演出者將其表

演角色的義務與權力，表現在其實際的態度和行為中，則為「角色的扮演」。角色的定義頗為複雜，較缺乏研究者共同接受的一致性定義；其中最常見的說法，是將「角色」視為具有社會承認的功能和可接受常模規範的任何一套行為（Biddle, 1979）；亦即是一個人努力地扮演他自己擁有之特別身分時，所應表現的一套行為。李美枝（1982）指出：團體之內皆有職位（position）的分化，職位的區別是由一組配合該職位之特定行為加以界定，而配合職位的一組行為型態則稱為「角色」。一個人通常歸屬於好幾個團體，因而擁有好幾種不同的角色；即使在同一個團體內，角色也可能會隨著時、空的轉變而變遷。也有學者將「角色」定義為組織系統內、外之有關人員，對某一職位者所賦予的諸多期望（王以仁、林淑玲、駱芳美，2006）。而所謂的有關人員，乃是指被期望者的上司、下屬、同事、顧客等人，要求一系列與被期望者有關聯的角色行為，此即所謂的「角色組合」（role set）。

貳 角色的相關概念

一、角色規範（role norms）：係指團體或其成員對某種角色的想法。

二、角色知覺（role perception）：是指個人對所託付的角色之想法。

三、角色接受（role acceptance）：即指角色的實際執行，亦可說是個人確實行使其角色義務與角色權力的行動。

四、角色期待（role expectation）：此為角色觀點中最重要者。係指在角色意識內，對個人代表著一套固定的行為模式，是其置身於社會生活中應表現的行為，也同時為社會大眾所期待者。

因此，綜合上述諸觀點，吾人可簡要地將「角色」看成是個人具有某一特定身分時，伴隨該身分表現出應有之期待行為。

參 角色問題在人際生活中所造成的困擾

在個人所處的家庭、社區、學習或工作組織中，常會同時擔負多重角色。

在此情形下，當然常常會產生許多的角色問題與困擾。在此整理摘錄說明如下（王以仁等，2006；王青祥，1985）：

一、角色壓力（role stress）

從社會結構來看，當一個人進入組織後，若能認同其所屬的組織，遵行組織規範和實踐其要求，將個人的角色能力貢獻給組織，且能進一步與組織環境取得協調，就可稱得上是成功的角色扮演。反之，若個人加入組織後，對其所屬的組織不能認同，或其能力不足以勝任，或其表現與組織要求不一致，或有某些不利因素干擾角色任務之運作，致使個人陷於無所適從之困境，因此就會產生角色壓力的問題。

一般將角色壓力分為主觀經驗與客觀事實二種型態。其中，客觀角色壓力是一種環境狀態，即指組織中的社會與環境特質，確實具有某些不利角色活動的因素，因而造成了不良的角色特性；而在主觀經驗的角色壓力，則是個人受環境狀態所引起的心理歷程，即指經由客觀的不利因素，而影響到個人對角色的不良覺察與認知，進而產生的角色壓力。

二、角色模糊（role ambiguity）

角色模糊是指個人缺乏足夠的訊息，不足以決定如何扮演適當的角色。有人將此況分為以下三種情況：㈠角色期望的訊息不充足；㈡完成角色期望的方法不夠明確；㈢角色行為的後果不明顯。

而導致角色模糊的主要原因亦有以下三點：㈠現代組織趨向於龐大與複雜化；㈡組織成長與改變的腳步加速；㈢錯誤的管理哲學導致溝通不足，使個人不知如何去完成角色期望。

三、角色衝突（role conflict）

因個人經常被要求扮演與其價值系統不一致的角色，或同時扮演二種以上相互抗衡的角色時，則產生了「角色衝突」。研究角色理論的學者，通常將角色衝突區分為以下四種類型：

(一)角色傳訊者本身的衝突（intra-sender role conflict）

此一情況係指當角色傳訊者自己對其本身角色期望不一致時，所產生之衝突。

(二)角色傳訊者之間的衝突（inter-sender role conflict）

當角色收訊者同時接到不同角色傳訊者，相互矛盾之角色期望，使其無法滿足各傳訊者的期望時，所產生之角色衝突。

(三)角色間衝突（inter-role conflict）

個人不僅是某個組織的成員，他也可能是其他組織的成員，當不同組織成員對他傳送各種角色期望時，若其無法同時達成，亦會產生的角色衝突。

(四)個人角色衝突（person-role conflict）

此指的是個人外在角色期望和內在自我需求之間，價值不一致所產生的衝突。

四、角色過度負荷（role overload）

角色過度負荷係指角色傳訊者基於合法的地位，對個人提出工作方面的要求，使其個人必須完成許多工作角色，若他個人無法完成所有角色之要求，則將承受超過其能力的心理負荷。其中又可分為以下二類（Van Sell, Brief, & Schuler, 1981）：

(一)若對角色行為的要求過多，會使角色表現者無法在一定時限內完成，而造成量方面的角色負荷。

(二)若對角色的要求水準過高，超過了個人的能力、技術及知識範圍，則會造成質方面的角色負荷。

因此，人與人的溝通往來過程中，和在個人角色之扮演與互動關係之釐清，都須重視角色負荷的承擔量，不可能同時達到對方及組織、社會的諸多要求。尤其經常還會面對不同角色之間的曖昧不明與衝突，更容易造成角色壓力過大，而產生人我互動中的不斷摩擦。

本章摘要

　　自處是指個人如何面對與掌控其自我，其中包含：自我了解、自我接納及自我學習。在個人合宜的自處過程中，也有其一定的運作流程。亦即得從最基本的「自我了解」先開始，而後進到「自我接納」甚至是「自我悅納」，最後再進一步才朝向「自我學習」發展。

　　一個人與他人之間如何進行往來互動，即被稱為「與人相處」。在與人相處與互動過程中，人際關係的建立與持續進展，可分為彼此吸引、開始交談、持續交談、邁向親密等四個階段。而在與人相處的溝通互動過程中，較常見到的障礙有：彼此不夠真誠坦然；主觀拒絕與否定對方；各說各話，自說自話；無法做清楚的言語表達等四項。

　　在人與人的人際相處過程中，相互之間的往來與交流就稱之為「彼此互動」。而在彼此互動當中，當事人對自己與對他人的態度，往往會深深地影響到他們之間人際與溝通的成效；這種在生活中個人對自己和他人的看法與行為傾向，稱之為「生活態度」，可分為以下四種：我不好，你好；我不好，你也不好；我好，你不好；我好，你也好。

　　在溝通的基本模式中，包括傳訊者、收訊者、編碼訊息、訊息解碼、回饋編碼、干擾等六項元素。二人之間的溝通在角色上可分為：說話表達的「傳訊者」，以及接收聽話的「收訊者」，當然，這兩個角色也可以依其實際需要而隨時加以更換。傳訊者會把個人要表達的訊息意思，先做編碼的工作，而後再向收訊者傳遞過去；當收訊者接收到傳訊者所發之編碼訊息，要立刻加以進行解碼工作，接著就能夠完全得知傳訊者的訊息意思。而在此二人整個溝通過程中，除了彼此間的訊息傳送與互動外，還有個人內在生理、心理方面的刺激，與環境外在社會、物理方面的刺激，所形成的種種「干擾」，這些也會深深影響到他們之間溝通的成效。

　　現代人常用的溝通方式，包括：面談、電話、信函及傳真、電子郵件、網路對話。通常，以面談、打電話、寫信或傳真等較傳統的方式，來進行彼

此間相互溝通過程中，很容易知道對方的真實身分。但如今透過網路和網站的互動過程中，往往對方會隱密其真實的個人資料，同時也不易見到對方的本尊，在此情況下的真誠性及安全性，都難免會使人感到疑慮！傳統上我們稱呼不識字者為「文盲」，但如今還將那些完全不懂得運用電腦及網路者，稱之為所謂「現代文盲」。

透過人與人間的溝通與交流，個人對於自我的探索將更為深入；其對自己的認識不僅包括自己眼中主觀的我，同時還有他人眼中客觀的我，並以此建構成自我的周哈里窗。包括四個不同部分的我，分別是公開我、隱私我、盲目我、潛能我。

自我概念是一個人對於自己是個什麼樣的人的一種想法。自我概念包含兩個要素——自我形象（知覺到自己本身是個怎樣的人）與自尊（個人對自己的感覺與滿意態度）。自我概念亦是一個過程，由別人如何看我們和我們如何看自己來說明；溝通與自我概念兩者之間確實密不可分，且隨時都在進行著，是沒有開始和結束的。自我概念在我們長大成人以前就形成了，個人自我形象的形成始於生命中的早期，而第一個重要他人的反應是來自其雙親或家人。

自我概念的形成往往會歷經一段複雜的過程，由負面到正面，我們很難預估哪個特定的形象會占主要地位，因為個人是由每一時刻的不同形象所組成的。個人的自我概念包括過去和現在的相關經驗，同樣會影響以後我怎樣看自己；因此，個人的自我概念是由價值觀、態度和信念所組成。

影響我們行為較多的觀念，稱之為價值觀。價值觀可歸類為：審美觀念的、宗教的、人文的、理智的、物質的。而可以用來評量或區別一個人的個性、感覺、行為，或是其他的事件、想法者，都稱之為態度。態度決定個人的自我概念，但與價值觀不同的是其傾向更狹義的定義。與態度最相近的是信念，信念是對一個未被證實的事情有著確信或是有把握的意念。價值觀與信念的主要不同，在於價值觀包括了評估人或事的好壞；而信念是反映對某件事真或假的知覺。

就像我們所持守的信念，自我概念的組成可統整其層級圖。在最上層是

一般的自我概念，是一系列個人對自我所持守的信念；這些信念被堅固地建立，相對地亦很難去改變或修正。在第二層的是自我概念主要的兩個要素：自尊和自我形象。接下來的層級為組成自尊和自我形象的因素：心理的自我概念、社會的自我概念，及生理的自我概念。在最底下的層級為幾個具體的特質：智力的自我概念、溝通的自我概念、領導的自我概念、外表的自我概念、運動的自我概念。

Kinch 曾於一九六三年提出自我概念與溝通之間關係的模式圖。其中，別人對我反應的知覺，會影響我的自我概念；我的自我概念，又會影響其行為表現；而我的行為，又會和別人對我的實際反應有密切的關係；同時別人對我的實際反應，亦會影響到別人對我反應的知覺。故它們之間會形成一個循環。

性別角色是一種理論性結構，是指在某一社會文化傳統中公認的男性或女性應有的行為，包含個人內在態度、觀念，以及外顯的言行表現。在相關主題的研究中，性別角色是指區分男女性別的內在心理屬性，即受試在「性別特質量表」上所得的分數；並分為高度男性特質的男性化角色、高度女性特質的女性化角色、兼具男性和女性特質的兩性化剛柔並濟角色，及性別特質不明顯的未分化等四種。

在談到性別角色時，通常會探討到包括：性別角色分化及期望、性別角色刻板印象。「性別角色分化」係指在每一個孩子的成長過程中，表現出來的實際行為符合其性別角色期望的程度。一個人的性別角色如與其生理性別不相符時，將會受到社會上頗多有形與無形之壓力。

「刻板印象」是指當訊息十分有限時，個人會依據一般社會傳統觀點來主動填補而產生的偏差現象。故「性別角色刻板印象」即是指一群被大多數社會成員將各種概括化的特徵，以語文標記方式來期許、賦予兩性的團體行為；亦即將男、女分派到他和她被視為應該歸屬的類別中，而不考慮其個人的特質等訊息。人我間互動時，務必摒棄性別角色刻板印象的負面影響，才可減少人際間之衝突。

一個人通常歸屬於好幾個團體，因而擁有好幾種不同的角色；即使在同

一個團體內，角色也可能會隨著時間、空間的轉變而變遷。同時，角色相關概念還包括：角色規範、角色知覺、角色接受與角色期待。在個人所處的家庭、社區、學習或工作組織中，常會同時擔負多重角色；當然，也會產生許多的角色問題與困擾，譬如：角色壓力、角色模糊、角色衝突、角色過度負荷等。故在人與人的溝通往來過程中，和在個人角色之扮演與互動關係之釐清，必須要重視角色負荷的承擔量，不可能同時達到對方及組織、社會的諸多要求。尤其經常還會面對不同角色之間的曖昧不明與衝突，更容易造成角色壓力過大，而產生人我互動中的不斷摩擦。

班級／小團體活動

※「優（缺）點大轟炸」的分享活動。

活動名稱：優（缺）點大轟炸。

活動成員：同班、同寢室或修課同學，以 5-8 人分為一小組來進行。

活動時間：40 分鐘。

活動方式：一、針對每位成員發給他與小組成員人數相同張數的白紙，請他
在一張紙上寫下對一位小組成員（包括對自己評述在內）的
優（缺）點各三項。

二、當組內成員寫完之後，再一一邀請每位成員來說明或分享方
才所寫的內容。

三、最後，依據前述之內容畫出個人自己優（缺）點的「周哈里
窗圖」，並相互回饋之。

本章習題

一、生活中個人對自己和他人的看法與行為傾向，可分為哪四種不同的「生活態度」？請自我評估你目前屬於哪一種生活態度，且加以分析說明之。

二、在溝通的基本模式中，包括哪六項元素？除分別扼要加以說明外，並請舉一實例來整體討論之。

三、人與人之間可以採用的溝通方式（管道）為何？你個人常用的溝通方式（管道）有哪些？並請進一步分別說明會在什麼情境下運用。

四、請針對個人的外表、個性、能力和特殊才能來回答下列問題：
   1.身為一個學生／朋友／兒子／女兒／父母／溝通者，你怎麼看自己？
   2.你覺得其他人看你也是如此嗎？

五、人們經常會輕易相信別人對他的評語，停止接收這些，並仔細聽你自己在說些什麼。假設你的兩位不同上司對你分別說了一段話（如下所述），你會有何知覺與反應？
   「你是令人厭惡的，你從來都沒有做對一件事！給我出去！看到你那張臉就令我覺得不舒服，你真是個大麻煩，我真希望你沒在我的部門！」
   「你真是個天才，什麼事情都做得很棒！我真高興你在身邊，你的笑容讓我的心情快樂起來，你可以幫我很多忙，真慶幸有你在我的部門！」

六、試依據「性別角色刻板印象」的觀點，列出一項你過去所發生的類似經驗，並進一步分析其成因及提出調整修正之道。

參考文獻

一、中文部分

王以仁、林淑玲、駱芳美（2006）：**心理衛生與適應**（第2版）。台北：心理出版社。

王以仁、陳芳玲、林本喬（2005）：**教師心理衛生**（第2版）。台北：心理出版社。

王青祥（1985）：**組織溝通、決策參與、個人特質、角色壓力與工作態度之關係**。未出版之碩士論文，國立政治大學心理研究所，台北。

李美枝（1982）：**社會心理學**。台北：大洋出版社。

李美枝（1994）。性別角色與性別差異。載於吳靜吉等主編，**心理學**（頁271-290）。台北：國立空中大學。

洪英正、錢玉芬編譯（2003）：**人際溝通**。台北：學富文化公司。

陳英昭（1992）：**企業員工之自我概念、溝通恐懼與人際關係之研究**。未出版之碩士論文，中國文化大學企業管理研究所，台北。

張春興（1989）：**張氏心理學辭典**。台北：東華書局。

張春興（1995）：**教育心理學**。台北：東華書局。

曾端真、曾玲珉譯（1996）：**人際關係與溝通**。台北：揚智文化公司。

二、英文部分

Bem, S. L. (1974). The measurement of psychological androgyny. *Journal of Cousulting and Clinical Psychology, 42,* 155-162.

Bem, S. L. (1975). Sex role adaptability: One consequence of psychological androgyny. *Journal of Personality and Social Psychology, 31,* 634-643.

Biddle, B. J. (1979). *Role theory: Expectations, identities, and behaviors.* New York:

Braziller.

Demo, D. H. (1987). Family relations and the self-esteem of adolescents and their parents. *Journal of Marriage and the Family, 49,* 705-715.

McShane, S. L. & Von Glinow, M. A. (2005). *Organizational behavior* (3rd ed.). New York: McGraw-Hill.

Price, S. (1998). *Communication studies* (2nd, ed.). London: Addison Wesley Longman.

Seiler, W, J. (1996). *Communication: Foundations, skills, and applications* (3rd, ed.). New York: Harper Collins.

Spence, J. T., Deaux, K., & Helmreich, R. L. (1985). Sex roles in contemporary American society. In G. Lindzey & E. Aronson (Eds.), *Handbook of Social Psychology.* New York: Random House.

Van Sell, M., Brief, A. P., & Schuler, R. S. (1981). Role conflict and role ambiguity: Integration of the literature and directions for future research, *Human Relations, 34,* 43-71.

第三章

人際知覺與影響

◎本章學習目標◎

- 何謂「感覺」與「知覺」？此二者之差異為何？
- 知覺的歷程可分成哪三個階段？
- 何謂「自我應驗預言」與「訊息的過濾」？
- 何謂「自尊」？其對自我形象有何影響？
- 何謂「他人知覺」？影響他人知覺的重要因素有哪三方面？
- 何謂「錯覺」？其與我們對他人社會知覺的判斷情況有何關聯？
- 改善社會知覺有哪三項方法可用？
- 何謂「說服」與「順從」？
- 獲取他人順從有哪六項策略？
- 傳統上有效使用說服方法時，有哪三項基本要件？
- 要想獲得良好可信度必須掌握哪三大條件？
- 何謂「抵制」？當產生抵制時，較佳的處理策略有哪三項？

 **報紙投書**

走路靠左邊比較安全

　　日昨新聞中報導，台北縣警方根據交通事故統計分析發現，行人與車流同一方向（亦即走路靠右邊）其實更危險些；以其總傷亡人數觀察分析，有近八成者都是被同向車追撞的行人，看來似乎靠左邊走反而會較為安全些。

　　然而，在台灣從幼稚園上學開始，都被學校老師教導行人走路一定要靠右邊，久而久之也就習以為常啦！走路到底要靠哪一邊比較安全呢？讓我們來參考一下美國的情形，他們平常是怎麼走的呢？

　　正巧我這個暑假在美國探親，每天早晨陪母親散步、傍晚與姊姊慢跑各一小時！經我仔細觀察，通常在社區與一般公路上以走路為交通工具者非常少見；多半都是在社區、公園中，可以看到許多人在快走或慢跑，其方向幾乎都是與行車方向相反的「靠左走」。唯一的例外，是部分溜狗者會與行車方向相同的「靠右走」，我想這恐怕是為了避免讓狗狗受到太多刺激，免得難以控制而有的不同走法，何況溜狗的時間及路程都不會太長。

　　其實，當走路者與行車方向相同的「靠右走」時，其個人之安全幾乎完全掌握在擦身而過的汽車駕駛手中，因通常行人都是往前看，對於身後疾駛而來的車輛狀況一無所知。當碰到駕駛心情不佳、精神不好、開車分神，或酒後駕車等情形時，就難免會威脅到與行車方向相同「靠右走」的行人；反之，當採取與行車方向相反的「靠左走」時，自然就會比較容易留意與掌控路上的交通狀況！。

　　台灣主管交通安全的交通部、內政部與教育部等相關官員，實在應該立即針對此一問題好好地研究與修正來因應之。既然「靠右走」的觀念不但落伍且不安全，何不設法加以改進呢！（本文係本書作者在2007.07.11，發表於《中國時報》第15版「時論廣場」）

　　由前篇文章中，可了解到人們在日常生活的行為反應上，經常會受到多年來的教導及經驗之影響，久而久之更視為理所當然而不去細究！其實，人與人的互動往來與溝通過程中，也不免會有這種在知覺和行為反應幾乎近於「固著」的現象。在本章中，則分別針對自我知覺、他人知覺及說服與抵制等部分，一一加以說明如後。

第一節　自我知覺

壹　知覺的意義與歷程

　　知覺（perception）是個體本身蒐集所有相關感覺並賦予其意義的過程。在心理學的定義中，知覺與感覺（sensation）是有相當的差異。「感覺」是屬生理的歷程，由身體上各感覺器官所發揮之功能，如：眼睛的視覺、耳朵的聽覺、鼻子的嗅覺、味蕾的味覺及皮膚的觸覺等，都屬生理作用（黃國彥、李良哲，1986；葉重新，1998）。

　　「知覺」則是指個體將相關感覺集合起來，交由頭腦從這些資訊項目中，經過選擇、組織而後給予解釋和評估，最後所形成的判斷結果。故知覺也可，簡化看成是一個主動處理個體感覺資料的歷程，較偏重於心理的層面。所以知覺不一定能夠提供對所知覺事件，百分之百正確地加以陳述（李美枝，1982；黃國彥、李良哲，1986）。

　　有時候，我們會自認為對己、對人的知覺都十分正確。殊不知個體經常會不自覺地曲解對事實或感覺的解釋，以至於產生錯覺與誤解。君不見同一個經濟上的統計數字，在政論性節目中藍綠雙方的學者專家，甚至會提出幾乎完全相反的說明與辯解！這種感覺相同、知覺互異的情形，在人與人的互動過程中，還不時會出現而造成人際溝通間的一大障礙。

　　知覺歷程通常可以分成三個階段，包括：訊息選擇、訊息組織及訊息解釋。在此一一說明如下（徐西森、連廷嘉、陳仙子、劉雅瑩，2002；黃惠惠，1999；曾端真、曾玲珉譯，1996）：

一、訊息選擇

　　平日個人經常會置身於大量的感官刺激中，然而，因著個人注意焦點集

中的部分十分有限，凡是未加注意的刺激都會被忽視。譬如：在房間中專心看小說，對於窗外的貓叫鳥鳴就無法知覺到，這就與俗話說的「聽而不聞，視而不見」如出一轍。因此，在溝通時若想要對方能有意識地清楚接收到，就必須設法引起他的注意才行。

　　當然，在選擇時有一部分會受到感官生理上的限制，譬如：耳朵重聽或眼睛近視，就無法感覺到環境中許多存在的相關刺激；同時，在選擇訊息時也會受到個人的需求、興趣與期待等心理因素影響，通常這些動機因素也都會顯著地左右我們對訊息的選擇。

二、訊息組織

　　當相關的資訊資料因注意而被選擇進來後，並非是照單全收的，而是需要經過整理、篩選與過濾，找出有意義的部分再加以組織。知覺的組織依賴許多因素，包括語意的清楚程度及個人的情感狀態。若訊息資料愈複雜難懂，就會愈難加以組織；同樣，訊息資料愈模糊則所需之組成時間愈長，而且愈可能發生錯誤。

　　人的大腦會依循一定的原則或個體經驗，來理解外在的事務和訊息資料。完形心理學家（Gestalt psychologist）提出四項原則來說明知覺組織訊息的方式，分別是：簡單化（將複雜的刺激組成簡單的形式）、形式化（將隨機的刺激組成共同的幾項）、接近化（將相接近的刺激組成有關聯的部分）及完形化（就算真的缺少某些部分，仍將其組成接近完整的形式）。除此之外，個人在做訊息組織時，還會自動地根據過去相關的知識與經驗，來主觀地加以分類並組合起來，就稱之為自我建構。

三、訊息解釋

　　在人的大腦選擇及組織感官所接收的訊息資料後，就會進一步加以解釋，方能產生實際的意義。解釋是針對被選擇和組織的訊息資料，因為我們絕少會選擇相同的刺激和以完全相同的方式來組織刺激，自然就會產生不同的解釋。前面提過是否引發注意、個人當時的需求、興趣與期待，甚至事件發生

時的心情，都會影響到對訊息的解釋，而這又會直接影響了我們的人際溝通。

選擇和組織是確認的過程，解釋則是評估（evaluate）的過程，這與前述所談個體過去有關的知識及經驗息息相關。雖然人們深信他們感官接收的正確性，但是在其知覺上可能會產生不正確的判斷。

綜上所述可知，人們從接收刺激到產生反應會經過生理及心理兩種歷程，我們稱前者為感覺，而後者就屬知覺。其中，感覺是知覺的基本要件，根據感覺的訊息資料再經過選擇、組織與解釋三個步驟，最後才產生了知覺。

貳　自我知覺的內涵

所謂「自我知覺」（self-perception）是指個人試圖去了解自己的整體認知過程。人們對於自我知覺的了解，往往會依據自己的行為來評估自己，也會運用他人的反應來形成對自己的看法，再拿自己和別人做社會的比較，來發現自己和別人有哪些不同（莊耀嘉、王重鳴譯，2001）。

通常在探討自我知覺這個主題時，一般都會特別重視將自我概念、自我形象與自尊三者合併加以討論（Verderber, 1996）。但在前面本書的第二章第三節中，針對自我概念的部分已做過詳細而深入之探究，故在此僅就自我形象與自尊二個部分分別說明如後（徐西森等，2002；曾端真、曾玲珉譯，1996）。

參　自我形象

自我形象（self-image）是對自己的基本知覺，由自我評估所組成，且受自己的經驗和別人的反應所影響。通常，我們對自己的形象部分來自我們所看到的，就如同我們在照鏡子，若喜歡鏡中的自己就可能覺得滿意；反之，若不喜歡鏡中的自己可能就會想要去改變。自我評價也可能受到自我相關經驗的反應，由此也可判斷自己是屬於哪一類型的人。譬如：一個人若是過去經常在班級中擔任幹部且頗為稱職，就會自認為有服務與領導的能力。一旦

有人提議他出來競選學會會長時，他根據過去相關之經驗，也認為自己在這方面不錯而應允，亦即在這方面他有較正面的自我形象。因此，我們對某些經驗的反應愈肯定，則對那類角色的自我形象也愈正向；反之，我們對那類經驗愈否定時，就會對那個角色的自我形象也愈否定。

除了自我評估之外，自我形象也會受到來自別人對我們反應的影響。當你在做一件重要事情時，不同的評論會相當地影響個人對自己的知覺，尤其下評論者是你特別尊重的人時更是如此。不只正面評語的影響深遠，負面的評語也是一樣；我們更是習慣於用別人的評語來模塑、確認或改變對自我的形象知覺。因此，獲得愈多有關正面的自我評語，則自我形象也愈正面。

自我形象的形成開始於個人生命的早期，往往第一個重要他人反應是來自父母、家人或自己的監護人。但不幸的是，許多家庭溝通對自我形象的傷害很大，特別是對正在發展自我形象中的兒童，經常使用嘲笑、責備和評價性的表情及聲調，都造成極大負面影響。所以，心理分析大師 S. Freud 曾特別強調個人童年的經驗，甚至認為一個人五歲時其人格的形成已完成了80%；這些都可說明家庭環境與父母家人對幼兒之管教及溝通，對其個人自我形象的形塑與成長發展都具有關鍵影響。同時，早期家庭中的接觸也是個人重要人際關係的基礎（蔡春美、翁麗芳、洪福財，2001）。

肆 自我形象在溝通上的影響

自我形象的正確性有賴於知覺的正確與否和我們處理知覺的方式為何。每個人都經歷過不少不同的成功與失敗，也聽到過讚美和責備；如果只注意成功的經驗和正面的反應，則我們的自我形象可能會受到扭曲，雖然這些是屬於正面的扭曲，反之亦然。自我形象必然會影響我們的所思、所言及所行，而相關研究中亦發現，個人的自我形象會調整和指導我們的言行，且個人的思想和談話也會影響其自我形象。在自我形象與溝通之間的影響，最有關的兩個因素分別為自我應驗預言（self-fulfilling prophecy）和訊息的過濾（filtering message），說明如下：

一、自我應驗預言

　　自我應驗預言是指個體長期相信自己是何種形象，久而久之，他就漸漸變得真是如此，亦即類似自我預言的獲得應驗。這就是以溝通為媒介經由自我應驗預言後，個人的自我形象逐漸變成真的，就如同是預言實現了一般。如此，自我應驗預言也同樣會影響到個人在人際互動上的表現，就如同個體若覺得自己具有善於社交往來的自我形象，就能很自然地在宴會上，如同他預期的結交了幾個新朋友，且玩得很愉快。此外，正面自我形象的人會積極地看待成功，他們有自信可以一再地成功，而負面自我形象的人則認為成功是運氣，他們也不相信可再次成功。

二、訊息的過濾

　　透過個人的自我形象知覺會過濾別人的談話，藉此也會影響到彼此間的人際溝通。若從感覺來看，我們能注意而正確地接收到訊息資料，但卻因著訊息的過濾而未必能完全地聽進去。而且，我們通常經過訊息過濾後所選擇的訊息，多半是那些能強化自我形象的訊息；如果某人說了和我們個人形象知覺衝突的話，或是有關自己負面的訊息時，我們可能會裝作沒聽到或是聽而不聞。

　　根據上述資料可知，自我形象固然是別人批評下的產物，也同時會是選擇別人評語之過濾器。起初他人的批評能協助我們形成自我形象，其後自我形象開始變得像一個過濾器般地，過濾所選擇的訊息。這就有如批評會改變自我的形象，而後新的自我形象又開始過濾其他的相關批評，於是個人的自我形象也會跟著改變了。

伍　自尊

　　自尊（self-esteem）是個人對自己正面的評價，屬於自我形象中的評價層面。人們自尊的高低會影響其溝通方式，調節內在對抗的訊息，和影響對他

人的知覺，一一說明如下：

一、影響溝通方式

相關的研究顯示，自尊的差異確實會影響個人行為的歸因，低自尊的人時常否定自己，且以自我否定的方式來說話及與人溝通互動。相反的，若是較高自尊的人常顯出正面的自我觀點，且會表達出期待被他人接受的言語。為何自尊會影響個人的溝通方式呢？低自尊的人因無法自我肯定其貢獻，當然預期別人會否定他們；而高自尊的人因對自己的貢獻有信心，自然會預期別人會正視他們的觀點與價值。

二、調節內在對抗的訊息

自尊亦有調節個人內在訊息的功能。當我們思考時正是在自我對話（有些人甚至會把想法說出聲來），尤其是面對抉擇時，將會特別覺察到腦海裡的不同或甚至是相對抗的聲音，而大多數這些內在談話的諸多訊息都是對立性的，此時自尊就成為這些差異抉擇時的調節者。

三、影響對他人的知覺

自我形象和自尊不只影響個人對自我相關訊息資料之接收與過濾選擇，同時更會影響我們和他人之間的互動與溝通行為。當個體的自我形象愈正確，對別人知覺的判斷也愈正確。無論在自我知覺或對別人的知覺，都有賴個人能正確地處理訊息資料。同時，我們的自尊愈高時，就愈會覺得別人是可愛的、正面的，正如同「我好、你好、大家好」的互動形式。許多研究顯示，能接納自我的人也較易接納別人，而低自尊的人則較會挑剔別人的毛病。

因此，我們可以設法增進自我的正面知覺。通常在這方面有高自尊的人改變比較小，因為他們的真實經驗和自我知覺比較一致，而使得改進空間十分有限。低自尊的人改變的可能比較大，因他們的自我形象較具可訓練與加強性。且低自尊的人若能多獲得一些支持他們改變的資料時，就可能大幅改變他們的自我形象。如果沒有任何協助，則大多數人仍會維持原有否定的自

我形象。亦即只有在對自己的優缺點真實的評估後,才能有改變的可能,同時必須知道自己的哪些行為較能引起正向的反應,這些行為就是有我待我們加強的。

他人知覺

當我們與人初次碰面時,難免會在心中有些嘀咕,不知對方是否好相處?他和我有共同嗜好與話題嗎?他會接納我嗎?當然,未經過彼此相互的接觸與溝通前,心中難免會有些不確定感。而初次接觸後,在個人心目中又留下何種印象?這些都會牽涉到對他人的知覺部分。

壹 他人知覺與其影響因素

所謂「他人知覺」(other-perception)係指我們對於個人感官所接收到他人的訊息資料後,加以選擇、組織與處理而得到對他人印象的一種歷程。兩人見面所形成的最初印象即會用來引導往後陸續的行為,並在繼續互動中,這些知覺會被增強或改變;就如同個人的自我知覺一樣,人們的社會知覺也不一定是絕對正確的。根據 Verderber 和 Verderber(1995)認為,影響他人知覺的重要因素有身體外表特徵、刻板印象和情緒狀態:

一、身體外表特徵

對他人社會知覺最常見的就是「第一印象」(first impression),時常是以人的身體外表特徵為判斷基礎。根據一個人的身體外在條件(身高、體重、面部特徵、衣著和音色等),來判定其個人特質。譬如,身高體壯的人讓人覺得較為勇敢膽大,身材矮小且常微笑者會使人覺得較為善良可愛。

第一印象有時也會依據當下對他人社會行為的知覺而產生。如初次見面對方就主動伸出手來握手,且寒暄時講了一個小笑話,就會讓人不自覺地產

生親切而隨和的深刻印象。

二、刻板印象

研究顯示，有時人會依據有限的觀察就對別人的人格形成複雜的知覺。而「刻板印象」（stereotyping）就是最明顯的例子，此即是指當訊息十分有限時，個人會依據一般社會傳統觀點來主動填補，而產生的偏差現象。例如：「性別角色刻板印象」係指一群被大多數社會成員將各種概括化的特徵，以語文標記方式來期許、賦予兩性的團體行為，就像通常會認定女生都是柔弱的，而男生則是堅強的。

另外，人們也會在觀察一個人的某一特點之後，就可能未經證實便對他的其他特質加以評斷，這種傾向即所謂的「月暈效應」（hallo effect）。譬如：初次遇見一位長髮披肩且不多話的女孩，就會認為她必定是個性溫柔又賢淑。而月暈效應對一個人的判斷影響，則有可能是正向的或負向的。

三、情緒狀態

我們的情緒狀態也會對知覺的判斷有所影響。例如，在熱戀當中的情侶因情緒高亢，時常看不到愛人的缺失。當婚後情緒恢復一般常態時，就可能開始發現另一半不少的負面特質，其實這些負面特質原本可能一直都存在的。

人們的情緒也可能會影響到對別人的歸因（attributions），亦即對於別人行為推斷其所持的理由。而根據歸因理論來看，無論事情本身是正確的或錯誤的，個人所認為別人行為的原因，將會影響到我們對他人知覺的判斷。譬如，某位大學校長在學校主持正式會議時，看到一位留美獲得理工博士學位返國任教的新進老師，穿著輕便的短褲、涼鞋出席會議，若是這位校長很滿意於能爭取到這樣一位優秀老師來校服務，那麼對他當下的穿著就會解釋為「學理工的總是不拘小節，別去管他」；反之就會有「這麼隨便，連開會的禮儀都不顧，莫名其妙！」的結果。在這兩種情況之下，個人的歸因將會進一步影響到他對那人的知覺；就如同對刻板印象一樣，當人們的歸因非常強烈時，會拒絕接受與其歸因相反的諸多證據。

貳　錯覺與他人知覺

　　所謂「錯覺」（illusion）是知覺心理學中探討個人會發生錯誤或偏差知
覺的部分。如同前面「知覺」介紹中提到的，是指個體將相關感覺集合起來，
交由頭腦從這些資訊項目中，經過選擇、組織而後給予解釋和評估，最後所
形成的判斷結果。然而，有時因相關資料訊息不充足、個人獨特動機左右，
或是因為「形像與背景」（figure and ground）特殊對比與焦點放置不同等情
形，均會造成一些錯覺的發生（黃國彥、李良哲，1986；葉重新，1998）。
譬如，繆氏錯覺（Muller-Lyer illusion）則是在對二條同樣長度的線條做一比
較時，因上面的線條兩端做開放狀而下面的線條兩端做閉鎖狀，而造成幾乎
所有參與的受試者都做出「上面的線條較下面的線條來得長」之錯誤判斷。
另外，在一個類似實驗中看到很有名的中古世紀油畫「魔鬼與天使」，在這
同一幅畫的布局中，是將黑白兩種圖形交錯放置其中，當觀察者將眼睛焦點
放在黑色的部分時會看到無數個「小魔鬼」；反之，若將眼睛焦點放在白色
的部分則會看到無數個「小天使」。

　　同樣，我們也可將其類推在對他人社會知覺的判斷上。例如：台灣人民
對同一個政治人物所得到的資訊幾乎完全相同，然而卻會隨著所屬黨派（及
政治光譜上藍綠色調的不同），在對其認同與個別判斷方面可能會發生頗大
的或是完全相反的兩極看法。因為某些錯誤的知覺在我們日常生活中是會經
常發生的，且會嚴重影響我們的人際往來和溝通，甚至造成整體社會之動盪
不安，實在是不可不慎重處理。

參　有效改善社會知覺

　　改善社會知覺的正確性是成為一位成功溝通者最重要的第一步。下列三
項方法是協助你建立對別人較真實印象的具體做法（洪英正、錢玉芬編譯，
2003；Verderber & Verderber, 1995）：

一、不要太堅持自己知覺的正確性

許多人太堅持自己知覺的正確性，正如常聽人說的「我親眼看見、親耳聽到，絕不會有錯」；就是把自己的知覺當作是完全的事實來看。前面曾提過知覺是靠感覺為基礎，再加上個人相關的認知及經驗來做過濾、分析及判斷者，在這過程中稍有疏忽就很容易發生錯誤。因此，要學習去接受也許會有發生錯誤的可能性，這是很重要的。

二、避免只靠單一線索就遽下結論

千萬不可只依據一、二份資料線索就下判定，應該試著在形成印象前蒐集更多的訊息資料，以便能增加知覺判斷的正確性。如此可有助於提醒自己，目前的知覺只是暫時的，亦即表示知覺有可能會變動。接著要用心蒐集更多的資訊，以便判斷原來的知覺是否正確。另外，可試著向相關他人詢問，以獲得更多的資料訊息來證實自己知覺的正確性。只有透過交談，我們才能對人有更清楚的認識，避開而不去談將使得不正確的知覺繼續持續下去。

三、對人們的知覺判斷必須隨著時間做改變

假設某一位你高中同班三年的同學，他當時的表現相當地熱情而誠懇，然而事隔八年彼此在職場再次碰面共事時，你必須重新評估對此人的社會知覺評價，以免受到從前舊經驗影響而產生正面的「月暈效應」。能隨著時間改變去做判斷之目的，在於能夠毫無偏見的努力去觀察此人的目前行為，而後才能做更真實的判斷。人們常墨守老舊的、過時的、訊息不完整的知覺，即使是錯誤的，他們也覺得維持原狀比改變要容易些。

第三節　說服與抵制

報紙投書

誰說死者遺物不能用？

　　近來有關二手回收衣物的販賣與運用問題，在台灣社會正被熱烈地討論中。其實，除了不肖商人假藉捐舊衣濟助貧窮人，以騙取社會大眾愛心的方式，將募來的舊衣整理及洗燙之後，再轉手拍賣求利者，卻未把這些募集的舊衣服作為最初目標的濟貧事宜。除此之外，舊衣的重新利用亦可算是資源回收的一環，倒還值得大力推廣。

　　今日，舊衣回收再利用，有時會被人質疑與憂心者有二項：其一係擔心會有病菌之傳染，其二為不願穿到死者身後遺留之衣物。針對這二個問題要解決亦不難，前者可經由洗曬燙整之後，應可達到一般殺菌的功效；後者只要針對社會大眾做些正面的宣導，則可加以導正之。

　　我十年前在國外進修時，常看見在學校研究生宿舍區或社區中，常會有由各家自行舉辦的舊物品拍賣會（garage sale）；甚至還有遺物大拍賣會，就是當老人家過世而無人居住時，會把其生前所有的物品在拍賣其房屋之前先全數賣掉，包括：手帕、襪子、內衣褲、外套、畢業紀念冊等，幾乎是任何一項東西都可以拿來賣。

　　個人認為現今全球的物資十分有限，若能打破國人不願意使用他人二手物品之舊習，尤其因有所顧忌而不去碰觸或使用往生者的衣物，因而造成極大的浪費。其實這是華人文化中應大力突破之瓶頸，如此方能充分發揮「物盡其用」之功效。（本文係本書作者在2005.10.05，發表於《中國時報》第15版「時論廣場」）

　　由上述文章中，可了解到台灣目前舊衣的重新利用及資源回收再利用的做法，並未能普遍地落實。尤其是針對過世親人的死者遺物（多以衣物為主），因有所忌諱而大都加以焚燒，或是暫時收藏起來將來再當垃圾處理。

作者藉此文在報上投書，試圖採「說之以理，動之以情」的策略，想來扭轉國人多半認為穿到死者身後遺留衣物，會有所「不潔」的偏差觀念與態度，如此能否發揮一點移風易俗之功能，則有待讀者來公斷。在本節中即要聚焦在「說服與抵制」方面，尤其會提出一些相關之策略、方法與技巧，以供諸位參照。

壹　說服與順從

「說服」（persuasion）是一種在合乎道德規範的前提之下，透過精心設計的言詞訊息來影響他人的態度及行為之技巧。說服之所以是一種符合人際道德規範（interpersonal ethic）的手段，乃是因為它依靠的是言詞辯解與說明而非蠻力，且允許他人有自由去抗拒影響的意圖（Keller & Brown, 1968）。在此整理出獲取他人順從的六項策略，略述於後（黃鈴媚、江中信、葉蓉慧譯，2007；曾端真、曾玲珉譯，1996；O'Hair & Cody, 1987）：

一、直接要求策略

在直接要求策略（direct-request strategies）中，一個人以直接說出來的方式，要求對方做某個特定行為來順從。

二、交換策略

在交換策略（exchange strategies）中，人們藉著以物易物得到好處的方式來尋求對方順從。雖然在此交換策略之中，不需要直接提供某些好理由，但是仍隱含著理由的存在。

三、同理心策略

在同理心策略（empathy-based strategies）中，一個人藉著訴諸於情感、接納和愛心來尋求對方順從。有時候一項同理說服的陳述，會引發他人對說服對象產生較佳的觀感。

四、維護面子策略

在維護面子策略（face-maintenance strategies）中，一個人可以運用間接的、感性的訊息等誘導性敘述，來尋求對方的順從。

五、他人獲利策略

在他人獲利策略（other-benefits strategies）中，一個人藉著指出具體有利於他人的行為，來遊說與尋求對方的順從。

六、支配性策略

在支配性策略（distributive strategies）中，一個人試著以威脅或讓對方產生罪惡感等方式，來尋求對方的順從。

通常，吾人在企圖獲取他人順從的過程中，會衡量當時的各種主客觀條件，並可比較上述六項策略之後，選擇其中一項或是二項最佳的策略加以運用，以利於進行遊說與尋求對方的順從。

貳、常用的說服方法

傳統上經常使用的說服方法，就是由一個具備可信度的來源，提供良好的理由，並用一種感動他人情緒的方式，來獲得對方之同意。在此過程中所需的三大基本要件，分別是理由、信譽與情緒訴求，分別說明如後（黃鈴媚、江中信、葉蓉慧譯，2007；曾端真、曾玲珉譯，1996；Verderber & Verderber, 1995）：

一、給予好理由

通常人們對於自己的「理性」都會引以為傲，甚至自認為是一位標準的「理性知識份子」。一般人幾乎不會在沒有任何理由的情形下去做事。所以，如果能提供較好的理由，就可以增加說服的可能性。理由（reason）是提供

行為或行動的基本動力或原因。

　　同時在道德上來說，給予對方適當理由在說服過程中是相當重要的。因為當你對自己的主張提供一項理性的基礎時，被你說服的對象就有能力自己來衡量和評價這項說法的內容，接著也才能自由地做出接受或拒絕之論點。如果對方認為提出之理由的確夠好的話，便會相信這種特定的想法或行為是合理的，因而也就會決定順從要求。不管你是要嘗試說服某人去買一樣產品、選擇特定的一家餐廳用餐，或是投票給某一位特定的競選候選人，他們都一定會想要知道到底是為了什麼，以及你說出的理由是否真的合理！

二、良好可信度

　　並非聽起來良好且充分被支持的理由就具有說服力，而它同時也必須是來自於一個具備相當可信度的來源，才可能會產生較強大的說服力。此可信度（credibility）是指被說服的對象相信說服者的專業且可被信賴之程度。事實上，一個人能具有多少的說服力，得仰賴你的談話對象對於你這個人有多少信心來決定。

　　有些時候，無論呈現在你面前的資訊聽起來多麼符合邏輯而可靠，而你就是無法相信，原因在於你對提供資訊給你的來源缺乏信心。然而相反的情況，則是人們相信並且願意為他們所佩服並具有領袖魅力的人做任何事，縱然他沒有提供客觀的理由，或是前後說法互相矛盾。譬如：看到《自由時報》報導的獨家新聞，對於所屬黨派及政治光譜上藍綠不同色調的讀者，看完之後其被說服而相信的程度必然大不相同。

　　不論一個人或一個組織，其可信度的建立往往是一點一滴而長時間累積下來的結果。要想在某些範疇內有良好的可信度去說服別人，首先就得表現出你是有能力的，如果你表現出一副粗心大意、漫不經心又不仔細去查證細節，那你就會被認為是沒有能力的。其次，你要顯示出自己相當在意個人的言行對其他人所造成的影響，有些人雖然看來頗有能力且行為意圖亦不壞，但因無法清楚說明他們為什麼要這麼做的積極理由，結果卻獲得一個操縱者的不良名聲，其說服力也會大打折扣。因此，當你不解釋自己的所作所為時，

別人極有可能會誤解你的意圖。

最後也可能是最重要者，就是你可以經由讓自己的行為符合社會倫理規範，來建立起自己的可信度。也就是說，相關的言行舉止都要能符合多數人心目中的道德標準。當我們堅信自己的動機具有正當性時，經常就會忽略了是否符合道德規範的考量，只會不顧一切地想要去達成既定之目標，其結果往往變成是捨本而逐末了。因此，要特別重視信譽可信度對於自己的重要性，絕不可為達目的而不擇手段，否則就算能夠達成短期的目標，終究會犧牲與他人之間滿意的互動關係。

三、訴諸情緒

來自可靠的資訊來源以及具備好理由的訊息，確實比較具有說服力；但是，當你試圖要真正影響他人的行動時，還需要以訴諸情緒（emotion）來增加訊息資料的說服力。雖然人們通常會基於來自可靠資料訊息來源所支持的理由而採取行動，但有時基於人情關說與同情弱者心態的影響，正確的、有理的與誠實的未必是被說服而獲得支持最多者。別忘了，人畢竟是感情與情緒的個體，真正理性或絕對理性的人畢竟還是少數中的少數。

君不見在國內多次政治選舉競爭激烈而雙方旗鼓相當之際，往往選情最後一晚動員十幾萬人的造勢晚會中，某一關鍵人物最後的台上一跪或是訴諸弱勢悲情哀求，而開出了第二天勝選的局面！所以，在說服過程中千萬別小看了訴諸情緒的重要，以免最後是「贏了辯論而輸了支持」！

參 抵制及其克服之道

並非所有採取說服的影響行為都會成功。有時當我們陳述很好的理由，及具備十分可信的立場，且有利於訴諸對方的情感時，但仍會遇到某些抵制（resistance）。就如同 Knowles、Butler 和 Linn（2001）曾指出：「抵制是任何社會影響意圖無法獲得順從的最重要因素。」當遇到人們抵制時，我們最常傾向於繼續使用一開始就經常使用的說服策略及技巧，然而這只會更加強

對方的抗拒心理。在說服遭拒且產生抵制之際，較佳的處理策略有以下三項，分別加以說明如下（黃鈴媚、江中信、葉蓉慧譯，2007；Knowles, Butler, & Linn, 2001）：

一、採取耐心傾聽技巧

前面提過說服到最後關頭尤其又遇到抵制時，訴諸情緒往往是最重要的關鍵。要知道處於抵制的情況下，說服的一方在情緒與情感方面已是居於劣勢，要懂得停下來閉上嘴，且改採耐心傾聽的策略。如此一來，反而可以化解對方強烈的抗拒情緒，同時也可由他們的反對訴求中，對其有更深入而真實的了解，並可藉此找出處理這些反對意見的有利資訊。

二、要求對方闡述立場

有些研究顯示，當第一個影響與說服行為沒有發揮效應時，人們接下來大多傾向於使用更強硬、更具攻擊性及更魯莽的策略，其實這恰好是最愚蠢而無效的方法。不如立即停下正在進行的說服攻勢，反過來要求對方詳細闡述其立場，如此必會改善雙方的緊張關係，同時能讓對方有被重視與尊重的感覺，這在訴諸情緒與情感方面立刻會有加分效果。同時，此一策略若能配合一個耐心傾聽策略，則其說服效果必然能加倍。

三、嘗試新的說服策略

當面臨說服行為遭受抵制時，萬萬不可仍然不斷地重複使用這些失敗的策略。這就類同於心理學所提到的「固著反應」（fixation），這是指實驗中的老鼠在採用牠過去學會的相同方法反應時，有時有效但有時又無效，在多次挫敗經驗下，最後則以固定於採取明知無效的方式而不變通。同樣的情形在說服行為遭受抗拒時，人們經常也會固著於重複使用這些失敗策略而不自覺。這時就應該轉為思考嘗試新的策略，尤其是從前述二個策略運用之下所獲之心得，應可找出更為合宜且有效的說服新策略。

從以上整體的討論中可以體認出，說服與溝通之法宜極具彈性與變化，

所謂「窮則變，變則通」，否則必然會經常遭拒而難獲得滿意之成效。在數學與科學上確信，在平面上兩點之間以直線最近；然而，當我們處於相當複雜的人際社會之中，若凡事只想到以直線最近的方式為之，恐怕倒會產生「欲速則不達」的反效果！

本章摘要

　　知覺是個體本身蒐集所有相關感覺並賦予其意義的過程。知覺與感覺有相當的差異，「感覺」是屬生理的歷程，由身體上各感覺器官所發揮之功能；而「知覺」則是指個體將相關感覺集合起來，交由頭腦從這些資訊項目中經過選擇、組織而後給予解釋和評估，最後所形成的判斷結果。

　　知覺的歷程可分成三個階段，包括：訊息選擇、訊息組織及訊息解釋。人們從接收刺激到產生反應，會經過生理感覺及心理知覺兩種歷程，其中感覺是知覺的基本要件，根據感覺的訊息再經過選擇、組織與解釋三個步驟，最後才產生知覺。自我知覺是指個人試圖去了解其自己的整體認知過程。通常在探討自我知覺時，一般都會特別重視以自我概念、自我形象與自尊三者來討論。

　　自我形象是對自己的基本知覺，由自我評估所組成且受自己的經驗和別人的反應所影響。因為自我形象的形成開始於個人生命的早期，往往第一個重要他人反應是來自父母、家人或自己的監護人；所以，家庭環境與父母家人對幼兒之管教及溝通，對其個人自我形象的形塑與成長發展都具有關鍵性的影響。

　　在自我形象與溝通之間的影響，以自我應驗預言及訊息的過濾二個因素關係最大。其中，自我應驗預言是指個體長期相信自己是何種形象，久而久之，他就漸漸變得真是如此；而訊息的過濾是透過個人的自我形象知覺來過濾別人的談話，藉此也會影響到彼此間的人際溝通。

　　自尊是個人對自己正面的評價，屬於自我形象中的評價層面。人們自尊的高低會影響其溝通方式，調節內在對抗的訊息，和影響對他人的知覺。吾人可以設法增進自我的正面知覺。通常在這方面有高自尊的人改變比較小，因為他們的真實經驗和自我知覺比較一致，而使得改進空間十分有限；但低自尊的人改變的可能性比較大，因他們的自我形象較具可訓練與加強性。且低自尊的人若能多獲得一些支持他們改變的資料時，就可能大幅改變他們的

自我形象，如果沒有任何協助，則大多數人仍會維持原有否定的自我形象。只有在對自己的優缺點真實的評估後，才能有改變的可能。

他人知覺係指我們對於個人感官所接收到他人的訊息資料後，加以選擇、組織與處理，而得到對他人印象的一種歷程。影響他人知覺的重要因素，有身體外表特徵、刻板印象和情緒狀態等三方面。人們的情緒也可能會影響到對別人的歸因，亦即對於別人行為推斷其所持的理由。而根據歸因理論來看，無論事情本身是正確或錯誤的，個人所認為別人行為的原因，將會影響到我們對他人知覺的判斷。

錯覺是在知覺心理學中探討個人會發生錯誤或偏差知覺的部分。在知覺運作的過程中，有時因相關資訊不充足、個人獨特動機左右，或是因為「形像與背景」特殊對比與焦點放置不同等情形，均會造成一些錯覺的發生。而同樣的情形也可將其類推於我們對他人社會知覺的判斷上。因為某些錯誤的知覺在我們日常生活中是會經常發生的，且會嚴重影響我們的人際往來和溝通，甚至造成整體社會之動盪不安，令人不可不慎重處理。

改善社會知覺的正確性會是成為一位成功溝通者最重要的第一步。而透過不要太堅持自己知覺的正確性、避免只靠單一線索就遽下結論，及對人們的知覺判斷必須隨著時間做改變等三項方法，可協助建立對別人較真實印象的具體做法。

說服是一種在合乎道德規範的前提之下，透過精心設計的言詞訊息來影響他人的態度及行為之技巧。說服之所以是一種符合人際道德規範的手段，乃是因為它依靠的是言詞辯解與說明而非蠻力，且允許他人有自由去抗拒影響的意圖。

獲取他人順從有六項策略，包括：⑴直接要求策略；⑵交換策略；⑶同理心策略；⑷維護面子策略；⑸他人獲利策略；⑹支配性策略。吾人在企圖獲取他人順從的過程中，會衡量當時的各種主客觀條件，並可從這六項策略中經過比較之後，選擇其中一項或是二項最佳的策略加以運用，以利於進行遊說與尋求對方的順從。

在傳統上經常使用的說服方法，就是由一個具備可信度的來源，提供良

好的理由，並用一種感動他人情緒的方式，來獲得對方之同意。在此過程中所需的三大基本要件，分別是給予好理由、良好的信譽與情緒訴求。其中，要想獲得良好可信度必須掌握三大條件：首先就得表現出你是有能力的；其次，你要顯示出自己相當在意個人的言行對其他人所造成的影響；最後就是你可以經由讓自己的行為符合社會倫理規範，來建立起自己的可信度。

　　並非所有採取說服的影響行為都會成功，有時當我們陳述很好理由及具備十分可信的立場，且有利於訴諸對方情感時，但仍會遇到某些抵制。抵制是任何社會影響意圖無法獲得順從的最重要因素。當遇到人們抵制時，我們最常傾向於繼續使用一開始就經常使用的說服策略及技巧，然而這只會更加強對方抗拒心理。

　　在說服遭拒且產生抵制之際，較佳的處理策略有：採取耐心傾聽技巧、要求對方闡述立場，及嘗試新的說服策略等三項。當面臨說服行為遭受抵制時，萬萬不可仍然不斷地重複使用這些失敗的策略，否則就與心理學所提的「固著反應」相類同。說服與溝通之法宜極具彈性與變化，就如所謂的「窮則變，變則通」，否則必然會經常遭拒而難獲得滿意之成效。

班級／小團體活動

※「傳話內容失真」的活動。

活動名稱：傳話內容失真。

活動成員：同班、同寢室或修課同學，以 5-8 人分為一小組來進行。

活動時間：30-40 分鐘。

活動方式：一、小組成員排成一列，將寫好的一段話拿給第一位，看完之後由他小聲告訴第二位，再由第二位小聲告訴第三位，如此依序傳遞下去直到最後一位。

二、末了，請最後一位將他所聽到的內容，大聲地唸出來。再由大家檢視整個內容有何變化，並給予相關之回饋。

三、規定在傳遞過程中都只能小聲唸一次，不得重複多次也不可發問討論。

四、所傳遞的內容如：「這件車禍發生時我在現場目擊，立即停下機車來打 119，但過了十分鐘救護車還沒來，只得攔下計程車載傷患到這裡最大醫院的急診室救治。」

本章習題

一、試舉出一個你自己生活中經歷過的實例，來說明「感覺」與「知覺」二者之間的差異為何？請詳細加以論述之。

二、在影響「他人知覺」的諸多重要因素中，你認為哪一項最重要？試提出你個人對此之主要論點，並能以實例來論證之。

三、「錯覺」在我們對他人社會知覺的判斷上有何影響？請以個人經驗或報章雜誌上的新聞舉出為例，深入地加以探討。

四、要想在說服方面獲得良好可信度時，須掌握哪三大條件？並以此為效標來自我評估個人在這些方面的表現如何？並舉證列出自己何以會是如此的說帖。

五、請就本章中所提出欲獲取他人順從的六項策略，針對下列的情境分別嘗試列出各策略的說服說詞或做法內容。最後並選擇一項你個人認為最有效之策略詳細探究之。

「嘉雄最近剛交了一個不錯的女友，想要利用這個週末載她去兜風逛逛！但他若用自己老舊的車子載美女，就太沒面子啦！因而想向老友國君商借其新車，亦即本週末二人的車子互換使用。但因國君個性保守，做人做事亦常猶豫不決，使得嘉雄苦思良久，不知該如何開口與措詞，方能遊說成功！」

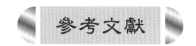

一、中文部分

李美枝（1982）：**社會心理學**。台北：大洋出版社。

洪英正、錢玉芬編譯（2003）：**人際溝通**。台北：學富文化公司。

徐西森、連廷嘉、陳仙子、劉雅瑩（2002）：**人際關係的理論與實務**。台北：心理出版社。

莊耀嘉、王重鳴譯（2001）：**社會心理學**。台北：桂冠出版社。

黃國彥、李良哲（1986）：**心理學**。台北：華視出版社。

黃惠惠（1999）：**自我與人際關係**。台北：張老師出版社。

黃鈴媚、江中信、葉蓉慧譯（2007）：**人際關係與溝通**。台北：前程文化公司。

曾端真、曾玲珉譯（1996）：**人際關係與溝通**。台北：揚智出版社。

葉重新（1998）：**心理學**。台北：心理出版社。

蔡春美、翁麗芳、洪福財（2001）：**親子關係與親職教育**。台北：心理出版社。

二、英文部分

Keller, P. W. & Brown, C. T. (1968). An interpersonal ethic for communication. *Journal of Communication, 18,* 79-80.

Knowles, E. R., Butler, S., & Linn, J. A. (2001). Increasing compliance by reducing resistance. In J. P. Forgas & K. D. Wiiliams (Eds.). *Social influence: Direct and indirect processes* (pp. 41-60). Philadelphia: Psychology.

O'Hair, D. & Cody, M. J. (1987). Machiavellian beliefs and social influence. *Western Journal of Speech Communication, 51,* 286-287.

Verderber, R. F. (1996). *Communication* (8th ed.). New York: Wadsworth.

Verderber, R. F. & Verderber. K. S. (1995). *Interact: Using interpersonal communi-cation skills* (7th ed.). Belmont, CA: Wadsworth/Thomson.

第四章

語言溝通

◎本章學習目標◎

- 在語意內涵探究上,外延意義與內涵意義各為何?
- 個人的意思在溝通表達中,可透過哪四種溝通媒介或管道來傳遞?
- 人類語言究竟是與生俱來或是經由後天學習而得,抑或係二者之交互作用?
- 在口語表達溝通的方式上,有哪五點相對應的類型?
- 在語言溝通過程中,有哪八項常見的溝通障礙?
- 在溝通的過程中,有哪五項口語溝通的技巧?
- 有哪些屬於 e 化時代中主要的溝通管道?
- 何謂「火星文」,其與國內外的網路訊息流通之間有何關聯?
- 如何將「火星文」翻譯成正常的地球文?
- 火星文中特殊符號所傳達的訊息內容為何?
- 具有說服力的演講表達須符合哪七項基本原則?

 **報紙投書**

執政當權，多做少說

　　日昨，台北地院庭長吳光釗一審判決現任總統陳水扁的「柔性政變說」敗訴，讓全國民眾大開眼界！說實在話，不知從什麼時候起，當權執政者已經能夠隨己意開口倡言，而可完全不顧是非真理，反正有人抗議時再來個硬拗，要不就是推說媒體斷章取義、曲解真意！

　　前幾週我去參加某一縣市「友善校園、訓輔工作成效檢討會」，與會者幾乎都是國中小的校長及主任，當討論到有關如何落實生命教育、民主法治教育、性別平等教育時，當場有一位資深校長要求本人是否可在適當場合大聲呼籲，懇請政府首長與檯面上的政治人物能夠謹言慎行、為民表率；否則學校老師循循善誘了一二年，還抵不上他們藉由媒體所說的二三句負面言語。尤其在每次選舉造成的謾罵、抹黑（紅或黃）、衝突與撕裂，更有公布他人醫療病歷及使用「掣起來」這種毫無口德的言詞，最是不應該。

　　古時韓愈有言：「師者，所以傳道、授業、解惑也！」以現代的眼光來看，不應只有狹義的中小學老師與大學教授這些有教職者才是師者，廣義而言舉凡政治領袖等能發揮公眾影響力的，都同樣負有教育社會大眾的責任。

　　《聖經》雅各書第一章中就說：「但你們各人要快快的聽、慢慢的說、慢慢的動怒；因為人的怒氣，並不成就神的義！」但是，仔細想想在我們朝野政黨隔空放話或是政論性節目同台辯論中，卻是人人搶著先說，甚至不惜打斷他人發言，要不就是根本沒聽清楚別人的論點，卻斷章取義而任意扣帽子！

　　阿扁總統與執政的民進黨大老們，要想真正在朝野、兩岸大和解上有所建樹，就必須長期小心翼翼地去經營，絕不要只為了想多搞些選票，動不動就口不擇言地火力四射；應該勒緊自己的舌頭，學習棄絕低俗謾罵言詞，並且先從快聽慢說、少說多做開始，以展現出具體的誠意才是！（本文係本書作者在2005.12.24，發表於《中央日報》第9版「全民論壇」）

　　由上述小方塊文章中，明顯可知人們經常藉著語言的表達，企圖完成溝通的目標。然而，語言陳述的內容，除了口語內涵、語氣及語調之外，還需要考慮到當時的相關背景脈絡；否則，稍有不慎就會應驗了俗話所言「病從

口入，禍從口出」的災難。在本章中，將分別針對語言的內涵、語言的溝通及表達技巧、語言的 e 化與火星文，以及具有說服力的演講等部分，一一加以說明。

語言的內涵

　　人類的語言和思考之間有著密切的關係，思考通常需要藉著口語、文字或符號來加以運作，故思考又可被稱為「內在語言」（葉重新，1999）。基本上，在語意內涵的探究上，必須先針對外延意義（denotation）與內涵意義（connotation）二者加以區分如下（李燕、李浦群譯，1995；曾端真、曾玲珉譯，1996）：

一、外延意義：是指文字公開而直接的涵義。只須查一下權威性的資料（如：字典），就可明顯地表示出來。然而，有些文字在不同字典裡的定義不盡相同，且文字的定義也會隨著上下文的不同而改變。

二、內涵意義：係指與文字有關且不公開的個人評價或感覺。在這方面會因表達者個人過去類似經驗，或成長過程的不同而有明顯的差異存在。

　　在此舉一實例來具體比較上述二者的差異，如「愛國」的外延意義是指一個人「熱愛自己的國家」，而針對輕蔑這類舉動的人，則視其內涵意義為「個人緊抱執政者的大腿而缺乏公正的判斷力」。

壹　四種溝通媒介

　　人可透過語言及思考來相互溝通，且文化亦得以因此而綿延傳承。為了與他人之間能進行有效溝通，必須把自己的思想與感覺，轉換成對方能辨識的各種符號或語文訊息。

　　換言之，要將個人的意思轉變成可溝通的訊息，必先予以編碼再藉由相關管道傳遞出去，而這些管道通常是指聲音（口語）和光（非口語行為）；

進一步來看,就得透過四種溝通媒介來傳達人們的訊息,以下將分別針對這些部分一一加以說明:

一、自然語言(natural languages)

自然語言是以說、寫、唱等方式,藉著言語和文字將意思加以表達;此為一種頗複雜的認知技巧,卻也是人們用來傳達特殊異議最常見的形式。

二、人工語言(artificial languages)

人工語言是透過數學公式、音樂符號,及一些電腦程式來傳達特定的訊息,這些公式與符號早經人們約定俗成,各有其簡潔而明確的定義。

三、視覺溝通(visual communication)

視覺溝通是經由圖畫和圖表的方式來傳達個人的思想與感受。

四、非口語溝通(nonverbal communication)

非口語溝通包括身體動作(姿勢、手勢、面部表情及視線接觸等)和說話的非語言特性(音量及音調的抑揚頓挫等)。這部分將在第六章中,會有更詳盡的論述。

貳 語言是來自環境與天賦能力的交互作用

人類語言究竟是與生俱來的?或是經由後天的學習而來?自 1950 年代起,在心理學界就引起廣泛討論。行為主義學者 Skinner,主張環境影響個人語言的學習。

另一名心理語言學者 Chomsky 強調生理因素對語言學習的重要性。此後,有一些學者採取折衷的觀點,認為語言學習過程,是來自環境與天賦能力交互作用的結果。茲就語言學習理論,整理後簡述如下(葉重新,1999;蘇建文等,1991):

一、行為論

Skinner 於一九五七年出版一本《語言行為》（*Verbal Behavior*），該書中強調：兒童學習與一般行為歷程相同，兒童經由模仿、強化作用或制約作用等方式學習語言。在語言學習歷程中，不常用的語言就逐漸消失，常用的語言經過成人不斷的稱讚與修正，兒童由模仿歷程中，逐漸發展出正確的語言。例如：當嬰兒發出的聲音與成人的語言相符合時，可能立即獲得成人的讚美，經由這種正增強的原理，嬰兒再發出該語言的機率就會增加。反之，假如嬰兒發出的語音與成人的語言不相符合，就不容易獲得成人的讚美或注意，該語音就會逐漸消弱或不再出現。

二、社會學習理論（social learning theory）

是解釋語言學習的理論之一，該理論屬於行為論的一支，其代表人物為美國社會心理學家 Bandura。這個理論強調嬰幼兒在語言學習過程中，以父母、親人或其他人為楷模，向他們觀察、模仿與學習。在學習過程中，嬰幼兒的語言如與楷模人物相同，通常會獲得褒獎，於是逐漸學會成人使用的語言。

三、天賦論

天賦論（nativism）主張：人類與生俱來具有學習語言的能力，這個理論由當代語言心理學家Chomsky所倡導；他主張人類能夠學會說話，而一般動物不具語言學習能力，最主要的差異在於人類有學習語言的器官（Language Acquistion Device，簡稱 LAD），此器官具有自動學習語言的功能。此外，人類的大腦結構與神經系統，具有辨別語音以及學習語法、語意的能力。

Chomsky（1965, 1975）曾經針對語言天賦論提出以下三項看法：

㈠每一語言的語法都不易分析，其中的規律很難下定論。

㈡幼兒所聽到的語言，不能提供足夠線索來幫助他發現文法上的規律；如果幼兒沒有天賦的語法學習本能，從環境凌亂的資料中，將會推論

出無數不同的語法系統。

㈢既然兒童能在短促的幾年內,就成功地推論出正確的語法系統而學會母語,可見其生理組織必然是對人類語言的某些結構特別敏感。

Chomsky 同時認為:不同文化背景的兒童都不必刻意教導,就能夠快速且輕易地學習母語,不論家庭環境或智力如何,兒童學習語言的步調大都一致。換言之,語言發展受生理成熟的影響,大於來自後天環境的學習經驗。不過,對於兒童學習其他語言比學習母語速度來得慢,天賦論尚無法提出合理的解釋。

四、交互作用論

交互作用論主張:人類學習語言受先天生理功能與後天學習環境交互作用的影響。交互作用論採認知理論與社會溝通理論(social communication theory)的觀點。認知理論認為語言發展屬於認知發展的一部分(Meltzoff & Gopnik, 1989),因此,語言學習與兒童生理的成長和經驗都有密切關係。社會溝通理論主張:人際溝通對語言發展具有重大的影響(Farrar, 1990)。

交互作用論者認為:個體與生俱來就擁有良好的生理機能,與良好的學習語言環境者,其語言發展程度最佳;有良好生理機能、卻沒有良好學習語言環境者,或有良好學習語言環境、卻沒有良好生理機能者,其語言發展其次之;生理機能欠佳,又沒有良好學習語言環境者,其語言發展最差。

因此,吾人可知,語言包括藉著聲音、手勢及書寫的符號等訊息傳遞。語言的產生與理解受到諸多不同因素的影響。語言發展以驚人的速度進行,其包含基本的學習方式、認知發展,以及某些天生的機制在內;在此同時,語言似乎也是反映思考和心智運作的基本方式。

第二節　語言的溝通及表達技巧

人際溝通不僅要能透過口語來說得通,亦可藉著面部表情或肢體語言,

來做更多非口語的訊息表達。有關非語言表達部分將在下一章詳細討論，在本節中只針對口語表達溝通的方式、語言表達溝通的障礙，以及有效的口語溝通技巧等方面，分別加以探討。

壹 口語表達溝通的方式

在語言溝通方式，可分為以下五點相對應的類型來加以說明（王淑俐，2000；曾端真、曾玲珉譯，1996）。

一、口頭與文字的溝通

語言本來就包含有口頭講話與文字表達二部分，所以，在此即可分為以講話方式進行訊息表達的「口頭溝通」，或是用文字書寫方式進行訊息表達的「文字溝通」。

二、正式與非正式語言的溝通

在人際溝通的場合中，往往會因時間、地點或對象的不同，而會採用不同語言的溝通方式。通常，在公開會議或面對長官時，都會被要求使用「正式語言」；而在私下交談或是與家人、好友聊天時，則可運用「非正式語言」來溝通。

三、直接與間接的溝通

在語言溝通中，若需要清楚而明確地表達時，就得打開天窗說亮話，採用「直接溝通」的方式；若是不便明講而想從側面來打探對方的意思時，則可考慮使用旁敲側擊或託人帶口信等「間接溝通」的方式。

四、當面與非當面的溝通

傳統上，國人都相信所謂的「見面三分情」，當有重大事件要商議或有求於他人協助幫忙時，都會親自去拜訪對方而做「當面的溝通」；倘若溝通

雙方有些心結或為了避免見面時的尷尬，也可採用打電話或書信等「非當面的溝通」。

五、公開與私底下的溝通

俗話說：「揚善於公堂，規過於私室」。當要稱讚或感謝對方時，宜使用「公開的溝通」；若是有所指責或涉及個人較隱私的部分時，就適合於採用「私底下的溝通」。

貳 語言溝通的障礙

在語言溝通的過程中，人們經常會在有意或無意之間，使用一些不良的表達語詞或方式，以至於因此破壞和污染了彼此間溝通與互動之積極成效。這些障礙在此經整理後，大致可歸納為以下八項（陳皎眉，2004；張雪梅主編，1993；Gordon, 1970）：

一、貼上標籤（labeling）

在溝通中刻意賦予對方某些固定的名稱，而造成他的不悅或影響我們對真相的了解。這類表達溝通時的例子不勝枚舉，例如「懶豬」、「米蟲」、「天兵」、「菜鳥」、「怪胎」等。

二、隨意批評（criticizing）

對於他人的言談舉止或行為表現，給予負面的評價。例如，「你的字寫得歪七扭八，有夠難看」、「不要經常換工作，要知道滾石是不容易生苔的」、「我看你整天遊手好閒，前途必定黯淡無光」。

三、進行診斷（diagnosing）

與他人溝通過程中未仔細聆聽對方談話內容，而忙於藉由揣測或分析去找出問題癥結與原因。例如，「妳因為太過於敏感，才會覺得同事對妳不友

善」、「像你這樣經常摸魚打混，難怪老闆不喜歡你」、「妳別再痴人說夢，比起別人的條件，妳差得多啦」。

四、下達命令（ordering）

一味地要求他人接受自己的命令，但經常會讓對方感到厭惡而反抗。例如「你在本週末以前，一定要把那個企畫案完工搞定才成」、「董事長下禮拜三要到我們這裡來視察業務，我要求你在他來的前二天就將簡報資料整理妥當」。

五、加以威脅（threating）

藉由警告他人來達到控制對方的目的。例如，「你下次段考達不到全班前十名，我就不讓你看每晚八點的連續劇」、「只要再蹺課一次而不事前請假，你就得面臨期末被扣考的命運」。

六、直接說教（moralizing）

通常會以良心或道德標準，來指示對方應該如何去做。例如「我是三朝元老，凡事跟我學著點，保證你萬無一失」、「報紙與電視新聞不是經常提到吃檳榔可能會導致口腔癌，你再不戒掉這個惡習就真會沒命的哦」。

七、轉向逃避（diverting）

藉著談論其他的話題來適時轉移對方的注意力，但有時也會讓人覺得你不重視其感受。例如，「不要再管他們的八卦批評，聽說你下半年要調到東京的海外據點去當主管啦」、「孩子在青春期總是比較叛逆，過於擔心也無濟於事，不如來欣賞一些我最近所蒐集的漂亮寶石」。

八、逕行保證（reassuring）

試圖運用一些正面的說法來安撫正在經歷某些負向情緒的人。例如，「所謂否極泰來，我想去年一連串的厄運已經過去了，新的一年你必定能事事如

意」、「加油！再加把勁去準備，我相信你下次必定能通過升等考試的」。

參 口語溝通的技巧

在口語溝通的過程中，除了要多以同理心方式來與對方交談，懂得採用行為語言的配合（這些曾在本書第四章中有詳細說明），並且能多加鼓勵與讚美對方（曾在本書第三章中亦有詳細說明）之外，在此提出以下五項口語溝通的技巧來加以說明（王以仁，1990；陳皎眉，2004；曾端真、曾玲珉譯，1996）：

一、清楚而具體地自我表達

在以口語發言時，要隨時都能做到具體而明確的表達；絕不可想到什麼就說什麼，也不該天馬行空式的隨性而談。在口語溝通時，一定要能聚焦且得朝向既定的目標來表述。

二、言詞精簡且條理清晰

口語溝通的互動過程中，最怕碰到話匣子一開就講個不停，且喋喋不休、沒完沒了的人。所以，在以口頭表達意見時，應盡可能「言簡意賅」，思路要清晰而合乎邏輯，把握一段話一個重點，並注意其自我表達前後一致的連貫性。

三、真誠理性地表達並要棄絕謊言

「真誠」是在口語溝通中，能夠立於不敗之地的堅固基礎。真心而誠意的表達風度，很容易獲得對方的好感；反之，再能口若懸河、舌燦蓮花的不實表達，其美麗的謊言一旦被戳穿時，就再也不會有人去相信他。

四、經常發揮適度的創造力與幽默感

幽默感是人際溝通中最佳的「潤滑劑」，可以調和口語溝通時的摩擦與

不快。同時，倘能懂得運用個人的語言創造力，在意見差異的折衝間能創出新的點子或名詞，則可收到「化干戈為玉帛」的大功效。其實，要真想能適時適度掌握幽默感與創意的充分發揮，則確實得要有長時間的磨練才行。

五、要有勇氣找機會多多發言

很少有人天生就能侃侃而談。絕大多數的名嘴都是經由不停的練習中才能自求進步。因此，要想能展現出優異的口語表達功力，就得有勇氣隨時尋找和把握任何可以發言的機會，如此必能在口語表達方面不斷地自我提升。

其實以作者本人來說，除了教學以外經常有機會在外演講。每年演講所獲的經費，往往占了個人年收入的二成以上。莫非我天生就是伶牙俐齒，開口即能滔滔不絕嗎？正好相反，上小學之後我較內向而害羞，很怕老師問我問題，更恐懼於當眾發言；甚至，在國小六年級惡補階段，不幸得了「口吃」的毛病，成為我個人青春期成長發育階段，心中最大的痛苦。前後經歷了六、七年的長期抗戰，採取不斷練習和運用上述五項口語表達技巧，才能得以自我治癒此一「口吃」的人際表達與溝通重症。

第三節　語言的 e 化與火星文

 經驗分享

生平第一次接觸 email 的使用

一九九五年初我申請通過獲得國科會的進修補助，前往美國密西西比州立大學（Mississippi State University）的諮商員教育研究所（Institute of Counselor Education）研究一年。得此之便，到達該校後我立刻選修了二門博士班課程；其中一門是三學分的「高等研究法」，講授者是一位中壯年的教授。他剛開始前面四週，每次課上到一半時，都會中途將全班帶到隔壁的電腦教室去操作，並在個人電腦螢幕上同時會出現相同的

四個與研究法有關的問答題，要求修課學生一一作答，三十分鐘時間一到，就立刻關閉回原教室上課。我個人揣測這位教授大概是讓我們藉此來熟悉有關個人電腦的文書作業，因我當初到達美國已是開學後第二週，第一週課全沒上而不知其真正用意為何！

大約在開學後一個月，某次上完課後，教授要求我留下來個別談話五分鐘，他劈頭就問我為何沒繳交第一次的作業？其內容即為每次在電腦教室中個人電腦螢幕上出現者，那四個與研究法有關的問答題；同時教授也很嚴肅地表示，修課者除我以外其他同學都交了！我立刻以疑惑的口氣問教授，在課堂中或下課後我根本沒有見到任何同學在繳交作業？教授則回問我是否有收到過他寄來的email，我問他是寄到我宿舍的住址或是郵局所開設的個人信箱？

接下來有幾分鐘，我們之間的對話就有如「雞同鴨講」，彼此完全無法對焦。後來，教授只簡單而直接地問我，是否曾經單獨到過學校電算中心，去申請個人電子郵件地址（email address）？家中是否裝有電話轉接器（modem）？當他看見我樣樣都不知地搖頭時，就要求我立刻去詢問修同門課程的另一位台灣留學生，並特別允許我可在展延的二週期限內，將個人完成的那份作業email給他。

第二天，在那位台灣同學的協助之下，我到學校內電算中心申請了個人生平第一個電子郵件地址，同時去購買了電話轉接器連上宿舍中的個人電話與電腦裝置，並可積極運用上網撥接的email聯絡方式，以透過電子郵件來進行快速的信件傳遞工作！而我個人也就從此開始邁入了 e 化時代！

上述的方塊小故事，是我個人於十多年前在美國進修的親身經歷。以下將進入 e 化時代後，主要的數種溝通形式或管道，分為email（電子郵件）、BBS（電子布告欄系統）、MSN或「即時通」，以及Blog（部落格）等，一一說明如下。

壹　e 化時代主要的溝通管道

一、email（電子郵件）

所謂的「電子郵件」係指透過網路來進行信件訊息之傳遞，故也有人直接以 email 的音譯「伊媚兒」來稱呼之。在電子郵件的傳遞過程中，還可將一個訊息同時告知其他需要通知的人，或是以副本和副本密送的方式進行。另外，電子郵件傳遞速度非常快速，花幾秒鐘時間就可傳送到世界各角落所指定的收訊地址；也可透過檔案夾帶之方式，將相關的大量資訊以附檔方式傳送。

二、BBS（電子布告欄系統）

BBS（Bulletin Board System）通常被稱為「電子布告欄系統」。其最初的設計是與一般的布告欄相似，以提供使用者查詢各項資訊為主；這與一般傳統的公開論壇不同的是，在電子布告欄上其溝通是屬於雙向的，也就是說每個人都可以是讀者，也同時都可以是主筆。加上現今網路是相當容易取得及使用，並且不受時間和空間的限制，在電子布告欄上的作家可以分散於各國，年齡層則可以從小孩到老人，每個人都可以發表及回應自己的看法。也正因為如此，在BBS上的資訊總是最新而開放者，絕不會有「一言堂」的情況發生。

為了讓使用者個人都能找到自己有興趣的討論話題，BBS 按照不同主題分成不同的「看板」，若該主題仍然太過於廣泛，則再按照細類分成許多不同次看板後，再將這些次看板集合起來放置在一個「群組」底下，以方便找尋。例如：關於偶像影星方面的資訊，皆放在「視聽劇場」裡，其下再按照區域型態分成台灣、中港、日本，而在台灣偶像裡面，又再細分成男、女、團體群組，其下才是各個偶像的看板。有趣的是，BBS 是純文字的介面，所有的功能都只需要透過鍵盤，不需要將手從鍵盤上移開去動滑鼠，就可以完

成所有想做的事情。如今,由於web介面的盛行,若干BBS可提出各種不同的方式,而將原來純文字的BBS與web介面一起進行整合。不過仍有相當多的使用者會覺得,直接使用純文字模式更為快速便捷。

BBS的基本功能包括:討論區、線上交談(分成水球、聊天及聊天室等三種不同的方式)、電子郵件(包括站內寄信及一般Internet郵件)、小遊戲以及其他等。水球為使用者彼此之間的一種溝通管道,通常顯示於電腦版面的最底下,比較特別的是使用者在使用水球的同時,亦可繼續瀏覽討論區的內容等;然而在使用聊天功能時則不可能如此,因聊天的內容即占滿整個版面;聊天室功能即和一般聊天無異。

三、MSN 和即時通

MSN 和其他的即時通這些線上通訊的軟體,為時下年輕人必使用之媒介,使用者廣泛地運用兩者提供之線上溝通的功能外,最近 MSN 推出的文字圖像功能——以圖像代替文字大為盛行;即時通比較不同之處在於可以隱藏模式登入,並使用聊天功能,以及即使對方不在線上也可輸入訊息,待下次對方上線時即可收到。目前,視訊及網路電話的使用也愈來愈盛行,許多人利用視訊來和位於不同地方的朋友進行面對面的談話;為了能夠節省昂貴的手機費用,網路電話的使用也逐漸被人所採用。

四、Blog(部落格)

近年來,「部落格」一詞風行於網路上,部落格是由英文Blog直接音譯而來的名詞,意指屬於使用者個人的網路空間。使用者可在自己的網路空間裡,寫作文章、抒發心情,亦可將照片、音樂上傳至此空間來與他人分享。最為人熟知的網路空間之一為「無名小站」,無名小站最初係由幾位學生所架設出的網路空間,提供相簿、部落格、留言版給使用者發揮,其中因具有可連至好友相簿之功能,而最為使用者所稱道,許多人也因著不斷地連連看,而找到許多久未聯絡的朋友與過去的老同學。

貳 火星文在今日 e 化世界的廣泛運用

所謂的「火星文」，是指為了在網路上能更方便而迅速地相互溝通，所衍生出來一種特有的文字表達方式，不僅盛行於台灣，連國外也在這一波 e 化網路創新文字的潮流中翻滾。

在二○○六年一月的大學學測國文科，首次將火星文納入試題中而掀起了軒然大波；全國家長團體聯盟及全國教師會為此均發表聲明指出，考網路上常用的「火星文」，對偏遠地區或不上網聊天的考生不公平，進而更主張火星文這大題的九分應該無條件送分。有人認為此舉是在貶抑火星文，但也有人認為可以藉此而大力提倡。姑且不論出題者是不是預設了其中哪一種立場，然而廣大社會人士的感受卻是大異其趣。仔細推究火星文考題，卻也呈現了語文的雙重特徵：一、語文是溝通的實際工具；二、語文所具備的與時俱進特性。也因此使得許多考生家長第一次正式去認識青少年網路族當中，所使用特有之火星語文。茲舉考題中之二例來加以分析：其中一題為「::>_<::」是什麼？依據圖案解析的正確答案為「哭的意思」。另一題則是「3Q 得Orz」，這句火星語翻成地球文之說法為「感謝得五體投地」；而其中所謂的「3Q」就是「thank you」，「Orz」則是象徵著一個人跪拜在地上的側面樣子（O 是一個腦袋，r 是撐在地上的手，z 則是跪在地上的腳）；而且為這個題目，當時的台北市馬英九市長還鬧了個大笑話，當媒體公開訪問他是否知道答案時，他卻立刻回答：「3Q 我知道，不就是 IQ、EQ、……」，話一說完，周圍的記者們都笑翻了天，只剩下馬市長一臉無辜且茫然的錯愕表情。

因為語文是溝通的工具，而溝通以「達意」為條件，否則就會構成表達和閱聽者之間的障礙，故需要能夠遵循相當程度的普遍性原則。因此，以溝通的角度觀之，火星文是可修正的，或謂語文本身即具備入境隨俗的修正彈性；正因為有些不上網的人看不懂火星文，故在網路以外的場所寫作時，則應配合與對方溝通之目的而加以修正。若以創新的角度觀之，火星文不是不可能接受的，它的豐富內容蘊涵了某種程度的創意，經由意象上的連結、邏

輯上的演繹，以稀釋跨場域的文化隔閡。

　　既然火星文已部分融入既存語文的秩序中，並隨語文的轉化而成為溝通及創新的載體；那麼，會寫火星文的人勢必要知道如何將它修正為其他讀者易懂的語言，同時不懂火星文的人也要能從語文本質上的架構，解讀其隱含的指涉。例如，少有人會唸過所有古文或中文詞彙，卻能從前後文及字音字形，以及本身的語文基礎，不需要查字典就可由閱讀原典便能掌握其義。愈是有這種能力的人，他學習各種語文的效果就會愈強。

　　以下先介紹一則範例，是由英文 email 溝通信函的火星文與正常英文之對照：

火星文英文段落

finally, its 1/2 term lo! hurray!
although i still got tones of work to do…
lets c… mnnnn…
physics course work, art course work, interviews preparation etc
i swear all the staffs ar devils…T-T

anyway, still got an interview to prepare lo˜
this will keep me busy 4 a while.
haha! im going to london with yoyo and her brother next tues.
we ar mad… going out on the val tines day!?
its all yo's fault! she is too keen on seeking new guys XD
sounds desperate ha? hehe…
oh! im still going to buy child ticket lo!
there is no way of me buying adult tic～
also, can u plz stops raining!?
i hate going out when it is raining!

i was all wet yesterday when i went to church… cycling in the rain…
what a suck experience…
don't ask me why, i got no choice.

k! got to carrying working lo!
c u guys later!

joy

正常地球文英文段落

Finally, it is 1/2 term lo! Hurray!
Although I still got tones of work to do…
Let's see… mnnnn…
Physics course work, art course work, interviews preparation etc
I swear that all the staffs are devils…T-T

Anyway, I still got an interview to prepare lo˜
This will keep me busy for a while.
haha! I am going to London with yoyo and her brother next Tuesday.
We are mad… going out on the Valtines day!?
It is all Yoyo's fault! She is too keen on seeking new guys XD
She sounds desperate ha? hehe…
Oh! I am still going to buy child ticket lo!
There is no way of me buying adult tic˜

Also, can you please stops raining!?
I hate going out when it is raining!

I was all wet yesterday when i went to church… cycling in the rain…
What a suck experience…
Don't ask me why, I got no choice.

Ok! Got to carrying working lo!
See you guys later!

Joy

　　接著，來介紹一則中文版的火星文與正常地球文中文段落對照之範例，藉以了解二者之間的區別。

<u>火星文中文段落（以對面的女孩看過來歌詞為例）</u>

　　對面低女孩看過來，看過來，看過來，ㄓ裡低實演粉精采，請ㄅ要假裝ㄅ理ㄅ睬，對面低女孩看過來，看過來，看過來，ㄅ要被偶低樣子嚇壞，其實偶粉可i。寂寞男孩低悲哀，搜出來，誰明白，求求妳拋個媚眼過來，哄哄偶，逗偶樂開懷，偶左看右看↑看↓看，原來每個女孩都ㄅ簡單，偶想ㄌ又想，偶猜ㄌ又猜，女孩們低心事還金奇怪。

<u>正常地球文中文段落（以對面的女孩看過來歌詞為例）</u>

　　對面的女孩看過來，看過來，看過來，這裡的表演很精彩，請不要假裝不理不睬；對面的女孩看過來，看過來，看過來，不要被我的樣子嚇壞，其實我很可愛。寂寞男孩的悲哀，說出來，誰明白，求求妳拋個媚眼過來，哄哄我，逗我樂開懷。我左看右看上看下看，原來每個女孩都不簡單；我想了又想，我猜了又猜，女孩們的心事

還真奇怪。

　　由上述這一段火星文與地球文的中文段落對照來看，其間二者最大的差異在於火星文多半遵循「簡化使用原則」。譬如：「以簡單的注音符號代替國字」、「以閩南語或台灣國語發音的字代替正統國音的字」、「以英文字母代替國字」等，茲就上例段落之火星文與地球文的中文差異，扼要說明如後：

「對面低」→「對面的」；「ㄓ裡低實演」→「這裡的表演」；
「粉精彩」→「很精彩」；「ㄅ理ㄅ眯」→「不理不眯」；
「ㄅ要被偶低」→「不要被我的」；「粉可i」→「很可愛」；
「搜出來」→「說出來」；「↑看↓看」→「上看下看」；
「偶想ㄌ又想」→「我想了又想」；「還金奇怪」→「還真奇怪」。

　　以作者本人年過五十要來談年輕人所流行的火星文，真會感到有些吃力，還好我的二個孩子正趕在這些流行之中；許多的相關資料都由他們所提供，並加上網路中豐富的這類資訊。不過，另外也可找到火星文的雙向轉換器，藉此就能將地球文翻成火星文，亦可將火星文翻成地球文的翻譯器。曾經在網路上看過推銷火星文翻譯器的相關資料，在此節錄其中的一段敘述如下，期能更進一步地幫助讀者來認識所謂的「火星語文」。

中文範本（火星文+注音文）

　　家裡就剩我一ㄍ……
　　爸媽ㄑ上班……老哥寒輔ㄑ惹……
　　真ㄅ只剩我一個……
　　好想出門ㄑ……逛街阿……@@
　　阿！對吼！

開學後還要複習考……

怎半……

窩斗還迷看書捏~

埃……迷差囉……＞＜

正常地球文之中文

家裡就剩我一個……

爸媽去上班……老哥寒輔去了……

真的只剩我一個……

好想出門去……逛街阿……（期待）

阿！對吼！

開學後還要複習考……

怎麼辦……

我都還沒看書耶～

唉……沒差囉……＞＜

　　其實，不論國內或國外都有各自不同火星文的運用，尤其是在年輕人的次文化中更是相當盛行。特別重要的是，火星文隨著時間與地區的不同，其變化及發展更是一日千里；因此，從語言溝通的立場來分析，學些當地常見的火星文確有其必要性，但也不需要為此太過於鑽牛角尖！最後，再將火星文當中，屬於運用特殊符號作為訊息傳達的部分，節錄其中一段陳列於表4-1，以提供讀者們參考對照。仔細地瞧瞧、想想與分析一番，似乎也會因此產出某些象形及意會的成分在內。

　　同時，除火星文外還有其他的方言，亦是某些場合溝通中不可或缺者。然而，就如報載新聞提及聯合國決定自二○○八年以後，原在聯合國同時使用的中文繁體、簡體字，一律將改為只使用簡體字；這將大大影響到以使用繁體字為主的台灣，未來在語言文字的教學及發展。為此，許多政府官員與

學者專家紛紛表態，要求應繼續在相關教學與使用上，仍繼續忽略簡體字而堅持採用繁體字為中文唯一之字體。唯獨台北市馬英九市長表示，在官方文件、媒體報章與教科書方面仍得採用繁體字；而在日常書寫與閱讀上則可自然地使用簡體字，以符合實際之現況。作者本人完全贊成馬市長的觀點，就如同台灣過去也為了中文譯音而爭執於「漢語拼音」或「通用拼音」之間，但最後卻選用了與世界無法接軌的「通用拼音」。如今，在台灣眾多年輕學子的中文與鄉土語言程度都同時低落之際，我們政府針對語文政策拿捏的發展重點與界線宜如何訂定，實在是值得深思之事！畢竟，語言的使用還須符合時代主流及考量全球未來的發展趨勢才是！

表 4-1　節錄火星文中特殊符號訊息一覽表

火星文符號	所傳達的訊息內容
(¯□¯)!!	流汗
(¯▽¯)σ"	好帥
(#¯▽¯#)	羞羞
(¯⌣¯)↗	上漲
(ㄒ_ㄒ)↘	下跌
<('^')>	生氣
#(ㄒ_ㄒ)	哭泣
(╯'□')╯︵┴┴	翻桌啦
⋒(¯▽¯)⋒	你有沒有搞錯
<()∧∨∨_⋒⋒	哼、哼、哼
~(¯▽¯)~(¯▽¯)~	爽到不行
(◉o◉)	目瞪口呆
(◉.◉)a...	怎樣

（續下表）

（承上表）

火星文符號	所傳達的訊息內容
\（～＿～）／	要抱抱啦
`（'o'''）´	這個你問我也不知道
┌（'▽'）┌	不要以為我不知道咩
（￣）︿（￣）	嘟著嘴
<（￣oo,￣）／	豬頭不是一天造成的
←<（￣c￣）y▬ξ	真煩，來哈根草吧
←♀（￣▽￣）／	我是優質大美女一枚
≡￣＿￣≡	冷到不行

第四節　具有說服力的演講

　　演講是口語溝通中最直接且完整的表達。然而，並非所有的演講都會受到聽講者的歡迎；其原因包括有：聽講者不是自願來參加、所聽到內容的精彩程度與演講主題或聽講者事前之預期差異頗大、表達的內容雜亂無章而欠缺系統邏輯、演講者本身的口語表達或肢體語言不具吸引力等。將針對這些演講表達過程中的缺失，一一探討於下。

壹　演的比講的還棒

　　作者還記得二十多年前在讀研究所碩士班時，有一回某位教授曾經在課堂上提到「演講」時特別呼籲：所謂「演講」者，是表演在前而講解在後，也就是說明在演講的過程中，要想生動活潑廣受歡迎，除了要具有豐富的講說內容之外，還得同時把握肢體和面部表情等非語言的表達部分，二者相互

配合得當，才能發揮最大之成效。

　　同時，在丁美雪（2003）之相關研究中，也提到以認知心理學的角度，來研究如何抓住聽眾的注意力，以便能在演講的過程中可增進聽眾的記憶；也就是希望從演講的訓練中達到良好溝通的要旨，讓演說者無論是一對一或者是一對多，都能夠明確地表達意見，並且進一步能將言語形象化與生動化。其中，亦談及從認知心理學注意與記憶的角度思索，演講者應如何來進行一場成功的演講？首先，演講者要能熟知如何引起聽眾注意的方法，避免聽眾因為不專注而產生訊息不良的傳達；繼而當聽眾不專注時，演講者又要如何來轉移聽眾的注意力；再者，也要思考如何利用系統的組織方式來幫助聽眾記憶。換句話說，演講者應該致力為聽眾建構一場聽得既精彩，又能將內容常記在心中的演講。

貳　具說服力演講在口語表達上的基本原則

　　根據作者在教學生涯二十餘年之中，進行過的大小演講將近千場的經驗，並參考了有關表達、說服與溝通等相關文獻，在此提出要想能進行具有說服力的演講表達，就得符合以下七項基本原則（王淑俐，2000；楊麗瓊譯，1984；Melrose, 1995）。

一、把握肢體語言及眼神接觸適度地配合

　　在本節開始之處就談到要能「演的比講的還棒」，隨時掌握肢體和面部表情等非語言訊息之表達。舉凡：點頭、微笑、眼神接觸、多變化的面部表情，以及舉手投足之間，都能將肢體語言的表達能力，發揮到淋漓盡致的程度，也藉此能引起廣大聽眾的注意。否則，一旦演講者的表情過於呆板僵硬，會很容易讓聽眾打瞌睡的。

二、動作不宜過多而讓人分心

　　然而，在整體的演講過程中，表情與動作也不可過於頻繁或誇大。要知

道,演講真正的賣點在於豐富生動的內容,也就是所謂「牛肉之所在」;若是演講者動作、表情過多,會容易使得聽講者分心,在哈哈大笑之後並無實質上的收穫,其產生的偏差就如同「捨本逐末」一般。

三、清晰準確的發音並控制適當的音量與言談速度

演講者在傳達其內容概念時,除了前述的身體語言(身語)的留意之外,對於演講者的口語發表方式(聲語)部分,也同樣需要加以重視(這其中包含:聲語溝通的原則、聲語的分類與應用、聲語發揮的力量)。隨時掌握清晰正確的口齒表達、適當的音量與言談速度,都可增強演講的說服力;也唯有身語與聲語相互之間能彼此配合,才可以產生最高的演說表達效果。

四、口語訊息的表達要讓聽眾能聽得懂

口語訊息說得再好,也必須聽眾能了解與吸收,才能達到透過演講獲得訊息溝通和回應的功效。因此,在用字遣詞與內容深度上,都要符合多數聽講者的水平。譬如,在鄉下農村對家長談親子溝通,有時就要用些閩南語或客家話,英文的相關詞彙盡量少用。雖然從「注意」的角度而言,新鮮而印象深刻的表達較容易引人注意,但是也不能因為要求新鮮就語不驚人死不休地論述,有時反倒會因語言的歧異,使得聽眾一頭霧水而完全聽不懂。

五、掌握表達的歷程重點與聚焦

演講的整體內容應可分為:演講的開場、演講的主體與演講的結語等三部分。其中,演講的開場在於以吸引聽講者的注意力為重點,而結語則在幫助聽眾做一扼要的全篇回顧,並加上一些實際行動的期許。當然,演講主體內涵才是演講訊息中真正的精華所在,得特別考慮到主體內容的表達要有重點,且層次清楚而合理;同時,層次之間的銜接也要能符合邏輯,更要把握演講內容層層地開展與緊緊地扣住其主題。

六、去除個人的口頭禪

　　有時演講者受到主觀的限制，經常會重複使用一些不當的「口頭禪」而不自覺，較常見的口頭禪包括：「嗯」、「哦」、「這個嗎」、「那個什麼」、「也就是說」。當演講中使用這些口頭禪時，會造成某些聽眾當場的模仿或計算其次數，而干擾了整個演講活動所能發揮的功效。

七、舉例要適切絕不可引喻失意

　　演講內容陳述中亦可舉例說明，以增加其說服力。然而，舉例得要考慮適當性，以免導致不必要的負面效果。譬如，過去有一位財政部長曾舉過一例，十分貼切地說明政府向人民索稅之困難，他提到：「抽稅就像偷拔鵝毛，又想拔得多又要鵝不大聲叫」。而另有一位台電前董事長，為了強調核能電廠的安全性，曾舉一例：「抱一座核能反應爐，要比抱二個女人睡覺來得更安全些！」此言一經媒體披露，不但未見其效，反而立刻遭來婦女團體的嚴重抗議。

　　其實，一場演講是否成功而具吸引力，可從演講現場大多數聽眾的反應與回饋，就能獲得精確的評估。演講者要能懂得時時自我反省和覺察，也可以事後將演講錄音帶或錄影帶重新播放幾遍，並以上述列舉具有說服力演講表達的七項基本原則，一一詳加比對來作為自我的評量，將可在個人演講功力上獲得意想不到的提升。

本章摘要

人類的語言和思考之間有著密切的關係，思考通常需要藉著口語、文字或符號來加以運作，故思考又可被稱為「內在語言」。在語意內涵的探究上，有指文字公開而直接涵義的「外延意義」，以及與文字有關且不公開之個人評價或感覺的「內涵意義」。

為了與他人之間能進行有效溝通，必須把自己的思想與感覺，轉換成對方能辨識的各種符號或語文訊息。並要透過自然語言、人工語言、視覺溝通，與非口語溝通等四種溝通媒介來傳達人們的訊息。

人類語言究竟是與生俱來或是經由後天的學習而來，在心理學界就引起廣泛討論。行為主義學者Skinner，主張環境影響個人語言的學習；另一名心理語言學者Chomsky強調生理因素對語言學習的重要性。而後有一些學者採取折衷的觀點，認為語言學習過程是來自環境與天賦能力交互作用的結果。

在口語表達溝通的方式上有五點相對應的類型，包括：口頭與文字的溝通、正式與非正式語言的溝通、直接與間接的溝通、當面與非當面的溝通，以及公開與私底下的溝通。

在語言溝通的過程中，人們經常會在有意或無意之間，使用一些不良的表達語詞或方式，以至於因此破壞和污染了彼此間溝通與互動之積極成效。這些溝通障礙經整理後，可歸納為八項：貼上標籤、隨意批評、進行診斷、下達命令、加以威脅、直接說教、轉向逃避、逕行保證。

在溝通互動中，有五項口語溝通的技巧，分別是清楚而具體的自我表達、言詞精簡且條理清晰、真誠理性的表達並要棄絕謊言、經常發揮適度的創造力與幽默感，以及要有勇氣找機會多多發言來不斷地自我提升。

跳脫了傳統時代中經常採用的固定溝通管道，如電話、傳真、信函等。在屬於e化時代，主要的溝通管道則有大幅的突破與創新，包括email（電子郵件）、BBS（電子布告欄系統）、MSN和即時通，以及Blog（部落格）。

所謂的「火星文」，是指為了在網路上能更方便而迅速地相互溝通，所

衍生出來一種特有的文字表達方式，不僅盛行於台灣，連國外也在這一波 e 化網路創新文字的潮流中翻滾。在二〇〇六年所舉行的大學學測國文科，首次將火星文納入試題中而掀起了軒然大波。

因語文是溝通的工具，而溝通以「達意」為條件，否則就會構成表達和閱聽者之間的障礙，故需要能夠遵循相當程度的普遍性原則。而火星文是可修正的，或謂語文本身即具備入境隨俗的修正彈性；正因為有些不上網的人看不懂火星文，故在網路以外的場所寫作時，則應配合與對方溝通之目的而加以修正。若以創新的角度觀之，火星文不是不可能接受的，它的豐富內容蘊涵了某種程度的創意，經由意象上的連結、邏輯上的演繹，以稀釋跨場域的文化隔閡。

既然火星文已部分融入既存語文的秩序中，並隨語文的轉化而成為溝通及創新的載體；那麼，會寫火星文的人勢必要知道如何將它修正為其他讀者易懂的語言，同時不懂火星文的人也要能從語文本質上的架構，解讀其隱含的指涉。而火星文當中，也有運用特殊符號作為訊息傳達的部分，仔細地瞧瞧、想想與分析，似乎也有某些象形及意會的成分在內。同時，目前在網路上可輕易找到火星文的雙向轉換器，藉此就能將地球文翻成火星文，亦可將火星文翻成地球文的翻譯器。

從認知心理學來分析，演講者要能熟知如何引起聽眾注意的方法，避免聽眾因為不專注而產生訊息不良的傳達；繼而當聽眾不專注時，演講者又要如何來轉移聽眾的注意力；再者，也要思考如何利用系統的組織方式來幫助聽眾記憶。因此，演講者應該致力為聽眾建構一場聽得既精彩，又能將內容常記在心中的演講。

要想能進行具有說服力的口語演講表達，就得符合以下七項基本原則，分別為：把握肢體語言及眼神接觸適度地配合、動作不宜過多而讓人分心、清晰準確的發音並控制適當的音量與言談速度、口語訊息的表達要讓聽眾能聽得懂、掌握表達的歷程重點與聚焦、去除個人的口頭禪，以及舉例要適切絕不可引喻失意。

班級／小團體活動

※「人生座右銘」的分享活動。

活動名稱：人生座右銘。

活動成員：同班、同寢室或修課同學，以 5-8 人分為一組來進行。

活動時間：30-40 分鐘。

活動方式：一、針對每位成員發給他一張白紙，請他在這張紙上寫下自己目
前的人生座右銘（若想不到座右銘，可以自己最喜歡的一句
話、一首詩來代替）。

二、當全體都寫完之後，再分別邀請每位成員來說明、分享與相
互回饋（可以本章中所提及的五項口語溝通技巧為指標，彼
此給對方這方面的回饋）。

本章習題

一、在你與對方進行雙向溝通時，可以採取哪些方式或態度，以適時表達出對他／她之專注與傾聽行為？

二、在口語表達溝通方式的五點相對應類型中，你自己最常使用與最不常使用的類型為何？試分別加以分析探究之。

三、參照本章第二節所列語言溝通過程中常見的八項溝通障礙，以自我檢討評量的角度來具體指出，你個人最常出現的三項語言溝通障礙為何？並詳細說明其發生之原因。

四、請說明你個人接觸或使用「火星文」的經驗與心得？並同時說明「火星文」對今日人際溝通與互動中，產生了哪些正面及負面之影響？請一併深入探討之。

五、請以錄音或錄影來記錄一次你在班級課程中口頭報告的情形，並以事後多次播放方式，配合本章第四節中列舉具有說服力的口語表達七項基本原則，來進行自我評估，並寫一份四百字的評估報告。

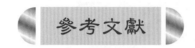

參考文獻

一、中文部分

丁美雪（2003）：**從認知心理談演講的篇章修辭─以「注意與記憶」的機制為主**。未出版之碩士論文，國立高雄師範大學國文教學碩士班，高雄。

王以仁（1990）：強化師生溝通能力。**教育部學生輔導通訊，11，** 26-30。

王淑俐（2000）：**人際關係與溝通**。台北：三民書局。

李燕、李浦群譯（1995）：**人際溝通**。台北：揚智出版社。

陳皎眉（2004）：**人際關係與人際溝通**。台北：雙葉書廊。

張雪梅主編（1993）：**大專院校導師手冊**。台北：教育部。

曾端真、曾玲珉譯（1996）：**人際關係與溝通**。台北：揚智出版社。

葉重新（1999）：**心理學**（二版）。台北：心理出版社。

楊麗瓊譯（1984）：**說話的藝術**。台北：遠流出版社。

蘇建文等（1991）：**發展心理學**。台北：心理出版社。

二、英文部分

Chomsky, N. (1965). *Aspect of the theory of syntax.* Cambridge, MA: MIT.

Chomsky, N. (1975). *Reflections on language.* NY: Pantheon.

Farrar, M. J. (1990). Discourse and the acquisition of grammatical morphemes. *Journal of Child Language, 17,* 607-624.

Gordon, T. (1970). *Parent effectiveness training: The no-lose program for raising responsible children.* New York: P. H. Wyden.

Melrose, W. (1995). *GNVQ core skills: Communication* (2nd ed.). London: Pitman.

Meltzoff, A. N. & Gopnik, A. (1989). On linking nonverbal imitation, representation, and language learning in the first two years of life. In G. E. Speidel & K. E. Nelson (Eds.). *The many faces of imitation in language learning.* New York: Springer-Verlag.

第五章

傾聽、同理與非語言訊息

◎本章學習目標◎

- 專注是運用哪些非口語的行為來傳達？
- 如何才能扮演一位良好的傾聽者？
- 尊重可透過哪些行為或反應來表達？
- 何謂「我訊息」，在溝通中如何運用？
- 「開放式反應」與「封閉式反應」之間有何差異？
- 何謂初層次的同理心？
- 在初層次同理心表達時有哪五項常犯的錯誤？
- 何謂高層次的同理心？
- 高層次同理心可發揮哪三項基本功能？
- 面部表情與肢體訊息包括哪些具體內容？
- 超語言的內涵為何？聲音又具有哪四項特色？
- 空間距離依彼此關係不同可分為哪四種？

 **報紙投書**

別驚擾「雍智的母親」

今年的母親節對雍智和他媽媽來說，應該是萬分高興的一對母子。雖然，諸多現實環境的因素，使得他們短暫一天相聚之後又得分隔南北兩地生活，可是我想眼看著一齣經歷了十二年的悲劇，能有這樣的意外正面發展，不禁要替這對母子大大地感謝上蒼。

其實，要感謝的貴人真是多得無法勝數。在雍智這方面有他的大伯、姑姑，學校的老師及同班同學等；在雍智母親這邊則有頗明事理又體貼太太的丈夫、陪伴媽媽下來的阿姨與弟妹等。

同時，這次媒體的表現也還算是差強人意，到目前為止並未刊出雍智母親的正面照片，不知這回大家真的是「尊重」專業倫理，而完全依照當事人的意願，還是多數媒體至今還未拍到這方面的相片。不過，我想針對那些刊出照片卻將其母親頭部打上馬賽克的媒體，是真值得好好地為他們拍掌鼓勵的。

雍智和他媽媽相逢整個事件，以目前來看可算是完美。至於往後，可就得拜託周遭的至親好友多關心與代禱，少去挖人隱私與說長道短地任意批判。尤其是雍智媽媽在宜蘭周圍的親友，如果你們能察覺出來或是從他人口中知道了真相，也請不要打擾他們的生活。有時，閉上嘴巴、保持沉默，就可算是在日行一善與具備一項難得之美德。

讓我們多發揮「同理心」，一起來為雍智與他母親未來的幸福祝禱。（本文係本書作者在 2006.04.25，發表於《中國時報》第 15 版「時論廣場」）

上述小方塊文章，是針對雍智這位十二歲的小六學生，因自小與父親二人相依為命，其後父親不幸肝癌過世。並經媒體披露，雍智面對母親節的最大心願，就是希望能見生母一面；因他出生後父母不合而離異，母親改嫁他人另生兒女，使得雍智一直無緣能見母親一面。當他母親得知此一訊息後，決定悄悄南下與他會面。作者在此投書期望他們周遭的人員能多發揮尊重與同理心，勿因好奇或多舌來壞人好事。在本章中則將分別針對專注、傾聽與尊重，我訊息與反映技術，澄清與同理心，及非語言訊息等部分，一一加以

說明如後。

第一節　專注、傾聽與尊重

　　通常人們都承認彼此間良好的溝通十分不易，因要懂得適時、適度與適當的表達，確實需要具備相當的條件，單以「說話的藝術」來看，就非一蹴可成者。然而，在人與人的溝通過程中，除了「說」是重要的部分以外，還有「聽」也是相對重要的。因為，人際溝通是人與人之間一項訊息傳送與接收的互動過程，在此過程中，由於說者常因表達不當，或受限於自己激動的情緒，而經常無法傳遞其內在真正的想法與意見。同時，聽者也會經常因為分心或固執成見等因素，扭曲了訊息原本的含意，因而產生所謂訊息「失真」的現象。

　　因此，「說」與「聽」實在是溝通的一體兩面，但在「說」與「聽」的互動過程中，卻因著外在環境、互動者內在干擾因素，而往往造成人際溝通的阻礙或誤解。究竟人們應該如何「說」與「聽」，才能讓溝通更為順暢而有效呢？在此擬先針對「聽」的基本要件，也就是專注與傾聽相關之內容來加以探討。

壹　專注

　　所謂「專注行為」（attending behavior）的意思，就是專心與注意對方的表達。在溝通過程中，若能表現出專注時，會使對方感覺個人是有價值而值得被傾聽者。專注大部分是透過非口語的行為來傳達，包括：眼神接觸、面部表情、舉止神態（身體姿勢）、口氣語調等，陸續說明如下（黃惠惠，1991；Hill & O'Brien, 1999）：

一、眼神接觸

眼睛可以說是人體所有器官中，除嘴巴以外，最能表達個人情感與意思者（這些行為語言相關部分在本章第四節將有進一步討論）。若是在溝通中，耳朵雖然在聽對方談話，但眼光卻飄向窗外，還是會讓對方覺得你沒有完全認真在聽；而眼光接觸時間的長短，也可表示出個人想要趨近對方或是避開對方。同時，眼睛注視對方是一種基本禮貌，可藉此將個人的親切、接納、關懷及了解，透過眼神傳達給對方。

二、面部表情

這就有如平常人與人互動過程中，要經常去看對方的臉色；當然在雙向溝通中，就得強調是雙方互看對方的面部表情，倘能適度地保持自然的微笑，應可傳達本人給予對方的尊重與專注。

三、舉止神態

舉手投足的動作與個人本身的姿勢，也可作為專注的表現，譬如，身體稍微向前傾以靠近對方，或是凝視對方且微微點頭等，都可以表達出給予對方的專心注意。

四、口氣語調

這有如日常生活談話中的口吻及聲音高低，若能以積極、關心、真誠而熱切的口氣，來與對方對談或回應，則可藉此明確地傳達出個人的專注之意。

貳 傾聽的技術

聽是我們生活中相當重要的部分，我們隨時都可以聽到各種聲音，不論是有意義或無意義的。人的聽覺是隨時隨地開放，各種的聲響及話語都可能不由自主地鑽入耳朵，而使我們接收到大量的聽覺訊息。事實上，在聽、讀、

寫、看四項主要的溝通行為中，單單「聽」的部分就占了一大半。

　　雖然人們花費許多時間在聽的方面，但真正被接收或記得的訊息卻不多。換句話說，人們通常僅接收到少量的口語訊息，而將大部分訊息予以遺漏或扭曲。何以會如此呢？Adler和Towne（1981）研究發現，人們在溝通過程中接受到超大量的訊息刺激，包括：別人說的話、周圍環境的各種噪音，而造成了訊息過度負荷（message overload）之現象，致使人們無法專注地接收到每個訊息。換言之，在無法吸收所有訊息的前提下，個人只會選擇性地接收自己特別關心的資訊，而那些不符自己預期或是不感興趣的訊息，就將會有意無意地被遺漏了。

　　傾聽（listening）係仔細聆聽別人對你所說的話，以了解其話中的含意，並能體會出他說話當時的心情。也可說是在溝通過程中，藉由自己專心仔細地聆聽對方的語意、語調，且觀察接收他的行為語言。

　　在好友或家人之間相互溝通時，往往因為彼此過於熟識，而容易忽略了「傾聽」的技巧。當別人在講話時，要切記不可隨意插嘴；無緣無故打斷他人的說話，將會引起相當的反感，甚至造成對方拒絕與你談話。要知道，上帝在創造人的設計上，是安排了一張嘴巴及二個耳朵，或許在其原始的功能安排規畫，大概是要人類在溝通方面，能表現出「多聽少說」吧（鍾任琴，2000）。

　　傾聽不只是閉嘴聆聽而已，同時還要讓對方知道你在認真、專心地聽他說話，這其中代表了你對他的接納、重視與關懷。所以，在傾聽別人說話時，還應加上點頭、微笑、輕拍對方的肩膀、以關懷眼神凝視等行為語言，以便讓對方知道我確實了解他表達的意思。

　　進一步可將「傾聽」界定為：以一種專注的態度來接收對方所發出的所有訊息，其中包含了語文與非語文的訊息。而語文訊息的獲得，在於聆聽對方口語表達的用字、詞句、語氣和聲調；但非語文訊息則藉由注意其面部表情、神態、手勢及身體動作等方面來加以了解。有效的傾聽應該包括：眼神的接觸及一些表明你正在專心聆聽的姿勢。

　　伴侶往往可藉由傾聽，來表示對另一半的尊敬與愛意；父母則藉由傾聽

技巧，可表達出對孩子的關切。我們或許不完全能同意對方的想法、態度或行為，然而若能透過有效傾聽的運用，則可充分表達出對其之接納與尊重。

在溝通的過程中，如何才能扮演一個良好的「傾聽者」，可參酌以下的八項要點來進行（王以仁，2001，2006）：

一、要面對訊息的傳送者，並將自己的身體微微地傾向對方。

二、溝通過程中經常維持與對方眼睛的接觸。

三、以點頭或其他不會打斷對方說話的方式，讓他知道我完全了解。

四、忽略周圍任何會使你分心的刺激，專一於和對方的談話。

五、隨時以同理的方式，來抓住對方表達的真實情緒。

六、當有必要時，可要求對方進一步說明與澄清。

七、必須等到對方的表達告一段落後，才提出自己的回應觀點。

八、針對訊息傳送者所表達的言語訊息及情緒等是否接收無誤，則可以採用摘述的回應方式來加以檢核。

參　尊重

所謂「尊重」在心理、溝通與輔導諮商領域中，最常被提及的應是人本心理學或當事人中心學派，所強調的「無條件的積極尊重」（unconditional positive regard），這是指不會將對方本身或對其行為反應立即下判斷，其中又包含了接納（acceptance）與關懷（caring）。通常，在人與人的互動溝通中，若是吾人能以如此正向的態度傳遞給對方，則能使其減少個人的自我防衛，且能對自己或他人也更為開放，彼此之間的互動和人際關係必能更趨於美好。

尊重也是指重視對方真正的樣子與其獨特性，接受他是與別人不一樣的。有時尊重會讓人覺得相當抽象，不大容易清楚其實質內涵，在此將從以下四項來進一步加以說明（莊懷義，1990；黃惠惠，1991）：

一、無條件地接納對方

不管對方的背景如何、做了什麼行為或不做什麼行為，都不會去批判其所作所為，亦不排斥對方的感受。這並非沒有道德原則，而是因為能接受每個人都是不一樣的，擁有各自不同的生活方式。這就是能接納對方的感受，而不是能贊同其行為。

二、願意與對方在一起

表達願意與對方在一起而不會討厭，就是在尊重對方。這也就是個人自己願意主動積極地表現出，我出自內心真正地想花時間和你在一起。

三、看重對方是一個獨特的個體

尊重除了對人一視同仁外，更須敬重對方的個別性，每個人都有與別人不相同的地方，形成其獨特的自我。因為，尊重亦包括接受對方可擁有屬於自己的真實感受，而非批判其應不應該或可不可以有那些感覺。

四、接受對方的自我決定

只有自己可以決定自己的生活方式，也只有自己有權利為自己做決定，故一定要懂得敬重對方內心真實的意見與其所做最後決定之結果。

第二節　我訊息與反映技術

壹　我訊息

一般人在溝通時，往往較習慣於你訊息的方式，亦即常用指責、批評與說教，卻是一種無效而不理想的溝通。而「我訊息」（I-message）則是一種

積極、有效的溝通，亦可稱之為「我……」的語氣表達（Gordon, 1970）。「我訊息」大多用在師生或親子接觸和溝通中，如何以心平氣和、就事論事的態度與孩子互動。換句話說，「我訊息」僅在描述對孩童行為的感受如何，所報告的是你（父母、老師）的感受，而非在責備或批評你的孩子或學生。

通常並不是學生或孩子的行為本身使你不愉快，而是這個行為帶給你的影響，它干擾了你的需要或權利，而造成你情緒的不愉快。因此，可將「我訊息」分解成為：行為、感受與後果三個要素；但有時亦可將感受的部分加以去除，僅描述孩子們的行為與行為後果，而沒有表達感受的部分。例如：「你們一直鬥嘴（行為）簡直吵翻天（後果）」，「你撞（行為）得我好痛（後果），我真的痛到快哭出來了（感受）」。

同時，「我訊息」除了在師生或親子溝通中使用外，亦可用於同事、情侶或夫妻互動之上，尤其是在強調心平氣和、就事論事的表達，以免引發溝通過程中不當的衝突與障礙。因為在「我訊息」的表達中，只提出了表達者的感受及引發的原因，未直接指責對方的不是而較容易被接受，其後續的補救措施亦由對方去設法解決。

「我訊息」之三個要素，在實際運用中亦可套入下列的簡單公式（王以仁等，1993）：

- 當你……（指出行為）
- 我覺得……（提出感受）
- 因為……（指出後果）

例如：「當你放學晚回家又不打電話回來時，我擔心你可能出事了，因為我不知道你在哪裡。」

貳、反映技術

在此，所提的反映（reflecting）係指：當老師或父母藉由傾聽技巧，抓住及明瞭孩子的感受與令他耿耿於懷的事情後，給予孩子適當的「回饋」，使其覺得被接納、被了解。反映就像一面鏡子，讓孩子藉此能更清楚地看見

自己。

　　綜合有效的反映與傾聽技術，老師或父母者應多採取「開放式反應」，而應避免「封閉式反應」。此二者最大的差異在於：一、開放式反應：聽者（老師或父母）以接納孩子所說的話與感受來肯定孩子擁有個人感受的權利，顯示聽者真正的了解與接納；二、封閉式反應：聽者（老師或父母）以不接納、不了解的態度來否定孩子擁有個人感受的權利。

　　試引用以下表 5-1 四例來具體說明，針對孩子的想法與表達出來的言詞，老師或父母使用封閉式反應與開放式反應有何不同（王以仁，2001）：

 表 5-1　封閉式反應與開放式反應實例一覽表

孩子的話	封閉式反應	開放式反應
妳是全世界最差勁的母親！	你再敢說一遍看看！	你似乎對我非常生氣與不滿。
我就是不會做啦！	不要這麼快就放棄！沒志氣！再重新試一次！	你似乎覺得相當的困難。
我想多看點電視，過一會兒才上床睡覺。	幾點鐘啦！現在立刻給我上床去！	你很想再看一下電視。
我的級任老師好兇哦！	怕什麼！只要你用功、聽話，老師就不會兇你。	你似乎非常怕你的級任老師。

　　綜合歸納來看，當老師或父母對孩子做各種回應之前，應嘗試著針對其問題情境，老師或父母應先判斷是誰的問題？若是孩子的問題，老師或父母可以「反映技術」來表達；若係老師或父母的問題，則可以「我訊息」來加以表示或回應之。

　　以下引用表 5-2 一些實例（王以仁等，1993），來針對「反映傾聽」及「我訊息」，分別加以探討說明之。

表 5-2　反映傾聽及我訊息實例一覽表

情境	誰擁有問題？	反映傾聽	我訊息 （「我……」的語氣）
家中有客人來訪，孩子干擾到父母與客人的交談。	父母		當你不停地打擾時，我們無法交談。
孩子在學校比賽輸了，垂頭喪氣地回到家。	孩子	你比賽輸了，覺得相當的洩氣。	

第三節　澄清與同理心

在人與人的溝通互動中，除了自我表達和接收意見之外，還必須掌握適時的回饋（feedback），才能達到彼此澄清的要求。回饋通常包括了對他人所講話語所給予的回應，及表達出自己對此之感覺或意見看法。溝通包括發送訊息者、接收訊息者，及訊息本身。訊息的傳遞不僅由其內容及語氣來表達，同時也透過面部表情、手勢這些身體語言。由於僅靠表面言語來判定訊息真實的意義，造成會錯意的機率不免會很大；想避免這種錯誤，則可用自己的語句來重複對方所說過的話，經由一再核對（check out）的過程，以了解對方真實的感受，達到釐清真正問題的目的。

壹　澄清技術

每個人能正確傳遞訊息的能力都不同，有些人的口才較差，所以在溝通時會使用較多的非口語技巧。以下是溝通時如何達到真正澄清目的的一些指

引（王以仁，2006；）：

一、避免「雙重訊息」，亦即說是一回事，做又是另一回事，或影射其他人
　　或事。

二、切中問題核心，明確說出自己真正所想的。避免以模糊、曖昧不清，及
　　非直接的言語來溝通。

三、避免誇大對方所提出來的議題，或僅是輕描淡寫地帶過。

四、避免以尖酸刻薄、開玩笑的口氣掩飾真正的情感。

五、如果有任何的質疑，可以請對方再重述一遍。

六、把焦點放在重要的事情上，並避免外在事物的干擾以轉移問題的焦點。

貳　同理心

　　當我們在專注、尊重地傾聽完對方的發言之後，通常會輪到自己需要做出合宜的反應（response）。在反應的情境中，同理的表達就顯得特別重要。而同理心（empathy）原係輔導與諮商中非常重要的一項技術，是在於傳達諮商員對當事人之感覺與經驗的了解，亦即諮商員查明和確認當事人的情緒狀態，並以自己的方式與詞彙，來使當事人知道他已經了解當事人所表示出來的感覺及經驗（宋湘玲、林幸台、鄭熙彥，1989；曾端真、曾玲珉譯，1996）。

　　在人與人之間溝通與互動過程中，同理心的運用和發揮是十分重要的。同理心可說是一種認知、態度，也是一種技巧，藉由此而能進入對方的世界去了解他，並向其表明這份了解。要表現同理必得先傾聽，同時要站在對方的立場來體會及思考，而後還要能夠做適時、適切的反應與表達；如此在人際間的溝通上，才可收到正面的效益。溝通專家們都認為，同理心是人與人相處之間，最基礎而重要的行為之一。以下將針對同理的反應、初層次同理心及高層次同理心來加以探究。

參 同理的反應

當我們在溝通的情境中，傾聽完了之後通常會作某些適當的反應。而在做反應時，個人會從收訊者的角色，轉換成為傳訊者的角色；而此時最適宜的就是作同理的反應（empathic response）。然在同理的反應時，有兩點得特別加以把握者：一、要能站在對方的立場，完全體會其情緒與感覺；二、要能以這種體認作為基礎，以便作出合宜而適當的反應來回應對方。

例如，當父母藉由傾聽技巧，抓住和明瞭孩子的感受與使其耿耿於懷的事情後，給予孩子適當的同理回應，使他覺得被接納、被了解；亦有如呈現一面鏡子，讓對方藉此能更清楚地看見自己。

所以，同理的反應常常是簡述語意及情緒反映同時都具備。一位高明的溝通者有時也會因反應不當而產生問題，但其往往在說錯話的時候，就能很快地察覺而加以修正，也會在未來的溝通中盡量避免再犯相同的錯誤。凡是會導致人們強烈排斥或自尊受傷，以及無法有效達成溝通目標之反應，都屬於不適當的反應，這些在溝通過程中宜避免此類反應的發生。

肆 初層次同理心

所謂「初層次同理心」（primary empathy）係指：以自己扼要的言詞、話語說出來，以表明自己已十分了解對方所「明白表示」出來的意思與感覺（王以仁等，1993；王以仁，2001）。為了加強「初層次同理」的表達及運用，可先以固定的句型加以練習；正如下例之標準句型：

「你會覺得……（感覺、情緒字眼），因為……（事實字眼）」

而後再以較為自然的口吻，將自己所了解的感覺與意思以口語方式表達出來。

以下列舉二個情境，並分別以 1.標準句型、2.較自然的口吻，來做「初層次同理心」的呈現：

甲：「我這次考試考不好沒辦法拿滿分，恐怕排名會在十名以後啦！」

1.你感到非常挫折與灰心，因這次考試又拿不到滿分。

2.這次考試沒得滿分讓你很失望。

乙：「每次下課時，我總是自己一個人，沒有人要跟我一塊兒玩，我不知自己哪一點討人厭，同學們都不理我。」

1.你覺得很難過，因為沒有人願意在下課時與你一起玩。

2.沒有同學願意與你玩，讓你覺得很難過。

而在表達初層次同理心時，則會常出現以下的一些謬誤而須極力避開（黃惠惠，1991）：

一、避免假裝了解

雖然有時很專注地在傾聽，但對方的敘述聽完後仍有困惑不解之時，此時就不應該假裝了解，而應真誠地表示：「對不起，我有點跟不上，能否請你再說一次？」或是用試探性的口氣來反應，譬如：「你的意思是不是……呢？」

二、避免鸚鵡學語式的模仿

正確的同理心反應，絕不是像鸚鵡學語式一字一句地模仿，而是先尋求對方表達的重點，再用自己的話語來正確地反應或敘述。

三、避免與對方漫談

有時對方會無方向、無頭緒地漫談，或是同一主題反覆多次；這時應該給他適當地反應，但不能打斷其重要敘述或思緒。經常使用正確同理心可防止對方漫談，且能促進彼此交談的深度。

四、避免以問題代替同理心

不可以問題來代替正確的同理心反應，更不應該使用封閉式的問題，以至於對方僅能以「是」或「不是」來回答。

五、注意用語層次要與對方的背景配合

有時在溝通過程中，與對方的背景相當不同時，在表達同理反應中，就須注意和體會其背景狀況，譬如：年齡、教育程度、生活經驗、社經地位等，而必須用對方能了解及接受的字詞來表達。

六、注意非語言行為的一致性

表達同理心不僅是口語上同理，其非語言行為（如：表情、聲調等），也應表達出相同而一致的反應。

伍 高層次同理心

在二人溝通的過程中，如上述「初層次同理心」的表達，往往是在二人起初不太熟識的情形下，只會針對對方所明顯表達的感受、行為及困難予以了解、同理，而不往言談內的深處追究。然而，當資料蒐集得差不多，彼此關係也較穩固時，就應該使用「高層次同理心」（advanced level of empathy），即以對方所暗示、隱含或說了一半的部分，亦即針對其真正的問題或感受，從檯面下帶到檯面上，以便能更深入而充分地去探索。在此，先舉一個例子來分別以初層次及高層次同理心做反應，藉此對照來加以深入探究之。

某甲說：「我雖然有些內向、木訥而會信心不足，但是在工作中一向負責、認真而從不誤事，且把事情做得比別人還要好；但是連續兩次公司的升遷機會就是沒有我，一切努力好像都是白費啦！」

1. 初層次同理心反應：「你覺得非常不公而氣餒，因這麼努力的工作卻沒有得到升遷的機會。」
2. 高層次同理心反應：「你這麼努力工作，卻沒有獲得升遷機會，的確使人難過與氣餒。覺得非常不公而氣餒；但從你的敘述中，不知道你是否察覺到自己在工作中除了認真之外，是個什麼樣子？會不會因比

較退縮，而使人不容易注意到你？」

因此，初層次同理心可說是對表層意思做反應，而高層次同理心則是對隱藏或當事人未能立即了悟的層次反應。藉此高層次同理心在溝通互動中，至少可發揮以下三項基本功能（黃惠惠，1991；Corey, 2001）：

一、表達出對方所暗示的意思

有時可由對方的語文內容及非語文行為（如：表情、聲調等），敏銳地發現對方話中有話，其真正的意思與感受卻隱藏著，並未直接說出來。若能適度運用高層次同理心，可將對方暗示的訊息提出來，而進行直接的探討與溝通。

二、連接相關的資料

高層次同理心可協助對方，連接在其表達過程中可能相關的訊息。例如：對方提及看似不相關的二件事：㈠對太太家用花費得沒有節制及教育孩子方式的不滿；㈡自己經常通宵打麻將未歸。其實在這背後真正的實情是，他以打牌不回家來懲罰自己的配偶和抒發不滿的情緒。

三、可以由少而多來提供有效的參考架構

透過高層次同理心，可將對方弄不清楚、說了一半，或模糊的資訊及問題，以清楚而具體地表達出來。譬如對方在談話過程中，好幾次都提到「性」，但每次又都是輕輕點過，就可以高層次同理心的表達方式，來協助其更直接地面對此主題而深入探究之。

從上述所討論的初層次或高層次同理心，可知在人與人間有效溝通與互動的過程中，占有相當重要的地位。當然，適時而適當的同理心表達，確實需要相當程度的學習和演練；尤其是高層次同理心的運用，若非有相當深入之體驗或相關專業訓練者，否則必定無法輕易得心應手地加以使用。

陸 如何增進同理的能力

同理心與個人對人的關心及專注有關。關心是一種將心比心的能力，當你尊敬或喜愛的人能了解你，不論是正面或負面的情緒和感受，都會覺得相當的美好。同時，對方也會希望得到你的同理反應，就像你會希望別人能同理你一般。個人若能自問當自己處於相同情境時，會有什麼樣感覺，如此將會較能擁有同理心。

我們通常會因為擔心暴露個人的缺點，而不願意表現出很關心別人。其實，每個人都有自己的情緒，不論是否顯現於外，與人分享情緒都不是丟臉的事。當你能同理他人的喜悅或痛苦且願意表明出來，這對彼此雙方都會有好處。因此，若能多學習與運用下列三種方式，將可有效地增進個人同理的能力：

一、學習站在對方立場來設想

同理心基本的精神就是要能做到「感同身受」，亦即要學習完全站在對方的立場來看；在雙方的互動溝通中，經常能提醒自己易地而處，嘗試以對方的角度與想法去感覺與思考。當然，在溝通中，也可多去掌握自己曾經有過的類似經驗，將更能深刻體會對方此時的感受。

二、多練習與使用初層次同理心的標準句型

如前面所介紹的初層次同理心，有其常用之標準句型，平日要能多多加以練習；包括在互動和溝通過程中，能抓到對方說出一段話時的主要感覺或情緒，並找出引發此一情緒的事實原因，再將此二者各以簡明扼要的字眼加以串連起來做反應。

三、快聽慢說且認真地去思考

個人在做同理的反應之前，必須先完整地聽完對方要表達的內容，切不

可中途隨意打斷其發言而搶著回話；同時，也得好好地用心去思考才能找出真相，尤其是在做高層次同理心反應時更是需要如此才行。

第四節　非語言訊息

非語言（nonverbal）訊息主要係指沒有語言的溝通內容，其中包括：面部表情、肢體訊息、超語言與沉默，及空間距離等部分，一一加以說明如下。

壹　面部表情

在人際互動的溝通中，面部表情扮演著十分吃重的角色，尤其是眼睛，更是反應出所謂的「靈魂之窗」。其中，單是靠臉部的表情就可至少傳遞十種情緒訊息，如：喜悅、驚訝、恐懼、憤怒、悲傷、嫌惡、輕蔑、興趣、困惑與堅決等（洪英正、錢玉芬編譯，2003）。我們若是常在鏡子前面多觀察自己的面部表情，並能比較照片中他人的面部表情變化，當可獲得這方面不少的學習和體認。

當然，面部表情的真正含意也會隨著種族文化背景脈絡之不同，而產生某種程度差異的結果；譬如，面對年輕異性對其外貌的讚美言詞，西方女子通常會很有自信而喜悅地說一聲「謝謝」，而東方女性卻往往會以稍帶害羞的表情來否認自己的美貌（雖然她的內心也許很高興）。

眼神所傳遞的訊息，可以其注視的方向、持續時間的長短等而有所區分；當然這些表現方式在不同的文化中，也有其個別差異。在英國進行一項研究發現，個人平均凝視一眼的時間將近三秒鐘，而互相對看平均約一秒（Argyle, 1988）。倘若眼神接觸時間超出此一標準，則會讓人認為係特別有興趣或是帶有敵意；反之，若眼神接觸時間不及此一標準，則會讓對方認為是不感興趣、心不在焉或是害羞等情況。

眼睛方向的不同也會透露某些的訊息。通常，若是三人以上的團體互動

過程中，會以交替注視其他人的面孔而非固定在某人臉上較為恰當。同時，對一個演講者而言，在演說過程中其視線需要涵蓋全體的聽眾，也就是要同時注意到全場的每一個人，其眼神得要由前到後、由左到右地掃過眾人，絕不可將目光停留在某一區或某一人身上過久，更不可舉頭望著天花板或是凝視遠方，而顯出忽視聽眾的舉動。

貳　肢體訊息

　　肢體動作所表示的方式與範圍相當廣，舉凡四肢訊息、體態姿勢等皆可含括在內。通常，豎起了大拇指表示「很棒、做得好」，同一隻手的拇指與食指圈起來表示「OK、沒問題」，這些手勢也有約定成俗的性質，除部分共通性質者外，還須有因地制宜之考量。

　　在體態姿勢方面，通常兩腿交疊、兩手交叉置於胸前或是身體稍向後仰等，都表示出與對方保持距離，甚至是採取某種程度的自我防衛；反之，坐著時兩腿微微張開、兩手臂自然分開置於身側或是身體稍向前傾等，都表示出想與對方接近，甚至對其頗具善意而感興趣。

參　超語言與沉默

　　超語言所重視的是事情如何被說出來，而非所說的內容為何，在這當中特別注重聲音的特色及口語的干擾二部分。通常，聲音有四項特色（曾端真、曾玲珉譯，1996），分別是：音量（聲音的大小）、音調（聲音的高低）、音質（聲音的品質）、頻率（聲音的速度）。這些特色單獨或共同交互作用，能支持或補充語言所傳達的意思；譬如，放大音量以便在喧譁場合或遠處的人可以聽到，但另有些人卻在憤怒時大聲說話；在充滿愛意的談情說愛場合，極度地輕聲細語；在興奮或緊張時，話說得比平常要快些。

　　口語的干擾是指介入或中斷流暢談話中的語音。有些干擾會使人分心，有時還會使溝通為之中斷。而過度的口語干擾是一種不良的說話習慣，係經

過長時期所養成者。常見之口語的干擾，就如我們在談話中常用的「這個、那個」、「也就是說」、「不過」、「嗯」、「唉」等。這種情形往往都是「積習難改」，非常不容易加以根除，但卻可以藉著不斷地提醒和練習來設法減少之。

另外，沉默（silence）則是指不說話的情形，又可以分為一直的沉默與突然的沉默二種。前者，可能是沉默者個人的特質，因其一向都不善於言詞而寡言；或是因為初次見面有些尷尬、有不該出現的第三者在場等狀況，而使得對方不願開口說話，這時就必須採取一些「解凍」的技術來因應，如：率先發言或自我開放，先聊些輕鬆的話題等。而突然的沉默，則往往係因為一下子突感個人受到威脅而無安全感，或是難以做抉擇而暫時中斷溝通停下來思考判斷。由此可知，在溝通中出現沉默情形也不全是負向者，但要仔細斟酌沉默背後真正的意思，以免產生了誤判情形，影響到溝通的成效。

肆　空間距離

空間距離是針對人與人相處時，彼此相隔遠近所產生影響之探討，亦有人稱之為「空間關係」（proximity）。Hall（1966）曾定義四種人與人之間關係的空間距離，分別扼要介紹如後：

一、親密距離（intimate distance）

其範圍係指從彼此實際接觸到相距 1.5 英尺之內，既使有其他在其四周也不會搞錯，一眼就可看出二人的親密距離。一般在戀愛、保護或安慰時，都會採取這種空間距離。

二、個人距離（personal distance）

這屬於個人距離的保護層，彼此距離約在 1.5 至 4 英尺之間。這樣的距離可保護你不會受到他人的碰觸，但仍可伸出去與人相互握手。

三、社會距離 (social distance)

其範圍介於 4 至 12 英尺之間，一些非個人的互動或是社會群體的互動，通常都在這樣的距離下進行，而社會人士相互之間也會遵守這個約定。

四、公共距離 (public distance)

此一範圍介於 12 至 25 英尺之間，這樣的距離可以保護你在公共場合自身的安全。譬如在演講會場時，演講者的講台離最近第一排的聽眾至少有如此之距離。

固然透過以上介紹的面部表情、肢體訊息、超語言與沉默、空間距離等方式，都可達到某種程度的表達及溝通效果；然而，當某一個人在同一時間所表達的這些內容相互矛盾，或是其非語言訊息和語言訊息彼此衝突時，到底哪一個才是最真實的呢？這就可以參考古人所教導的，判斷一個人必須能「聽其所言、觀其所行、察其所安」！其實，只要能仔細聽他說話的內容，同時看看其行為語言之意向為何，更要審斷其整個人是否自然、真誠而安穩；若非如此，就得整體重新加以評估。一般而論，非語言的肢體訊息往往比語言訊息來得更真實一些！要知道，個人真正的情緒及態度很難完全地加以隱藏，尤其是眼神中總會反應出個人內心的秘密。

本章摘要

　　「專注」的意思就是專心與注意對方。在溝通過程中，若能表現出專注時，會使對方感覺個人是有價值而值得被傾聽者。專注大部分是透過非口語的行為來傳達，包括：眼神接觸、面部表情、舉止神態（身體姿勢）、口氣語調等。

　　傾聽係仔細聆聽別人對你所說的話，以了解其話中的含意，並能體會出他說話當時的心情。進一步可將「傾聽」界定為：以一種專注的態度來接收對方所發出的所有訊息，其中包含了語文與非語文的訊息。在溝通的過程中，想要扮演良好的「傾聽者」，需要做到：面對訊息的傳送者將自己身體微微地傾向對方；溝通過程中經常維持與對方眼睛的接觸；以點頭或其他不會打斷對方說話的方式，讓他知道我完全了解；忽略周圍任何會使你分心的刺激，專一於和對方的談話；隨時以同理的方式，來抓住對方表達的真實情緒；針對訊息傳送者所表達的言語訊息及情緒等是否接收無誤，可以採用摘述的回應方式來加以檢核。

　　「尊重」在諮商中常被強調是「無條件的積極尊重」，其中包含了接納與關懷。尊重在人與人互動溝通中，較為具體的表達包括：無條件地接納對方、願意與對方在一起、敬重對方是一個獨特的個體，以及接受對方的自我決定等四方面。

　　「我訊息」亦稱之為「我……」的語氣表達。「我訊息」大多用在師生或親子接觸和溝通中，如何以心平氣和、就事論事的態度與孩子互動。通常並不是學生或孩子的行為本身使你不愉快，而是這個行為帶給你的影響。可進一步將「我訊息」分解成：行為、感受與後果三個要素；但有時亦可將感受的部分加以去除，僅描述孩子們的行為與行為後果，而沒有表達感受的部分。「我訊息」之三個要素，在實際運用中亦可套入下列的簡單公式，包括：當你……（指出行為），我覺得……（提出感受），因為……（指出後果）。

　　「反映」係指當老師或父母藉由傾聽技巧，抓住及明瞭孩子的感受與令

他耿耿於懷的事情後，給予孩子適當的「回饋」，使其覺得被接納、被了解。反映就像一面鏡子，讓孩子藉此能更清楚地看見自己。綜合有效的反映與傾聽技術，老師或父母應多採取「開放式反應」，而避免「封閉式反應」。此二者最大的差異在於：⑴開放式反應：聽者（老師或父母）以接納孩子所說的話與感受來肯定孩子擁有個人感受的權利，顯示聽者真正的了解與接納；⑵封閉式反應：聽者（老師或父母）以不接納、不了解的態度來否定孩子擁有個人感受的權利。

當老師或父母對孩子做各種回應之前，應試著針對其問題情境，老師或父母應先判斷是誰的問題？若是孩子的問題，老師或父母可以「反映技術」來表達；若係老師或父母的問題，則可以「我訊息」來加以表示或回應。

在人與人的溝通互動中，除了自我表達和接收意見外，還必須掌握適時的回饋才能達到彼此澄清的要求。回饋通常包括了對他人談話所給予的回應，及表達出自己對此之感覺或意見。為避免會錯對方的意思，可用自己的語句來重複對方說過的話，經由一再核對過程以了解對方真實的感受，達到澄清真正問題的目的。

當我們在溝通的情境中，傾聽完了之後通常會做某些適當的反應。而在做反應時，個人會從收訊者的角色，轉換成為傳訊者的角色；而此時最適宜的就是做同理的反應。然在同理的反應時，有二點得特別加以把握者：⑴要能站在對方的立場，完全體會其情緒與感覺；⑵要能以這種體認作為基礎，以便做出合宜而適當的反應來回應對方。

所謂「初層次同理心」係指：以自己扼要的言詞、話語說出來，以表明自己已十分了解對方所「明白表示」出來的意思與感覺。為了加強「初層次同理」的表達及運用，可先練習其標準句型：「你會覺得……（感覺、情緒字眼），因為……（事實字眼）」。而後再以較自然的口吻，將自己所了解的感覺與意思以口語方式表達出來。在表達初層次同理心時，常會出現一些謬誤而須極力避開的情形，包括：避免假裝了解、避免鸚鵡學語式的模仿、避免與對方漫談、避免以問題代替同理心、注意用語層次要與對方的背景配合，注意非語言行為的一致性。

「高層次同理心」是以對方所暗示、隱含或說了一半的部分，亦即針對其真正的問題或感受，從檯面下帶到檯面上，以便能更深入而充分地去探索。高層次同理心在溝通互動中，至少可以發揮三項基本功能，分別為：表達出對方所暗示的意思、連接相關的資料，以及可以由少而多來提供有效的參考架構。

當你能同理他人的喜悅或痛苦且願意表明出來，這對彼此雙方都有好處。要想有效地增進個人同理的能力，可透過多學習與運用此三種方式：(1)學習站在對方立場來設想；(2)多練習與使用初層次同理心的標準句型；(3)快聽慢說且認真地去思考。

非語言訊息係指沒有語言的溝通內容，其中包括：面部表情、肢體訊息、超語言與沉默，及空間領域等。面部表情扮演著十分吃重的角色，尤其是眼睛，更是反應出所謂的「靈魂之窗」。單是靠臉部的表情就可至少傳遞十種情緒訊息，如：喜悅、驚訝、恐懼、憤怒、悲傷、嫌惡、輕蔑、興趣、困惑與堅決等。

眼神所傳遞的訊息，可以其注視的方向、持續時間的長短等而有所區分；當然這些表現方式在不同的文化中，也有其個別差異。倘若眼神接觸時間超出此一標準，則會讓人認為係特別有興趣或是帶有敵意；反之，若眼神接觸時間不及此一標準，則會讓對方認為是不感興趣、心不在焉或是害羞等情況。眼睛方向的不同也會透露某些的訊息。若是三人以上的團體互動過程中，會以交替注視其他人的面孔而非固定在某人臉上較為恰當。

肢體動作表示的方式與範圍相當廣，包括四肢訊息、體態姿勢等在內。這些手勢也有約定成俗的性質，除共通性質者外，還需有因地制宜之考量。在體態姿勢方面，通常兩腿交疊、兩手交叉或是身體稍向後仰等，都表示出與對方保持距離或是採取某種自我防衛；反之，則表示想與對方接近，甚至對其頗具善意。

超語言所重視的是事情如何被說出來，在這當中特別注重聲音的特色及口語的干擾二部分。通常聲音有四項特色，分別是：音量、音調、音質、頻率。這些特色單獨或共同交互作用，能支持或補充語言所傳達的意思。口語

的干擾是指介入或中斷流暢談話中的語音。有些干擾會使人分心，有時還會使溝通為之中斷。

　　沉默是指不說話的情形，又可分為一直的沉默與突然的沉默。前者，可能是沉默者個人的特質，因其一向都不善於言詞而寡言；後者則往往係因為一下子突感個人受到威脅而無安全感，或是難以做抉擇而暫時中斷溝通停下來思考判斷。

　　空間距離是針對人與人相處時，彼此相隔遠近所產生影響之探討，亦有人稱之為「空間關係」，可分為親密距離（從彼此實際接觸到相距 1.5 英尺之內）、個人距離（1.5 至 4 英尺之間）、社會距離（4 至 12 英尺之間）、公共距離（12 至 25 英尺之間）等四種。

班級／小團體活動

※「鏡中人」的活動。

活動名稱：鏡中人。

活動成員：同班、同寢室或修課同學，以6-8人（偶數）分為一小組來進行。

活動時間：30-40 分鐘。

活動方式：一、每二位成員為一對，彼此面對面坐下不可說話，完全以眼神、表情或動作來傳達溝通。當其中一人有表情或動作時，另一人則當做鏡子，模仿其所表達者，並完全反映出來。而後，可以彼此交換角色繼續進行之。

二、在整個活動過程中，要特別留心運用專注、同理及非語言訊息等的掌握。

三、當各對成員均完成本活動後，再回到整體小組中，並一一邀請組內每位成員來說明或分享方才活動之內容與心得，並相互給予回饋。

本章習題

一、在你與對方進行雙向溝通時，可以採取哪些方式或態度，以適時表達出你對他的專注與傾聽行為。

二、當你與家人或親朋好友在一起互動溝通時，如何能具體扮演成一個好的傾聽者？試深入加以探究之。

三、試針對下列每一句孩子的談話，分別寫下一個封閉式反應與一個開放式反應。

甲：「今天老師說我的成績比他想像的還要好，我一直認為只要真的用功，一定會得到好成績的。」

乙：「我不喜歡賽跑也不喜歡打球，在那種場合我簡直就像個低能兒般的差勁。」

四、試針對下列的情境，請你以父母的角度先判斷問題的所有權誰屬，然後再選擇採用反映傾聽或我訊息（「我……」的語氣）來表達。

「當爸爸正在客廳中與朋友打電話時，孩子們卻在一旁高聲笑鬧，使他聽不清楚電話中的聲音……」

五、針對下列的情境，請分別以：(1)標準句型；(2)較自然的口吻，做初層次同理心的練習。

「這次數學考試我因粗心大意考得很不好，大概又不能及格啦！」

六、針對以下的情境，請以初層次同理心與高層次同理心，來分別反應之。

某位職業婦女嘆道：「每天早晨張開眼睛，就得換上那套穿厭的制服，真會讓人產生一陣茫然！還不是為了生活才如此的忙碌，人真不知為何活著……」

七、試就非語言訊息中的面部表情、肢體訊息、超語言與沉默等部分，來進行一項自我分析，提出自己在這些當中最擅長與缺乏者各為何？並請分別舉例來論述之。

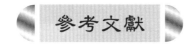

一、中文部分

王以仁（2001）：親子關係及家人間的溝通技巧。載於王以仁主編，**婚姻與家庭生活之適應**（頁 235-267）。台北：心理出版社。

王以仁（2006）：家庭的衝突與有效溝通。載於陳瑞忠主編，**營造溫馨家園**（頁 3-18）。高雄：高雄縣政府。

王以仁、林本喬、鄭翠娟、呂奕熹（1993）：**以父母互動方式進行國小學童稱職父母的系統訓練方案之研究**。行政院國科會補助專案研究報告。

宋湘玲、林幸台、鄭熙彥（1989）：**學校輔導工作的理論與實施**。高雄：復文圖書出版社。

洪英正、錢玉芬編譯（2003）：**人際溝通**。台北：學富文化公司。

莊懷義（1990）：**青少年問題與輔導**。台北：國立空中大學

黃惠惠（1991）：**助人歷程與技術**。台北：張老師文化公司。

曾端真、曾玲珉譯（1996）：**人際關係與溝通**。台北：揚智文化公司。

鍾任琴（2000）：**家庭溝通與問題解決**。台北：教育部社會教育司。

二、英文部分

Adler, R. B. & Towne, N. (1981). *Looking out/looking in: Interpersonal communication* (2nd ed.). New York: Holt, Rinehart and Winston.

Argyle, M. (1988). *Bodily communication* (2nd ed.). New York: Methuen.

Corey, G. (2001). *Theory and practice of counseling and psychotherapy* (6th ed.). Belmont, CA: Thomson, Brooks/Cole.

Gordon, T. (1970). *Parent effectiveness training.* New York: Peter H. Wyden.

Hall, E. T. (1966). *The hidden dimension.* Garden City, NY: Doubleday.

Hill, C. E. & O'Brien, K. M. (1999). *Helping skills: Facilitating exploration, insight, and action.* Washington, D.C.: American Psychological Association.

第六章

人際的疏離與親密

◎本章學習目標◎

- 何謂「孤獨」與「寂寞」？
- 從不同的角度，如何去定義「寂寞」？
- 「孤獨」與「寂寞」有何區別？
- 「喜歡」與「愛」如何區分？
- 愛情色彩理論、愛情三角理論及愛情車輪理論，各如何解釋？
- Reiss 提出的愛情發展過程，分為哪四個階段？
- 親密關係的本質與其組成成分各為何？
- Oulofsky 等提出哪四個親密效標？而據此又分為哪五種親密關係的人？
- 何謂自我坦露？適時、適度地運用可發揮哪四項功能？
- 何謂「承諾」？其在愛情與婚姻當中扮演何種角色？

 **報紙投書**

跳脫比較心，你會更快樂

聯合報日昨公布的一項針對全台成年民眾的抽樣調查發現，平均每三人中就有一位表示「我不快樂」。當然，目前的政治紛擾、經濟不景氣、失業與負債人數不斷攀升等因素，必然會讓人們感到鬱卒而不快樂。

但是，拋開前述外在不利之客觀條件，其實個人所抱持的態度與心境，往往也是另一項決定個人是否生活快樂的主觀因素。猶記得當年讀中學階段，每次週會時都要宣讀十二條的「青年守則」，其中第十條的內容為「助人為快樂之本」。現在想想，助人確實是令人快樂的重要來源之一。

聽過這麼一個故事，在美國一個教堂週日聚會完後，有一個富豪會友來找牧師，抱怨自己晚上經常失眠而痛苦萬分！牧師聽了之後除為他禱告之外，也希望他本人能自我努力一番；要求他每天抽一二個小時空檔時間，口袋放些十、二十或五十元的紙鈔，與牧師一塊兒走到社區中去關懷那些窮困會友，不但陪他們聊天與祈禱，在離去之前牧師還會暗示這位有錢人，拿出一點錢來濟助窮會友！如此這般，這位富豪會友每晚都能呼呼大睡，一覺到天明。

我記得有這麼二句話：「一個人不會富裕到不需要任何他人的幫助，也不會貧窮到沒有任何一樣東西可以拿出來幫助人！」讓我們學習跳脫常常看自己或與人相較之下的不滿意，隨時隨地和隨處開口去關懷人，甚至能伸手去幫助人。相信您的快樂指數必定會不斷上升的。（本文係本書作者在 2006.12.31，發表於《聯合報》第 15 版「民意論壇」）

由上述文章中所談論的，是要自己去考慮在平日生活中是否愉快？與人的互動往來是否滿意？其實，這些很難有絕對的答案都是相對的！將自己一個人孤立起來，捨不得伸手幫助與關懷他人，在人際相處與溝通中隨時都要斤斤計較別人如何對我，這種人的生活是不容易快樂的！何妨從自己本身先主動做起，以自我了解與接納為基礎，多去接近與關懷對方，並時時給予一些協助和讚美，不就彼此都能更快樂嗎！在本章中，將針對孤獨與寂寞，喜歡、愛及親密互動，及自我坦露與承諾等部分，分別一一論述於後。

孤獨與寂寞

　　現代人過著富裕與充足生活，照理說應該是相當愜意才是，可是相對於物質生活的進步，人們心靈生活卻呈現遲滯衰退與困乏。我們忙碌地生活著，看似穿梭在人群之間，可是凡事要求結果與速度之取向，使得人與人間真正的互動頻率卻大大減少，情感的聯繫也愈來愈疏離；也許到處都是朋友，卻遍尋不到知己，只好戴上面具來自我防衛，而更加劇了人與人之間的隔閡。關係的不足、互動接觸的減少、情感依附的淡薄，使得許多人封閉在自己的小小世界，而愈加感到孤獨與寂寞了。

　　寂寞是一個相當普遍的現象，自古到今皆然。尤其是在社會變化快速的今日，寂寞對一般人來說更是一個普遍且惱人、不可避免的經驗（王以仁，1989; McWhirter, 1990）。或許每個人都曾經歷過寂寞感，但我們並不易從個體外在行為具體地衡量他現在寂寞與否，也不容易觀察到「寂寞」的諸多樣態，因為寂寞的人外表看起來不一定是寂寞的。

　　同時，孤獨與寂寞二者的情形是否類同？抑或有著某種的因果關係？這些對於個人的人際互動又有何關聯，都是在本節中要詳細加以探討的。

壹　孤獨與寂寞之意涵與分類

　　孤獨（aloneness）通常是指一個人的獨處狀態。有人視為一種遺憾與不幸的情況，另有些人則視為一種成長的情境。而寂寞（loneliness）則是個人因著對人生的有限、社會人際關係與親密接觸等方面之缺陷，所產生的一種負面情緒經驗（王以仁，1989）。

　　寂寞這個主題是近二、三十年來，國內外許多心理學者有興趣探討者。早期，Weiss（1973）曾將寂寞按照成因分為以下二類：

一、情緒孤立的寂寞（loneliness of emotional isolation）

這是由於缺乏親密的情緒依戀而形成，當個人缺乏親密情緒依附的對象，或是失去親密依附對象時，就容易出現情緒性的寂寞。此種類型的寂寞感，最常出現在離婚者或配偶、子女過世的情況。經歷這類寂寞的人很容易有全然孤單的感覺，而不管他是否很容易得到他人的友誼。這類寂寞的主要症狀是空虛、焦慮和孤獨。

二、社會孤立的寂寞（loneliness of social isolation）

這是由於缺乏社會關係網絡以分享共同的興趣及活動而形成。當個人的社會網絡有缺陷，無法滿足個體的人際關係時，即產生社會性寂寞感，例如，面臨轉學的新進學生，在面對新環境中陌生的老師及同學，尚未能擁有正常的人際交流，就可能形成社會性寂寞感。這類寂寞主要症狀是感覺厭煩或沒有目標，感受包括無聊、無趣及無奈的空虛感。

依據 Perlman 和 Peplau 在一九八二年整理十二篇研究歸納出來的定義，認為寂寞源自於個體對社會交往關係的不足，且是一主觀的負面情緒經驗，並發現寂寞有三個共同的特性，分別是：㈠寂寞導因於個人人際關係的缺乏；㈡寂寞是一種主觀經驗與客觀的社會孤獨非同義字；㈢寂寞是不愉快且令人苦惱的經驗（傳習，1993）。

而 Young（1982）卻是依照寂寞這種情況持續的時間長短，將寂寞分為下列三類：

一、慢性的寂寞（chronic loneliness）

由於個體無法發展滿意的社會關係，寂寞乃經年累月不斷地擴展。這是一種長期而持續的情緒狀態，它是由個體的人格特質所造成。

二、情境的寂寞（situational loneliness）

係隨著生活中的重大變故而產生，例如：喪偶和離婚，經過短暫的苦惱

之後，情境寂寞者就能接受這些失落感而不再那麼寂寞。

三、短暫的寂寞（transient loneliness）

寂寞感出現的時間很短，較能迅速恢復到正常情緒，這也是最常見到的寂寞形式。

然而，國內心理大師吳靜吉博士卻另有些獨到見解，他將寂寞分為以下的四類（吳靜吉，1985）：

一、存在性寂寞

人之所以為人，本身就有克服不了的寂寞。絕大多數的人都是單槍匹馬地來到這個世界，而又形單影隻地離開這個世界。「生」未必是照個人的意願，而「死」亦非個人所能控制；存在與否，非人的力量所能克服，這就是存在性的寂寞。

二、創造性寂寞

人一方面必須學會跟自己相處，因為在和自己相處的過程中，才能真正了解自己，做自己最好的朋友，才不會陷入「群眾中的寂寞」而迷失自己。不過，卻另有一種人視擁抱寂寞為當然，那便是一些藝術工作者，他們在單調、寂寞、孤獨中，省視自己、磨練自己，在孤獨與艱苦中不斷努力來展現自己的成果，品嘗別人之所不能或不願者，這就是創造性寂寞。另外一種創造性寂寞是屬於前瞻性的寂寞，所謂「曲高和寡」便是，這就是李白曾說「古來聖賢皆寂寞」的原因。

三、社會性寂寞

人是社會的動物，每個人雖然形單影隻地來到這個世界，但在社會上都有屬於自己的社會網絡，而構成了個人的社會關係。當個人生病或失意時，這些社會網就會發揮功用，適時地給予支持和安慰，一旦失去這個社會網絡，個人就會感到這種社會性寂寞，包括缺乏較佳的關係，以及空虛迷惘和被拋

棄的感受。

四、情緒性寂寞

此類寂寞是一種主觀、獨特的心理現象，一方面缺乏快樂、情愛等良性的情緒，另外一方面卻又出現害怕、迷惘等負面的情緒。這種人有時會讓別人根本無法了解他，但有時他又會感嘆自己雖然是「相識滿天下」，卻是「知心無一人」。

貳 寂寞的成因與影響

Weiss（1973）以互動論的觀點來解釋寂寞，他認為，這主要是基於二種原因：一、寂寞不是因人格因素或情境因素單一功能所影響的，而是此二者之交互作用；二、當一個人的社會交互作用有所缺陷，而無法提供或滿足其重要的社會需求時，就會產生寂寞。因此，Weiss 視寂寞為一種常態反應，並認為寂寞的起因包含內在（個人特質）與外在（情境）兩種原因；從時間的觀點來看，Weiss 非常重視現今情況對寂寞之影響。

有許多人抱怨美國人已完全變成是他人導向（other-directed），這種人與其內在自我與自己的感覺、抱負等，均一一斷絕而完全受到外在他人（如：父母、老師、大眾傳播媒體）的塑造與影響。他人導向的個人，其結果會產生廣泛的焦慮及過於考慮同儕他人的觀點，卻永遠無法達到真正的滿意，造成了寂寞的群眾（the lonely crowd）。而其後有研究者卻認為，美國的問題不在於他人導向，而是個人主義（individualism），因他相信每個人應該都有與人共同生活、交往與依賴的需求；我們渴望能信任他人，並與他人共同合作，但這些人際間基本的需求都因著個人主義的盛行而遭受阻礙。甚至有人認為，個人主義係植基於企圖否認人們相互依賴的事實，很不幸地，當我們在個人主義方面愈成功時，我們就愈會感到分離、無聊與寂寞（王以仁，1989）。

寂寞雖然是任何年齡都可能經歷到的，但許多研究都同意，青年後期與

成年前期是個人發展階段中，最容易感受寂寞的高危險群之一（Rubenstein &
Shaver, 1982）。其原因有兩個，分別說明如下（陳麗婉，1989；蔡銘津，
1996; Cutrona, 1982; Ryan & Lynch, 1989; Steinberg & Silverberg, 1986）。

一、環境變遷所帶來的改變

在此年齡層的人正面臨一些重要的轉換階段，例如，離家讀大學或從校
園畢業進入工作職場等，個體離開原本從小到大所熟悉的生活圈，容易因缺
乏舊有的支持系統而感到寂寞。一個人從高中畢業進入大學校園，在課業上
要熟悉新的課程、新的學習方法，並且努力把書讀好，將報告、考試準備好；
在環境適應上則要面臨多項的挑戰，適應跟以往完全不一樣的大學求學方式，
除適應新的學校、寢室、城市、氣候、交通等，還要適應新的同學、老師與
室友。如果一人獨自到外縣市讀書，所有的友誼都需要重新適應與建立；並
且因為關心的家人不在身邊，凡事包括飲食、起居、時間安排都要自己來，
更要去學習自我獨立，尋求自己未來的生活、目標、職業。所以，當遭遇挫
折而又不知如何尋求支持協助時，很有可能就會經歷到寂寞。

二、青年後期與成年前期是處於統整對角色混亂和親密對孤獨的階段

因按照 Erikson 的人生八大發展任務來說，自立於父母（autonomy from
parents）的目標應該視為一種多方面的任務，它是在青少年晚期和成年早期
的歷程中逐漸完成的。自立是一種調節個人行為、選擇個人的決定和行動，
而不須父母過分控制或對父母過分依賴的能力；自立也是　一種使父母與孩子
之間相互接受對方的個體性獨立的心理狀態，父母與孩子間在許多方面的相
似性，為進入成年期後繼續存在的彼此親密關係提供了連結基礎。此時的青
少年大都需要因求學或工作而離家，這時青少年不僅需要獨立，並且還須發
展與同儕之間的親密、互惠關係，來彌補家人無法立即提供社會上與心理上
關愛和幫助的缺憾。如果這種親密關係沒有建立，就會產生孤獨和寂寞；所
以當人際親密關係的質與量不能符合在青年後期與成年前期者的期待時，寂
寞便更容易產生。

而王以仁（1989）在探討我國大學生的寂寞經驗時，發現寂寞的催促性事件依其對寂寞分數預測力的大小，可分為：在團體中無歸屬感、孤獨、自我的否定、思鄉與生活沒有目標等五個因素，其中有半數都與個人的社交人際關係不佳有關！

參 孤獨與寂寞之間的糾葛與因應之道

由前述的對孤獨與寂寞相關的討論可知，孤獨是指自己一個人孤立的狀態，有主動產生（如：埋首於實驗室做研究或一個人安靜沉思及寫作等）與被動產生（如：人際關係欠佳或剛搬到新地方人面不熟等）二類；如此加以推論發現：孤獨的人不一定會寂寞，但寂寞者卻往往是孤獨的一個人。

Deraega 和 Margulis 於一九八二年以隱私與自我坦露的概念，來探討孤獨與寂寞。他們認為，社會關係能幫助個人達成不同的目標，而孤獨和寂寞正是因缺少一個能協助其達成這些目標之社會同伴（social partner），並造成其在人際關係上缺乏真誠溝通的隱私性需求。他們並討論個人的社會網路、期許與人格特質，如何來影響這類需求，而把寂寞當作一種常態的行為經驗，在個人的希望與實際接觸中達成平衡，特別強調當時對寂寞決定的各種因素，包括個人與情境兩種在內（轉引自王以仁，1989）。

另外，Peplau 和 Perlman（1982）曾提出寂寞的因應方式，可分成三個層面：一、改變實際的人際關係狀況，即改善舊有或建立新的人際關係；二、降低人際需求的渴望，減少需要他人陪伴的情境；三、降低甚至否認人際需求不被滿足的重要性，藉此否認寂寞的感受而將精力放在其他事務上以轉移注意力。

國內，王以仁（1989）在調查研究中發現，我國大學生在面對寂寞時所產生的反應與適應方式，和國外大學生並無太大差異，我國大學生僅在宗教性的反應與退縮的夢幻反應這兩個反應，與國外大學生有顯著差異。我國大學生在寂寞的時候，缺乏尋求宗教性的反應（如：禱告、讀經、到廟宇求神拜佛等），國外大學生則有尋求宗教性的反應；另外是在退縮的夢幻反應（如

發呆、幻想、沉溺在過去的回憶、暗自啜泣等），則是我國大學生面對寂寞時特有的反應。

邱瓊慧（2000）認為有兩種因應寂寞的方式：一、改變舊有的或建立新的人際關係，將注意力轉移到其他的互動關係中（如：照顧寵物、上網互動等）；二、盡量從事一個人可以獨自享受的活動（如：看書、聽音樂、藝術創作、寫作等）。而章珍貞（2003）則發現女性大學生因應寂寞的策略，包括有：自我安慰、找人說話、找事情做、選擇離開和表現疏離；在方式方面，則有自己找事情做、加入小組、另找他人作伴和向外求助。

綜觀上述討論孤獨與寂寞的因應策略，都包含了情緒及人際關係需求的兩層面，而在其處理的方式上則有直接處理或間接轉移兩種。舉例來說，情緒的直接處理為發洩，間接處理則為轉移、否認或麻木寂寞帶來的情緒；而人際關係需求的直接處理，則是透過個體的努力來達到增進或改善實際的人際關係；間接處理則是將該需求轉移，從工作或其他活動中得到滿足，或用昇華的方式發展自我尋求靈性的成長。可見如要積極改善孤獨與寂寞的因應策略或方式，就得直接增進或改善其人際溝通關係，同時要學習建立更親密的人我互動關係。

第二節　喜歡、愛及親密互動

何謂「喜歡」？何謂「愛」？這類問題看似容易，但認真思考起來，恐怕還很難找到讓大家都能滿意的答案。親密關係在人的一生當中扮演著極為重要的角色，親密關係通常藏身於兩性吸引關係中的友情、愛情及婚姻等方面，而婚姻關係往往又是最親密的關係，但有時卻也會是最容易受傷害的關係，因為關係最親密也會因此而傷害最深。同時，在同性之間有時也會彼此喜歡或相愛，這些都值得深入加以探討者。

壹 喜歡及愛

「喜歡」與「愛」二者之間有何異同？Berscheid 和 Walster 於一九七八年曾區分喜歡（liking）、有伴的愛（companionate love）和熱情的愛（passionate love）三者關係如下（轉引自徐西森、連延嘉、陳仙子、劉雅瑩，2002）：

一、喜歡是我們對一般認識的人所感受到的情感。

二、友伴的愛是我們對那些與自己生活上有緊密聯繫者所感受到的情感。

三、熱情的愛是一種較強烈情感狀態，牽涉到極度溫柔、高興、焦慮及性渴望等。

四、友伴的愛和喜歡是由彼此實際付出發展而來，熱情的愛則是建立在想像的滿足與幻想之上。

五、熱情的愛之發展會隨著時間而減弱；而友伴的愛則會隨著時間而傾向更深入。

六、熱情的愛建立在新奇經驗和不可預測上，友伴的愛是建立在熟悉和可預測上。

七、友伴的愛大多是感受到正面的情緒，熱情的愛則是感受到正面和負面的情緒；當我們戀愛時，可能會同時感受到愉悅、興奮、嫉妒和焦慮等正負面情緒。

在一九七〇年代，社會心理學家 Rubin 將「愛」和「喜歡」區分為兩種不同的態度，在 Rubin 的態度理論裡，認為「喜歡」代表一種較不具獨占性的尊重和讚賞，並將對方視為與自己相似者；而「愛情」則具有強烈的獨占性、專一性，且重視彼此的親密程度，當必須為對方犧牲時，也在所不惜。因此，愛情的代價也遠比喜歡來得高些。Rubin（1970）認為「愛情」包含三種基本的成分，分別是完全的信賴、願意接納對方，及心甘情願為對方做任何事情；而關於「喜歡」的特點，則為讓人親近的情感、溫暖的感受、相信及尊敬對方的判斷，且會認為另一人與自己非常的相似。

　　依照「喜歡」與「愛」之間的關係，Levinger和Raush（1977）對親密關係的發展提出一種共通性的模式，認為當兩個人的接觸超越了陌生界線時，一般關係的發展進程可依循著下面三個階段：

一、基於距離上的接近，彼此認識而有交集。

二、由外表的吸引力及內在觀念想法的相似性，促使雙方有進一步的接觸。

三、透過接觸過程的同理心與自我坦露，間接造成彼此關係相互性的成長與
　　發展。

　　Levinger也說明這種相互關係的發展，必須建立在雙方的生、心理需求、擁有資源及溝通能力等，能夠維持適當的平衡時，方能使二人由相互的接近而有所交集。然而，在雙方關係有所接觸後，若彼此最初的吸引僅止於知識訊息或資源的相互交換，而非親密關係中的自我坦露及相互依賴時，則這種關係所建立的層面，便只可能會停留在一般泛泛之交的交換關係上。

　　著名的心理學家E. Fromm曾說過：「愛是一種能力」。這就如同不是找到一個風景秀麗的處所就能繪出名畫，而是需要繪畫者真正具有畫畫的才能方可如此。同理可論，並非遇到了完美的對象就能彼此產生美好的愛情，而必須自己先具有愛的能力才成。通常我們所談「愛」的觀點，會因對象的不同而有所區分。譬如：父母對孩子的愛、老師對學生的愛、情侶之間的戀愛等都不一樣。因此，在此所談的愛均係指「男女間的戀愛」（romantic love）。

　　依據吳就君、鄭玉英（1987）以及 Kaplan 和 Stein（1984）歸納 Fromm 之觀點認為，男女間的愛應包括以下四方面：

一、願意了解對方的種種。

二、用實際行動表示對他／她的關心。

三、接納與尊重對方。

四、為彼此相關的行為負責任。

　　倘若能將這四點充分發揮在男女間感情的互動上，如此的愛將是何等的美好。人們天生具有「愛」的潛能，這是多數人均表同意者；只是個人未能有適當的學習與啟發時，仍無法將愛的光輝充分地發揮出來。

　　針對「喜歡」與「愛」二者之間，到底是屬於截然不同的類別，還是彼此之間僅係程度上的差異呢？有些人認為異性交往在初識之時，因著相互之間的吸引力而逐漸接觸頻繁，長久下去日久生情，且會由「量變產生質變」，亦即在喜歡的程度不斷地上升之下，最後就由「喜歡」轉變成「愛」。當然，也有對此持反對意見者，認為「喜歡」就只是喜歡，而「愛」就是愛，二者絕對不可混為一談。但作者個人倒認為在「喜歡」與「愛」之間，僅只有某種程度之下會發生「量變產生質變」或「質變產生量變」的情形。

貳　心理學中對愛情的主要觀點及理論

一、浪漫與成熟之愛

　　Knox 和 Sporakowski（1968）以及 Rubin（1970）將愛情加以區分為浪漫之愛（romantic love）與成熟之愛（conjugal love）。其中，浪漫之愛的戀人將整個心思完全專注於已被自己理想化的伴侶身上，並強調愛情是不分種族、教育、文化、金錢與社經地位者。而成熟之愛則不像浪漫之愛對愛具有絕對的激昂態度，而能採取較理性的態度來肯定與伴侶之關係，在欣賞對方優點的同時，亦不忽視與排斥對方的缺點。

　　根據相關的研究發現（Dion & Dion, 1973），男女在這方面有顯著的差異，女性比男性在愛情上持有較強的浪漫態度。

二、愛情色彩理論——六種愛情類型

　　陳皎眉、江漢聲、陳惠馨（1996）依據一位加拿大社會學家 J. A. Lee 在一九七三年所做的實證性調查研究，將男女之間的愛情分為以下六種類型：

(一)浪漫之愛（eros: romantic love）

　　建立在理想化的外在美，是一種羅曼蒂克與激情的愛情。

(二)遊戲之愛（ludus: game playing love）

　　視獲得異性青睞為一種有趣而具挑戰的遊戲，且喜歡更換對象；這是一

種只享受過程，卻不一定要有結果的愛。

(三)友誼之愛（storge: friendship love）

是指如青梅竹馬似的感情，由於長期相處而不自覺地視彼此的相屬，有如兄妹、好友般的自然且習慣，是一種細水長流、寧靜無波的愛。

(四)占有之愛（mania: possessive love）

這種人的愛情需求幾乎達到強迫性的程度，經常因戀愛而心神不寧，且其情緒起伏甚大。

(五)現實之愛（pragama: pragmatic love）

此種人傾向於選擇能帶給自己利益，且能減少成本付出的對象，是一種理智而顧慮現實條件選擇對象的愛。

(六)利他之愛（agape: altruistic love）

是一種帶著宗教情操，視愛為一種犧牲、奉獻與不求回報者。

三、愛情三角理論

此為一位美國心理學家 Sternberg（1986）提出的，他認為愛情具有以下三個主要成分：

(一)親密（intimacy）

親近、分享、相屬與支持的感覺。

(二)激情（passion）

是促使個人在愛中，產生浪漫、性和外在吸引的驅力。

(三)承諾（commitment）

短期看來是決定去愛一個人，長期看來是指對愛情關係持續的一種允諾。

隨著交往時間的增加與相處方式的改變，所具有的三種愛情成分亦可能會有所改變；而愛情三角形會因其中組成成分的增減，其形狀和大小也會跟著改變。三角形面積代表著愛情的質量及其塑成之型態，大量的親密、激情與承諾，自然會構成較大的三角形。通常，所構成的三角形面積愈大，其愛情就會愈加豐富。

四、愛情車輪理論

Reiss（1980）對愛情發展過程之研究，提出愛情車輪理論（the wheel theory of love），以此來說明愛情發展的過程中，主要有以下的四個階段。

(一)發展一致性階段

兩個人關係的建立，通常由文化、社會背景之相似程度為開端。

(二)自我坦露階段

透過彼此的熟識，而漸漸能向對方敞開自我，將內心真正的需要與想法告知他。

(三)相互依賴階段

透過雙方共同的努力，一起面對現實情境中的壓力與難題，而彼此互相依靠。

(四)人格需求的滿足階段

這是車輪理論的最後一個階段，包括個人內心對「愛」與「信任」的需求，透過對方而能彼此滿足。

兩個人的關係在車輪理論持續進行中，慢慢地便會逐漸進入下一個循環，導致彼此間能有更多的一致性，及更多的自我坦露等。同理，當兩個人失去了愛情時，他們的關係也會循著這四個階段來發展，只不過是與墜入情網時的方向相反罷了。

參　親密關係及其程度差異

Kieffer 於一九七七年採用由 Biddle 在一九七六年設計的一套標準，來探討親密關係如下（引自陽琪、陽琬譯，1995）。

一、親密關係的本質

針對親密關係的本質，可從以下三方面來加以探究：

（一）寬度

　　指雙方共同進行活動的範圍。親密關係較寬的兩人會花較多的時間來進行共同活動，所以其共同活動範圍較廣，反之則會較窄。

（二）開放度

　　開放的關係指兩人願意互相宣洩情感，及分享心底深處的想法。為了滿足雙方的親密關係，願意共同敞開心門同時是一種持續不斷進行的過程，而非只是偶發性的。

（三）深度

　　指雙方互許諾言的程度指標。當親密的程度愈深，則彼此關係的結合程度亦愈大。

二、組成親密關係的成分

　　親密關係的組成成分對於親密關係的發展與維持具有舉足輕重的影響力。其成分有以下七項：

（一）知識

　　雙方能夠互相分享知識，可在一群人當中凸顯出兩人關係的不同。

（二）共同性

　　此為親密關係的核心，不一定需要兩人的認同，但共同性會使雙方關係產生平等感，因為彼此都有付出與貢獻。

（三）相互依賴

　　當雙方共享親密時，兩人的感覺、思想、概念也會因此而糾結在一起，因為雙方的看法、資源和感情全都聚集在一起，所以會產生相當大的力量，也因為相互依賴而對彼此都會擁有某種程度的影響力。

（四）信任

　　需要雙方對彼此的本質、誠實和公正具備信心，若雙方沒有信任感，則坦誠和相互依賴都不像是真的。

（五）承諾

　　成功的親密關係須許下諾言，因此在感情上就會為之束縛。

(六)關懷

　　互相擁有對方是一種強烈的愛意，此種關懷是親密關係中重要的成分。

(七)愛情

　　為親密關係的中心點，令人最相思卻也最複雜、最被追求。

　　另外，依照 J. L. Oulofsky 等幾位心理學家，採取了「親密關係」（intimate relationship）的觀點來討論兩性的交往與互動，同時也提出了親密關係的四個效標分別是：一、給與取的互惠關係；二、責任感；三、承諾感；四、性成熟。

　　同時，亦可依據這四項的親密效標，將兩性間的親密關係再加以區分為以下五種不同親密程度的人（王以仁、駱芳美、林淑玲，2006；吳靜吉，1985；吳靜吉等，1986）：

一、親密的人

　　這些人在兩性關係互動方面，有以下幾項特性：

(一)能夠發展出給與取互惠的互動關係。

(二)擁有一個或幾個親密的異性朋友。

(三)如果是已婚者，與配偶的性關係應可互相滿足。

(四)他能和伴侶或配偶，共同承擔自己的憂慮與問題。

(五)相當了解自己，真正地喜歡別人。

二、親密前奏的人

　　這些人在兩性關係互動方面，有以下幾項特性：

(一)雖然已有些社會經驗，但與別人親密的愛情關係還未建立。

(二)他有一些親近的同性及異性朋友。

(三)尊重別人，開放心胸，有責任感，也有互惠心態。

(四)他對別人的承諾或獻身，還在猶豫和衝突階段。

(五)對自己了解十分清楚，對他人也有興趣。

三、刻板關係的人

這些人在兩性關係互動方面，有以下幾項特性：

㈠與異性之約會關係，建立在膚淺的層面上，如花花公子型的。

㈡他和同樣的異性朋友或愛人經常見面，可是幾個月後還是無法進一步深入。

㈢雖然可以享受性關係但常處於動態中，也就是戰勝一個又換一個對象。

㈣他對別人的興趣，是看能否從對方身上得到什麼，而非建立在相互滿足的關係之上。

㈤他係空虛且缺乏自覺者。

四、假性親密的人

這些人在兩性關係互動方面，有以下幾項特性：

㈠這類假性親密也可說是一種刻板關係。

㈡他可以類似親密的人，卻又是「假性的」；因為從表面上看來，他跟伴侶或配偶之間，比較具有長期的獻身或承諾。

㈢他所以是假性親密，是因兩人間只有動作儀式的外表關係，內心則缺乏互惠與深度的滿足。

㈣雙方在一起只為了方便，這種關係表面上看來給人一種親近或親密的感覺。

㈤這種關係亦可說是在親密的面具下卻相互孤立。

五、孤獨無依的人

這些人在兩性關係互動方面，有以下幾項特性：

㈠他雖有些相識的朋友，但很少主動去跟別人接觸。

㈡他偶爾約會但次數很少，且不會與同一個人約會三次以上。

㈢跟他人親密的接觸所產生的焦慮，使他從人群中撤退，而把自己孤立起來。

㈣他是比較焦慮與不成熟的，通常也缺乏果斷力與社交技巧。

㈤他可能讓別人覺得是刻薄或是不相信人的，也可能讓人覺得是一個自鳴得意而沾沾自喜的人。

在細說親密之後，令人納悶的是，究竟要怎樣才能得知自己與他人的親密程度為何呢？社會科學家認為這包括以下幾個問題：你如何及願意花多少時間與對方在一起、會時常和他討論如何解決衝突嗎？時常和他分享心中感到害怕的事或自己的夢想？或者，也可以從學者所編製的「社會親密量表」中找到一些答案。也不是所有親密關係的人都會結婚，像有些男女他們約會、訂婚，甚至住在一起，但是他們並不結婚。此外，像私交很好的同性朋友，雖然也在真正的親密關係中，更缺乏身體上的親密或長期的承諾關係，然而他們的關係確是十分相似於所謂的親密關係，但卻不代表他們會因而步上婚姻之途。

肆　親密關係與性別社會化

性別社會化的過程中，對女性的影響較男性久，其中一個原因是女性對性的罪惡感。社會規範鼓勵男性有較多性行為，但不鼓勵女性如此；性行為對於女性來說，通常是被視為放蕩的代名詞，因此女性學習到從事性行為會有罪惡感。另一個原因是，性別社會化對於女性有較長久的影響，典型的女性對於生殖器官及性會有負面的連結，但男性就沒有這樣的經驗。

在性別社會化的過程中，明確導致兩性間之不同，所以，男性及女性在進入這樣的親密關係時會有不同的經驗，尤其是在成年期及成年早期最明顯。許多男性傾向於喜歡這樣的關係，因為一方面可以有性的滿足，另一方面又不會被承諾所束縛，女性則視這樣的關係可以獲得社會地位，也有機會發展親密關係，這不一定包括性在內。換句話說，不管男女兩性在性的喜好及性的活動方面有所相似或是不同，有一個重要的差異似乎存在於兩性對性的意義看法之不同。女性通常將性與感情及親密的感覺加以連結，而男性則時常將性視為一項成就、優勢、掌控及權力的表徵，或者純粹只是生理的發洩（劉秀娟，1998）。

第三節　自我坦露與承諾

壹　自我坦露的意義與功能

要想發展與維持良好的人際互動關係，就會需要一定程度的自我坦露（self-disclosure）。簡單地說，自我坦露就是把自己本身的資料、個人意見與感覺都說出來告訴他人的過程，也就是將別人所不知的個人資訊給洩漏出去。當由此表達出愈屬於個人隱私的訊息，則其自我坦露的程度就愈深。

自我坦露其實就是社交穿透理論的根源。而社交穿透理論首先由Altman和 Dolman 於一九七三年所提出，他們認為在人際關係中，自我坦露是從一方移至另一方，由淺而深、資訊愈來愈隱私；據他們的研究顯示：自我坦露的層級是循環式的，關係中的夥伴來回於更多的自我坦露、更親密的關係與坦露及更疏遠的關係之間。這種循環讓雙方能夠處理自我隱私和保護的需要，與開放和聯繫的需要間之對立關係；所以在人際互動關係中，人們不停地在增加自我坦露層級或是維護我個人的隱私之間做選擇（Altman, 1993）。

其實，人為了自我保護及防衛，自然會竭盡所能地維護個人的隱私；但是在與人交往逐漸喜歡而想與對方更親密時，就得開始自我坦露，而將一些屬於個人隱密的資訊，甚至是自己的秘密一一告知對方。如此一來，二人之間的秘密減少而認識更深，同時因對方知道愈多有關自己的資訊，他就愈有潛力來傷害我們，故也會因此而感到有一些不安全感，甚至想要與對方疏遠，這也就是會造成循環式的自我坦露之原因。因此，雖然了解一個人愈多，愈可能有更親密的人際互動關係，但太了解一個人或太快了解一個人時，卻有可能會引起彼此反而疏離的現象。

自我坦露若能適時、適度地加以運用，應該可發揮以下四項功能（王以仁、林淑玲、駱芳美，2006；洪英正、錢玉芬編譯，2003）。

一、提升對自我的認識

當一個人對著他人進行自我坦露之前，經常會要自己先做一番思考與整理，弄清楚了才能清楚地表達。同時，自我坦露也如同個案面對諮商師時的自我剖析，談著談著就會產生動力性的自我了解與頓悟，也就能提升其對自我的認識。

二、釐清表達的真正意涵

人與人之間的溝通有時說了一半天，仍舊有如「一頭霧水」般的弄不明白對方的意思，這當中除了溝通技巧不佳或誤會太深等因素之外，往往會是因著不信任對方而無法將自己心中的想法告訴他。倘若能做適度自我坦露之表白後，必能釐清個人表達之真正意涵。

三、加強彼此的互動關係

人與人之間的人際相處過程中，在彼此互動時會有交互之影響。一旦當其中一方能採取自我坦露之表達方式時，經常能引發對方亦同樣地以自我坦露來回應，如此一來，必能強化二人之間的互動關係。

四、增加人際的因應能力

自我坦露是人際親密與突破孤獨與寂寞的妙招，但因著對人的不夠信任或是對己的不能自我肯定，而無法面對面真誠坦然地與他人做有效的溝通。因此，個人若能學會運用自我坦露的技巧時，必能增進其人際的因應能力。

貳　自我坦露的原則

當人際互動時在開放與封閉對立情況下，決定是否自我坦露的原則有以下四項（王以仁、林淑玲、駱芳美，2006；黃鈴媚、江中信、葉蓉慧譯，2007）：

一、彼此相互的分享

在人們交往之初，總會彼此分享一些普通而適合公開的資訊，如：興趣、電影、電視節目及熱門新聞等。當他們開始接觸一些比較接近於親密關係的資訊時，其關係就步入更密切一層的階段，而這種初步揭露可算是新階段的試金石。

二、冒險去稍加嘗試

相對於個人的隱私與自我保護，自我坦露的表達是需要冒險的；但是只要在兩人關係的成長中存有信任感，則這樣的冒險是可以被接受的。為了彼此更進一步的親密關係進展，如此這般自我坦露的冒險是絕對必需的。

三、逐步開放自我坦露

當聽到對方自我坦露和自己的自我坦露都同樣感到受威脅，而無法立即消除這樣的緊張對立情形。然而假以時日，當二人關係愈趨親密且成熟時，彼此自我坦露的情形就可以更深入些。

四、沒有回應停止揭露

基本上，人際互動要能彼此互惠而維持平衡的，故在自我坦露時也自然期望雙方能公平對待。然而，當一方的自我坦露無法獲得對方明顯對等的回應時，就該考慮要限制或停止自我揭露，因無回報就意味著對方無意加強雙方的親密關係。

另外，自我坦露時機的掌握也相當重要，所謂「交淺不言深」就是這個道理。自我坦露與個人隱私的保護之間，也必須小心地維持平衡，這不但在關係發展期間很重要，就是到了要維持長期關係時也一樣重要。所謂「隱私處理」（managing privacy）是對你的關係夥伴有意地保留個人資訊與感覺的決定。一個人可能為了許多理由，選擇保留隱私重於自我坦露，例如：為了自我保護、保護他人、避免衝突及協助對方保留面子等。

參　承諾的意義與內涵

所謂「承諾」（commitment）一般是指人與人之間相互的正式約定，而在愛情與婚姻當中，則為表示願意與對方長久相守的意願及決心。雖然有些人常會認為，人是不可信任的、所說的話更不可靠；不論是私下的允諾或公開承諾的誓言，當要變心時一樣地毫無用處。何況，經常可從報紙、電視新聞中，看到好友因故翻臉成仇、愛侶分手形同陌路等事件，往往令人不勝感慨之嘆！

其實，即使是法律上公正過而訂的契約或條文也是說變就變，最多做些金錢方面的賠償，那麼「承諾」的可靠性就不免更是大打折扣。不過，有承諾總比沒承諾好，通常人際親密的承諾也是在彼此間的關係發展到某種成熟而穩定的情況下，才會互許承諾的。同時，承諾的維持是建立在彼此有共識，且在互相許諾之下持守的。

肆　承諾與感情、婚姻的維繫

交友、約會、結婚而進入到成家立業的人生另一階段，其中有一項共同的重要因素，就是彼此之間對感情「承諾」的持續。男女雙方藉由接觸而認識，經過交往、約會而產生感情，彼此因感情深厚相互需求而有終身相許的「承諾」。事實上，今天所說的訂婚，究其內涵即為個人終身感情承諾的公開化，進而結婚成家完成社會既定之規範，並可獲得法律的保障。

在教堂的婚禮中最重要的一項，就是男女主角在婚禮過程中當著神與人的面前彼此宣誓，在誓詞中均會說道不論富裕或貧窮、健康或疾病⋯⋯，對配偶的愛與終身相守都永不改變，而後才是互相交換信物的戒指，揭面紗並親吻新娘後，證婚的牧師或神父就宣布二人正式成為夫妻。

大多數的家庭能否幸福都與婚姻品質息息相關，尤其是在優質家庭（strong family）中更是如此。Stinnett 和 DeFrain（1985）決定去發現如何使

家庭變得更優質，在他們的研究過程中，蒐集了三萬個家庭為樣本進行調查，結果發現在建立優質家庭的六個因素中，最重要的一項就是「承諾」。Stinnett 和 DeFrain 說明，因為承諾意味著家庭成員以家庭的幸福為第一優先，而承諾和對家庭的犧牲是確保家庭處於優質中的最重要因素。

　　在結婚後配偶之間強調或發展共同的個人特質、共同的價值系統與共同的休閒活動等。普遍而言，會有較高的婚姻品質是因為這些情感的依附，亦即指的是對婚姻的承諾與愛；也有許多研究指出，承諾可能是在良好的婚姻關係中最重要的因素（王以仁主編，2001；Knapp & Vangelisti, 2000; Stinnett & DeFrain, 1985）。

本章摘要

孤獨通常是指一個人的獨處狀態。有人視為一種遺憾與不幸的情況，另有些人則視為一種成長的情境。而寂寞則是個人因著對人生的有限，社會人際關係與親密接觸等方面之缺陷，所產生的一種負面情緒經驗。Weiss 曾將寂寞按照其成因分為情緒孤立的寂寞及社會孤立的寂寞二類。他以互動論的觀點來解釋寂寞，認為這主要是基於二種原因：(1)寂寞不是因人格因素或情境因素單一功能所影響的，而是此二者之交互作用；(2)當一個人的社會交互作用有所缺陷，而無法提供或滿足其重要的社會需求時，就會產生寂寞。

Perlman 和 Peplau 研究發現寂寞有三個共同的特性，分別是：(1)寂寞導因於個人人際關係的缺乏；(2)寂寞是一種主觀經驗與客觀的社會孤獨非同義字；(3)寂寞是不愉快且令人苦惱的經驗。Young 則是依照寂寞這種情況持續的時間長短，將寂寞分為慢性的寂寞、情境的寂寞及短暫的寂寞等三類。而國內吳靜吉博士卻將寂寞分為存在性寂寞、創造性寂寞、社會性寂寞及情緒性寂寞四類。

孤獨是指自己一個人孤立的狀態，有主動產生（如：埋首於實驗室做研究或一個人安靜沉思及寫作）與被動產生（如：人際關係欠佳或剛搬到新地方人面不熟）二類；如此加以推論發現：孤獨的人不一定寂寞，但寂寞者卻往往是孤獨的一個人。

Deraega 和 Margulis 以隱私與自我坦露的概念，來探討孤獨與寂寞認為社會關係能幫助個人達成不同的目標，而孤獨和寂寞正是因缺少一個能協助其達成這些目標之社會同伴，並造成其在人際關係上缺乏真誠溝通的隱私性需求。另外，Peplau 和 Perlman 曾提出寂寞的因應方式，分成三層面：(1)改變實際的人際關係狀況，即改善舊有或建立新的人際關係；(2)降低人際需求的渴望，減少需要他人陪伴的情境；(3)降低甚至否認人際需求不被滿足的重要性，藉此否認寂寞的感受，而將精力放在其他事務上以轉移注意力。

綜觀孤獨與寂寞的因應策略，都包含了情緒及人際關係需求的兩層面，

而在其處理的方式上，則有直接處理或間接轉移兩種。可見如要積極改善孤獨與寂寞的因應策略或方式，就得直接去增進或改善其人際溝通關係，同時要學習去建立更親密的人我互動關係。

Rubin 認為「愛情」包含三種基本的成分，分別是完全的信賴、願意接納對方，及心甘情願為對方做任何事情；而關於「喜歡」的特點則為讓人親近的情感、溫暖的感受、相信及尊敬對方的判斷，且會認為另一人與自己非常的相似。

Fromm 認為男女間的愛應包括以下四方面：(1)願意了解對方的種種；(2)用實際行動表示對他／她的關心；(3)接納與尊重對方；(4)為彼此相關的行為負責任。倘若能將這四點充分發揮在男女間感情的互動上，如此的愛將是何等的美好。Lee 提出愛情色彩理論，區分為浪漫之愛、遊戲之愛、友誼之愛、占有之愛、現實之愛及利他之愛等六種愛情類型。Sternberg 則提出愛情三角理論，認為愛情具有親密、激情及承諾三個主要成分。Reiss 提出愛情車輪理論，說明愛情發展過程中，有四個階段分別是：發展一致性階段、自我坦露階段、相互依賴階段，與人格需求的滿足階段。

親密關係的本質可從：寬度、深度及開放度三方面來探究。而組成親密關係的成分計有：知識、共同性、相互依賴、信任、承諾、關懷與愛情。而依照 Oulofsky 等幾位心理學家提出了親密關係的四個效標分別是：給與取的互惠關係、責任感、承諾感，及性成熟。同時，亦依據這四項親密效標，將兩性間的親密關係區分為：親密的人、親密前奏的人、刻板關係的人、假性親密的人，與孤獨無依的人。

要想發展與維持良好的人際互動關係，就會需要一定程度的自我坦露。簡單地說，自我坦露就是把自己本身的資料、個人意見與感覺都說出來告訴他人的過程，也就是將別人所不知的個人資訊洩漏出去。自我坦露其實就是社交穿透理論的根源，在人際關係中，自我坦露是從一方移至另一方，由淺而深、資訊愈來愈隱私；自我坦露的層級是循環式的，關係中的夥伴來回於更多的自我坦露、更親密的關係與坦露及更疏遠的關係之間。

自我坦露若能適時、適度地加以運用，應該可發揮提升對自我的認識、

釐清表達的真正意涵、加強彼此的互動關係，及增加人際的因應能力等四項功能。在開放與封閉對立情況下，決定是否自我坦露的原則有以下四項：(1)彼此相互的分享；(2)冒險去稍加嘗試；(3)逐步開放自我坦露；(4)沒有回應停止揭露。

「承諾」一般是指人與人之間相互的正式約定，而在愛情與婚姻當中則為表示願意與對方長久相守的意願及決心。有承諾總比沒承諾好，通常人際親密的承諾也是在彼此間的關係發展到某種成熟而穩定的情況下，才會互許承諾的。同時，承諾的維持是建立在彼此有共識，且在互相許諾之下持守的。男女雙方藉由接觸而認識，經過交往、約會而產生感情，彼此因感情深厚相互需求而有終身相許的「承諾」。Stinnett 和 DeFrain 說明因為承諾意味著家庭成員以家庭的幸福為第一優先，而承諾和對家庭的犧牲，是確保家庭處於優質中的最重要因素。

班級／小團體活動

※「我的小秘密」分享活動。

活動名稱：我的小秘密。

活動成員：同班、同寢室或修課同學，以 5-8 人分為一小組來進行。

活動時間：30-40 分鐘。

活動方式：一、先發給小組中每位成員二張白紙，請他在紙上分別寫下自己
的一個秘密，而後以同樣方式折疊起來收回。為了不讓別人
知道每個秘密是誰寫的，每個人發給一樣的筆，同時可以英
文、注音符號、左手寫字等方式來保護其隱私。

二、寫上秘密且折疊好收回後，全部放在一個袋子中。而後輪流
每人由袋中隨意抽出一張，若抽到自己的可折好放回去後另
抽一張。

三、接著，由每位成員分別唸出自己所抽到那張秘密之內容，並
試著說出自己的感想或解決之道。表達的方式為「我的秘密
是……（唸出紙條上內容），我的感想（解決方法）是
……」。

四、每人發表完了之後，小組的其他成員可立即給予相關之回饋。

本章習題

一、試以你自己的觀點或經驗，來說明「孤獨」與「寂寞」之間有何差異？
並舉實例來加以論述之。

二、「喜歡」與「愛」之間的關係，有可能會發生「量變產生質變」或「質
變產生量變」的情形嗎？試提出實際的觀察或經驗來支持你的論點。

三、在本文所介紹的諸多愛情理論當中，你最欣賞或喜歡的是哪一種理論？
它對你的異性交往有何影響？請一併詳細論述之。

四、試依據 Oulofsky 等提出之親密效標所分的五種親密關係來自我評估，你
是屬哪一種親密類型？並具體列出你所符合的條件。

五、何謂「自我坦露」？請同時比較一般國人與你自己在這方面的表現有何
異同？試深入加以探究之。

六、婚姻的承諾為何？今天社會上多數人針對婚姻承諾持何種態度與觀點？
請一併加以分析探討之。

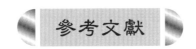

一、中文部分

王以仁（1989）：大學生寂寞之相關研究。**嘉義師院學報，3**，頁 1-53。

王以仁主編（2001）：**婚姻與家庭生活的適應**。台北：心理出版社。

王以仁、林淑玲、駱芳美（2006）：**心理衛生與適應**（第 2 版）。台北：心理出版社。

吳就君、鄭玉英（1987）：**家庭與婚姻諮商**。台北：國立空中大學。

吳靜吉（1985）：**害羞、寂寞、愛**。台北：遠流出版公司。

吳靜吉等（1986）：**心理學**。台北：國立空中大學。

邱瓊慧（2000）：**成年前期女性寂寞經驗與適應歷程**。未出版碩士論文，國立彰化師範大學輔導研究所，彰化。

陳麗婉（1989）：**自我意識、自我坦露與寂寞感之關係研究**。未出版碩士論文，國立政治大學教育研究所，台北。

洪英正、錢玉芬編譯（2003）：**人際溝通**。台北：學富文化公司。

徐西森、連延嘉、陳仙子、劉雅瑩（2002）：**人際關係的理論與實務**。台北：心理出版社。

黃鈴媚、江中信、葉蓉慧譯（2007）：**人際關係與溝通**。台北：前程文化公司。

陳皎眉、江漢聲、陳惠馨（1996）：**兩性關係**。台北：國立空中大學。

章珍貞（2003）：**女性大學生寂寞心理經驗之研究**。未出版碩士論文，國立高雄師範大學輔導研究所，高雄。

傅皙（1993）：北師大一、大二、大三學生之寂寞程度調查及其相關研究。**台北師院期刊，11**。

陽琪、陽琬譯（1995）：**婚姻與家庭**。台北：桂冠圖書公司。

劉秀娟（1998）：**兩性關係與教育**。台北：揚智出版社。

蔡銘津（1996）：**高中生的害羞與寂寞及其相關因素之研究**。未出版碩士論
文，國立彰化師範大學輔導研究所，彰化。

二、英文部分

Altman, I. (1993). Dialectics, physical environments, and personal relationships. *Communication Monographs, 60,* 26-34.

Cutrona, C. (1982). Transition to college: Loneliness and the process of social adjustment. In L. Peplau & D. Perman (Eds.). *Loneliness: A sourcebook of currnet theory, research and therapy* (pp.291-309). New York: John Wiley & Sons.

Dion, K. L. & Dion, K. K. (1973). Correlates of romantic love. *Journal of Consulting and Clinical Psychology, 41,* 51-56.

Kaplan, P. S. & Stein, J. (1984). *Psychology of adjustment.* Belmont, CA: Wadsworth.

Knapp, M. L. & Vangelisti, A. L. (2000). *Interpersonal communication and human relationships* (4th ed.). Needham Heights, MA: Allyn & Bacon.

Knox, D. H. & Sporakowski, M. (1968). Attitudes of college students toward love. *Journal of Marriage and the Family, 30,* 638-663.

Levinge, G. & Raush, H. L. (1977). *Close relationship: Perspectives on the meaning of intimacy.* Amberst: University of Massachusetts Press.

McWhirter, B. T. (1990). Loneliness: A view of current literature, with implications for counseling and research. *Journal of Counseling and Development, 68,* 417-421.

Peplau, L. A., & Perlman, D. (1982). Perspectives on loneliness. In L. A. Peplau & D. Perlman (Eds.). *Loneliness: A sourcebook of current theory, research and therapy* (pp.1-18). New York: John Wiley & Sons.

Reiss, I. L. (1980). *The family system in America* (3rd ed.). New York: Holt.

Rubenstein, C. & Shaver, P. (1982). The Experience of Loneliness. In L. A. Peplau

& D. Perlman (Eds.). *Loneliness: A sourcebook of current theory, research and therapy* (pp.206-223). New York: John Wiley & Sons.

Rubin, Z. (1970). Measurement of romantic love. *Journal of Personality and Social Psychology, 16,* 265-273.

Ryan, R. M. & Lynch, J. H. (1989). Emotional autonomy versus detachment: Revisiting the vicissitudes of adolescence and young adulthood. *Child Developmental Psychology, 21,* 149-160.

Steinberg, L. & Silverberg, S. (1986). The vicissitudes of autonomy in early adolescence. *Child Development, 57,* 841-851.

Sternberg, R. J. (1986). A triangular theory of love. *Psychological Review, 93,* 119-135.

Stinnett, N. & DeFrain, J. (1985). *Secrets of strong families.* Boston: Little, Brown.

Weiss, R. S. (1973). *Loneliness: The experience of emotional and social isolation.* Cambridge, Mass: MIT.

Young, J. E. (1982). Loneliness, depression and cognitive therapy: Theory application. In L. A. Peplau & D. Perlman (Eds.). *Loneliness: A sourcebook of current theory, research, and therapy* (pp. 379-406). New York: Wiley.

第 二 篇

實務篇

第七章

親子關係與互動

◎ 本章學習目標 ◎

- 「父職」的意義為何?
- 「母職」的角色內涵有哪些?
- 何謂「子職」?其與「孝道」之間有何關聯?
- 孝道具有哪四種層次?
- Duvell 將家庭生命週期分為哪八個階段?每一階段各有何需求與發展任務?
- 有效的親子和家人溝通過程中,要特別重視哪三方面的技巧?
- 面對孩子的問題,一般父母常會扮演影響到親子間溝通的哪七種傳統角色?
- 親子間可由爭執中凝聚力量,而使爭執成為一種有效溝通的技巧有哪九項?
- 家庭會議的舉行,其主要目的為何?
- 家庭會議的召開過程中,有哪八點基本指導原則?

報紙投書

讓孩子快樂學習吧

近十年來教改口號甚囂塵上，並配合一連串教改措施，如：多元入學方案、數學建構式教學、九年一貫課程、鄉土語言與英文納入小學教學等，所變動的幅度真是不小，若再加上十年期間更換了七位教育部長，如此這般的教改如何能成功？就連各種民間組成教改團體大聲疾呼，在此大環境下也很難使得孩童的學習能真正地快樂起來！

個人認為在教育制度、政策面的不斷變革之下，家長與學生只有被迫接受的分，除了發發牢騷、投書抱怨之外，也無其他妙法來有效介入其改變！然而，就如「天氣的變化無法掌控，心情的好壞卻可調整」之類似道理，家長本身的觀點與做法，才是真正影響孩子學習的關鍵!?

現今普通高中與技職教育升學的管道十分暢通，台灣的大學院校已接近二百所，家長們實在不需要為孩子的教育，如此這般地憂心與煩惱。孩子學習真正的效果，得視其個人的「性向」及「興趣」；換句話說，先了解孩子的聰明才智和其天賦才能之傾向，也就可以找到其興趣所在。若能配合個人的性向、興趣發展，其學習的動機與成就自然可見！

就以我目前就讀高二的小女兒為例，她從小學習興趣非常廣泛、人際關係十分良好、音樂方面也有些天分，唯獨對於體制內的考試不感興趣。從小到大她不論就讀哪一等級的學校與班級，通常的考試成績總在班上後面三分之一，若加以嚴格要求並隨時盯她讀書，成績可進步到全班前面二分之一，但父母一旦鬆懈，成績馬上掉下來！為此，有一陣子我這個學教育心理與輔導的老爸也快為此而抓狂，直到有一天我突然「頓悟」而放手——何不讓她快樂地學習呢！！

仔細想想，我女兒不因成績好壞而影響到她的自尊與人際互動，雖不考音樂班仍然每週學鋼琴及長笛，課餘閒暇時自學日文、韓文、法文，且樂於配合老師的要求常購買一些英文故事書或文學作品來研讀，她的零用錢運用最多的部分就是買書！

那升大學怎麼辦？這就得用上教改中多元入學方案的「推薦甄試」與「申請入學」方案，選擇她有興趣的科系以及在甄試中學科能力測驗成績只要求國文、

英文二科者，再配合她的相關優異表現資料，包括：在學校擔任過服務性社團社長一年、已通過全民英檢中級測驗、得過長笛與鋼琴大賽獎盃等，如此這般就可以解決升學難題啦！

想想看，「天生我材必有用」！父母實在是孩子快樂學習的舵手，大可不必隨著教改凌亂的舞步一塊兒起舞，要知道孩子真正快樂學習之鑰匙是掌握在您的手中。值此兒童節前夕，願以個人粗淺經驗與家長們溝通一二！您也可以試試，放手讓孩子快樂地學習吧！（本文係本書作者在 2004.04.03，發表於《中國時報》A15 版「時論廣場」）

上述文章提及，面對孩子的就學生活與相關表現，親子之間的爭執或不愉快，往往是因為對孩子在功課方面的成績不能令人滿意。其實，考試分數不能代表一切，升學成就亦非教育高品質的唯一目標；然而，在台灣今日重視考試與升學的巨大壓力，加上青春期前後維持十年的青澀成長期，難免造成親子之間關係緊張與溝通互動不良的種種問題。本章將分別針對親職與子職之角色、親子關係及其溝通技巧，以及學習召開民主式的家庭會議等部分，分別加以說明如後。

第一節　親職與子職之角色

家庭是孩子們第一個成長發展的環境，他們自其中學習生活技能、培養生活習慣、建立人與人間的情感依附，家庭和孩子之間亦由此建立起密不可分的關係；同時，家庭對孩子在人格發展、情感依附以及社會化的建立，也有非常重大的影響。

雖然近年來家庭型態與功能在急遽地改變，而夫妻雙方共同承擔家務工作的觀念，至今已儼然成為一種社會期望。父親固然是家中經濟最大的供應者，由於經常置身於家庭事務之外而與家人缺乏互動機會，因此，社會大眾仍然較認可母親是「家庭照顧者」的角色。但不少研究指出，父親參與孩子

生活是非常重要者，如果親子之間缺乏互動，會導致孩子許多行為問題產生。因著父親缺席，對子女人格所產生的負面影響是不容小覷者（Lamb, 1997）。身為新世代孩子的父親，為協助子女面對日益多元的社會，並期盼他們能有良好正向的發展，除了對自己父親的角色有更深一層體認外，父職的意義與價值亦如同母職一般，亟須被社會大眾所肯定且加以重視。

　　長久以來，社會文化規範對於家庭中性別角色的預設並不相同，一般將男性視為專職賺錢養家的人，而將女性視為負責照顧、養育工作的人，因此，對於兩性的親職實踐要求也很明顯地有不同標準，因而形成兩性在親職角色上有不同的認知與責任感。傳統上的親職角色，對於父職與母職定義真可說是涇渭分明，母親的角色被認為就是養育子女，滿足子女對健康、安全、舒適與情感的需求；而父親的角色則是提供維持家庭所需的一切資源，即使參與子女的照料工作，也只是在教訓子女與陪子女玩耍而已。

　　以下將先針對父職、母職與子職，分別做一深入的分析與探討；接著再探究三者之間的相互關係及其影響，並進一步提出親子間良好的溝通及互動模式。

壹　父職角色

　　「父職」（fatherhood）通常僅指父親與孩童的關係（relationship）而已，這使得親職角色的認定上，有很大的不同。再加上傳統上一直將母親的角色視為女人的天職，這種母職天賦的迷思，使得母親就算外出就業，其撫育子女的工作和家務處理的工作並不會因而減少；相對的，父親選擇性的幫忙照顧子女，卻被視為「新好男人」的表現。因而形成了「責任性母職」與「選擇性父職」之差異（黃怡瑾，2002）。

　　一般而言，有關父職的相關研究不多，對於家庭角色的研究大部分都只將焦點鎖定在「母親」，而「父親」顯然是一個被忽略的角色。其最大成因是母親長久以來扮演主要照顧者的角色，與子女在感情層面的互動較多，對孩子的影響亦大，其受重視的程度相對增加。反觀父親，則只是扮演經濟的

提供者。長久以來，受到傳統社會男尊女卑的觀念及性別刻板印象影響，使得男性遠庖廚，不過問家務，與家人關係較為疏遠；近年來，由於社會型態、經濟發展、教育普及，女性進入職場工作的情形日益增多。因而，父職與母職的具體內涵也起了頗大變化。

在進入二十世紀之後，中國家庭的結構與家庭制度有了極大轉變，尤其是從七〇年代起，西方女權運動強烈衝擊著台灣社會，使得年輕女性意識抬頭，她們不斷地極力爭取受教權與工作權；伴隨著女權高漲，使得女性更有勇氣走出家庭而投身職場，不僅提高了她們在家中的地位，同時也減低對家庭的依賴程度，更使得「男主外，女主內」的傳統家庭分工模式受到嚴重的挑戰（杜宜展，2004）。今日，家庭中傳統性別角色之分工雖已逐漸被打破，然而實際上，「父職」角色的發展與突破卻仍受到局限。根據國內研究發現，社會對於「參與型父親」沒有給予較正面的肯定（王叢桂，2000），且父親在家務工作選擇上仍以「可選擇性」的家庭參與特質，而居於次要地位（王舒芸，1996；Lamb, 1981；Marsiglio, 1991）。

而一般職業婦女在工作角色與家中母親角色面臨衝突時，則可清楚地看出男性對家庭的付出，仍無法與雙薪家庭真正的需求相互呼應。導致在講求兩性平權的年代中，仍無法在家務分工這方面達到齊頭式的平等；為達到兩性真正的平等，我們都不應該忽視男性在家庭中所扮演的角色。Daly（1995）曾指出，社會傳統、價值觀、道德標準對父親的自我角色認知，確實會產生某種程度的限制及影響。

貳　母職角色

「母職」（motherhood）是指作為母親的實際行為，及其衍生出來的社會性印象中作為母親或代理母親者，所應扮演的角色或實際從事的相關事務（蔡麗玲，1997）。「母職」這兩個字，從字面上的意思來看就是母親的職責，「職」代表管理某些事物的意思，亦即有職務要執行，因此也表示一種「負擔」，所以如果有虧職守的時候，就必須扛起責任來；因此，母職可視

為女人成為母親之後所扮演的角色內涵，舉凡所有與母親角色有關的工作，包含：生育、教育及養育等工作在內。

　　長久以來，社會文化規範對於家庭中性別角色的預設並不相同，一般將男性視為專職賺錢養家者，而將女性視為負責照顧、養育工作的人，因此對於兩性的親職實踐要求，也有很明顯的不同；因而形成兩性在親職角色上，確有不同的認知及責任感。同時，因著婦女大量就業所帶來的影響，亦使得現代的母親角色，由過去單一的家庭角色，擴展為雙重的家庭及職業角色；同時，也帶動了現代父親在家庭角色上的轉變，由過去單一的職業角色，也逐漸投入家事及育兒的多重角色之中。

　　傳統上的親職角色對於父職與母職定義是區分明確，也可說是社會上對父母親角色的界定很顯然地採用了不同的標準，關於孩童照護的工作似乎一直是母親的專利；也就是說，「母職」部分除了如同「父職」般地建立親子關係之外，母親還得完成其他照護子女的任務（task），才可稱得上是盡責。多數學者認為，母職是經由社會文化所建構者，可見母職是身為母親角色所應承擔的職責，其中包含有應符合社會所期許的母親形象，以及擔負養育及照顧子女的責任。在家庭中母親扮演著舉足輕重的角色，必須同時經營夫妻和子女相處的各種關係。

　　母職的理論觀點，可以將其歸納分為母職天生論和母職後天學習論兩種。其中，母職天生論是從生物決定論來看母職，認為由於荷爾蒙及遺傳因素的影響，引領母親不知不覺地朝表現母性的方向發展，鼓勵她們養兒育女並為家庭犧牲，因而母職是女性與生俱來的天職。而母職後天學習論則包括從社會學觀點，及女性主義觀點來看待母職。社會學觀點認為：母親在教導子女的過程中，不自覺地將自幼學來的性別角色認同部分傳遞給其子女，因而造成母職的代間複製。母職是由社會文化所建構的，母職是相對獨立於父職的社會分工；在親職分工中，父親負責提供子女經濟支持，而母親則擔負照顧及養育子女的責任（陳靜雁，2003）。另外，女性主義者目前有五大派別（自由主義、激進主義、存在主義、精神分析、社會主義），這些不同派別的女性主義者對母職的看法大致可分為兩大方向：一為揚棄母職、爭取拒絕母職

的權利；另一方向則是爭議作為母職所需的社會尊重與支持（黃怡瑾，2002）。

參　子職角色

「子職」是指子女對父母所應盡的職責，也可以說是子女在家庭中，對父母所應盡或所擔負的職責，及其所表現之行為的總和。孝順是一種社會準則，父母應該愛他們的孩子；反過來說，孩子也應該愛和孝敬他們的父母，這即是家庭角色的社會規範。家庭中的每一個成員皆有其應扮演之家庭角色，每個家庭角色都有其應發揮之功能與應盡的權利義務，子職角色（filial role）亦是如此（蔡嬙娟，2004）。

在中國社會中，與子女職責相似的概念是「孝道」，子女職責所呈現的是孩子對父母所能盡到的部分責任，孝道則包括對子女更高標準的要求，因此盡到子女職責也是盡孝道的一部分。子女是一種社會角色，因而子職就是子女善盡其職分之道。楊國樞（1978）曾提出「兒職教育」一詞，認為有些子女不懂得如何善盡子女職分，便要有人去教導他們，這也就是現今多數人所說的「子職教育」。透過子職教育可以教導子女學習為人子女的角色與規範，而在二○○三年所頒布之「家庭教育法」，則將子職教育納入家庭教育的內涵之一，就是希望能透過子職教育之活動訓練，可以幫助青少年了解家庭的意義與價值，增進子女對家庭的認同，並學習與父母家人相處的知識與技巧，以達家庭幸福、社會祥和之目標。

在傳統中國倫理思想之中，非常強調親子關係的孝道倫理，而善盡子職更可視為孝道中的重要部分（蔡嬙娟，2004）。楊國樞（1978）提出孝道具有四種層次：一、孝的原則：透過這些原則，才能知道怎樣才算是孝順；二、孝的意願：是指善待父母的意願，也就是孝忱、孝念與孝思；三、孝的能力：擁有孝的能力才能進一步去執行孝的行為，如果缺乏孝的能力便無法完成孝的行為；四、孝的行為：子女表達孝意的行動，也就是孝意真正的實踐方式。

肆　子職角色學習

可知，孝道是一套以父母為對象的社會態度（social attitude）與社會行為之組合，也可視為是一套以父母為主要對象的特殊社會態度與社會行為的組合，亦即為孝道態度與孝道行為之組合。然而，教導學生行孝主要目的是要學生去身體力行，唯有實踐才能真正算是盡到孝道。

社會化是角色學習與身分承受的整個過程，教育的目的在協助角色學習，並提高個人的身分以增加其價值。父母對於子女的愛是出於內心的真誠是無庸置疑者，但子女對父母的孝心就不是那麼簡單的事（葉光輝，1997），需要透過學習才能加強子女對自我角色扮演的知覺，可見子職角色是需要經過學習的，子女透過家庭、同儕、學校、社會等管道，學習盡到為人子女的方法，建立對子職角色的認識與覺知，並進而能將知覺到的子職角色加以踐履，做到子職實踐的部分。

從社會心理學的觀點來看，楊國樞、葉光輝與黃囇莉（1988）提出孝道中的孝道態度，主要為孝道行為之前的孝思、孝念、孝忱，其心理內容又可分為以下三個層次：

一、孝的認知層次（孝知）：身為子女者對父母及其相關事物的良好認識、了解，即為信念的部分。

二、孝的情感層次（孝感）：身為子女者對父母及其相關事物的良好情緒與感受（以敬與愛為主）。

三、孝的意志層次（孝意）：身為子女者對父母及其相關事物的良好行為意向或反應傾向。

廖榮利（1991）針對青少年對父母應有之態度，提出六點看法：

一、傾聽父母的說明或教導，必要的反應或澄清事實，口氣與言詞宜緩和。

二、克制青少年本身的衝動性感情，學習孝敬父母的行為表現。

三、樂於和父母接觸，向父母表達其內心的感受，並虛心求教。

四、尋求獨立與依賴父母之矛盾心情與現象，宜做理性的探討和慎重的決定。

五、確認人人均非完美，父母也可能有錯的時候，抱持彈性和可諒解的態度。

六、做一個體諒父母和為父母立場著想的好兒女。

葉光輝（1997）在研究台灣民眾之孝道觀念的變遷情形，將孝道的內涵分析出「尊親懇親」、「抑己順親」、「奉養祭念」及「護親榮親」四個因素。而國外，也有Sung（1998）針對子女職責歸納出以下六項：一、表示對父母的尊敬；二、實踐個人抱負；三、使家庭和諧；四、回報父母；五、表現對家人的關懷與喜愛；六、願意為家庭做出犧牲。

這也就是說，在今日談及子女職責應該要注重子職事件的部分，唯有將子職認知與子職實踐融合一起，才能算是真正盡到子女職責，而善盡個人之孝道。而提升子職認知與子職實踐並不困難，事實上人人可以成為孝子，讓子女都能提升其子職認知，而後善盡子職則非難事，是一般人都可以盡本分做到的；如果子女了解哪些行為就可算是做到子職實踐，且是日常生活中頗輕易就能完成者，相信絕大多數的子女都會樂於善盡其子女的孝道職責。

第二節　親子關係及其溝通技巧

隨著時代變遷，家庭的結構與形式也有頗大的改變。然而，家庭對個人發展之影響，卻仍然是萬分重要。二十世紀是人類發展中變化最劇烈而快速的百年，社會的主體形式由農業轉變到工商業，人們由鄉村部落散居的聚集，進入到大都會區的人口密集，家庭型態也由數代同堂的大家庭轉變成人口簡單的核心家庭。現今已跨入二十一世紀，資訊科學的蓬勃發展與個人自我追求的極端需求，必會導致此一新世紀中，在親子及家人關係與溝通方面所產生的問題與困擾，將會更趨於嚴重。

原本親子間的關係就可說是各種人際關係中，最親密而較為穩定者。父母與孩子之間先天上就擁有遺傳與血緣上的深厚關係，在一般正常的狀況下少有父母不愛其子女，或是孩子厭惡父母的情事。親子關係是指家庭中父母與子女互動所構成的人際關係，包含了情感、權威性及結構性，具有愛－憎、

拒絕－接納、支配－自主、約束－縱容等向度（馬傳鎮，1982；黃春枝，1980）。

　　然而隨著時代社會的變遷，家庭結構與倫理觀念也產生大幅度的改變，傳統的家庭功能日趨式微；因著現實環境的壓力，或是個人問題處理的不當，在在都會造成家庭或親子悲劇的產生。然而，若是個人能擁有一個溫馨的家庭，親子之間亦有良好的溝通管道，或許這個世界將變得更形美好，而造成家庭暴力或這類不幸案件的發生頻率，也會隨之相對地減低。

壹　親子溝通的意涵

　　溝通乃人與人互動最基本的管道，更遑論是成員互動頻繁的家庭。詹棟樑（1983）指出，家庭中的成員因溝通而產生互動、交換訊息，並藉此互相了解。因此，良好的溝通是增進家庭關係之必要條件，而親子溝通即是家庭溝通中的一環，影響孩子的成長甚巨。只是親子溝通有其特定的對象——即父母與子女，且親子溝通的過程包含了父母與子女溝通的頻率、內容，及親子互動的結構（Palan, 1998）。林良姿（1991）就認為，親子溝通是父母與子女間交流思想、意見、分享情感的過程。另者，黃郁婷（1995）亦認為，親子溝通是父母與子女相互分享情感及交換思想觀念的歷程。朱崑中（1996）對親子溝通的界定則為，發生在父母與子女間知覺到的所有溝通行為，而經由這些溝通行為交互傳遞了父母與子女間的認知、態度、情感與行為等層面的所有訊息，並將親子間予以連結在一起，所以，親子溝通是發展維繫親子和諧及成長的重要因素。而林玉慈（1998）則認為，親子溝通為父母與子女間，藉由分享情感、意見、態度、喜好，而覺知到彼此訊息傳遞與交換的歷程。綜合上述觀點，發現其對親子關係的看法皆著重於父母與子女之間任何層面的訊息分享，因此，可將親子溝通界定是父母與子女彼此之間相互分享情感、交流意見及表達需求的知覺行為。

貳　親子溝通的型態

　　有關溝通的理論眾多，以下的溝通型態分類雖針對大範圍的家庭溝通，但是因顧及親子溝通亦是家庭溝通之一環，而家庭溝通亦是運用於家庭中的任兩人之間的溝通。因此，將親子溝通型態涵蓋於家庭溝通之下，以下乃引若干學者的分類加以說明：

一、Satir（1972）認為在家庭中處於壓力下的兩人關係，其可能呈現的五種溝通型態

(一)討好型（placating）

　　訊息傳達者表現軟弱、遲疑、自我貶抑，他總是同意、道歉、試圖取悅別人。

(二)指責型（blaming）

　　訊息傳達者喜支配別人、只會發現別人的錯誤，並且只會為自己辯護。

(三)超理智（super-reasonable）

　　訊息傳達者表現固執，不會與其他人建立親密關係，總是表現冷漠淡然的態度，並隨時保持理性以避免情緒失控。

(四)打岔型（irrelevant）

　　訊息傳達者總是試圖使別人分心，且表現得似乎一切都事不關己的態度。

(五)一致型（congruent）

　　訊息傳達者表現真誠，並在適當的脈絡下傳遞直接的訊息，並為此負責。

二、邱清泰（1979）將親子溝通的型態分為三種

(一)理智型

　　在此溝通型態下，親子之間的溝通是單向的。父母有絕對的權威，發號施令，斥責批評，警告威脅；子女只能服從而不能有相左之意見。此種溝通的特性是缺乏感覺和感情，過度運用理性權威的極端表現。

(二)感情型

　　在此溝通型態下，親子之間的溝通亦是單向，不同於理智型的不斷要求，而是無節制地給予。父母相當寵溺孩子，過度順從孩子的需求，甚少管教、勸戒孩子。其特色在於過分感情用事而缺乏理智的使用。

(三)平衡型

　　在此溝通型態下，親子之間的溝通是雙向的。親子間能夠自在從容地表達自己的意見與想法，既不會有被拒絕亦不會有被斥責的威脅，是兼具理性與情感的溝通模式。

三、Olson、McCubbin、Barnes、Larsen、Muxen 和 Wilson（1983）以溝通技巧來分，將親子溝通分為以下兩種

(一)開放式溝通

　　此指家庭成員之間採用正向之溝通技巧，例如：同理、傾聽、支持等，家人之間能自由自在地交流事實及情感的訊息。

(二)問題式溝通

　　家庭成員之間不能坦然分享而有所選擇、猶豫、保留，以負向態度互動，且經常使用負向溝通方式，例如：批評、雙重束縛（double binds）。

四、Moschis（1985）以溝通取向來分，將親子溝通型態分為兩種

(一)社會取向的溝通型態（socio-oriented communication）

　　在此溝通型態中，孩子被鼓勵要敏於各種社會訊息、維持和諧的人際關係、避免爭論、要能同意父母意見，且要對長輩謙恭，相當壓抑自己內心的真正感受與情感。

(二)概念取向的溝通型態（concept-oriented communication）

　　在此種溝通型態中，孩子被鼓勵要從情境機能去思索問題，發展自己的想法，且在做決定之前能夠仔細考慮所有的選擇，孩子能在父母面前從容地表達自己的意見。

參　家庭生命週期及親子、家人間的互動關係

　　親子與家人之間要想達到彼此良好地互動與溝通，就必須先行了解有關整個家庭隨著時間發展的脈動及其過程，亦即所謂的「家庭生命週期」（family life cycle）；家庭以其發展的功能來看，會隨著時間的改變而產生不同的發展任務。根據 Duvell 於 1979 年在家庭生命週期中的劃分方式，是以最大子女生長過程及教育過程來作為階段的分期，共分為八個階段（引自王以仁，2000），同時認為每一階段有其特有的需求與任務，完成每一階段的發展任務，才能順利進入下一階段，否則家庭會受到明顯的影響甚至瓦解，而影響家庭中的每個成員。也就是說，每個階段都有其發展重點，需要家庭內所有成員配合，運用各種方式去克服問題。在此以最常見的「核心家庭」為對象，一一分別加以說明如下（王以仁，2000；Binger, 1994；Duvall, 1977）：

第一階段：新婚夫妻（married couple），尚未有孩子

㈠主要的家庭任務：夫妻間彼此的相互承諾。

㈡家庭教育重點：在此階段側重於教導新婚夫妻，如何在共同生活中扮演好與其有關的各種角色，以建立雙方都滿意的互動內涵及婚姻生活（包括：居家、飲食、財務等物質方面，以及相互接納、溝通與性關係等心理方面）。

第二階段：養育孩子的家庭（childbearing family），老大在三歲以下

㈠主要的家庭任務：學習發展扮演好父母親的角色。

㈡家庭教育重點：因著第一個孩子的出生與加入，使得原本恩愛親熱的小家庭產生了頗大的壓力與改變；這時的家庭教育應注重於教導其調整居家作息時間表，以配合嬰孩的需要，夫妻間重新分配家事的分工，調整夫妻二人溝通的管道與時間，以及如何讓上一代的祖父母來適度協助這個家庭。

第三階段：學前年齡孩子的家庭（preschool children），老大在三歲至六歲之間

㈠主要的家庭任務：學習接納孩子的人格特質。

㈡家庭教育重點：這時的孩童精力旺盛，好奇心與興趣十分廣泛；此一階段的重心在於教導做父母的如何積極調適，以滿足每位家庭成員的需要；包括如何花足夠的時間與孩童相處、如何調適夫妻缺乏親密獨處時間的困擾、如何支付逐日增加的家庭開銷，以及全體家人間如何做有效的溝通等。

第四階段：小學年齡孩子的家庭（school children），老大在六歲至十三歲之間

㈠主要的家庭任務：介紹孩子進入有關機構，如：學校、教會、社團等。

㈡家庭教育重點：在這個階段側重於如何滿足孩子各種活動，和夫妻間隱私的需要；並積極指導孩子各方面的學習與人際關係，以符合學校與社區同儕間的相處與競爭。

第五階段：中學年齡青少年的家庭（teenagers），老大在十三歲至二十歲之間

㈠主要的家庭任務：學習接納青春期的孩子，包含其個人在社會與性別角色方面的改變。

㈡家庭教育重點：這時的孩子已進入青春期開始發育成熟，並做離家獨立生活的相關預備；此時父母應調整學習接受孩子已發育成長，家人間宜理性溝通且彼此尊重，可共同分攤家事，並提供孩子某種程度金錢支配的獨立自主權。

第六階段：孩子均已成年且離家的家庭（launching children），從老大到老么均已離家外出求學、就業或成家

(一)主要的家庭任務：經歷屬於青春後期孩子的離家獨立。

(二)家庭教育重點：在此階段，家庭功能的焦點在於如何幫助已成年而離家的孩子，使其在個人獨立面對的學習、服役、工作及結婚等生活上適應得更好。所以，家庭教育應側重於教導父母如何支持與協助已成年的孩子，在成人的世界中努力以赴，開創其美好的未來。

第七階段：中年父母的家庭（middle-aged parents），從空巢期至退休

(一)主要的家庭任務：接納孩子已變成獨立成人的角色。

(二)家庭教育重點：這時已年過中年的夫妻，應重新調整其婚姻與家庭生活，並同時兼顧已老邁的上一代與年輕的下一代。家庭教育宜注重如何適應孩子離家的空巢期、生理和心理方面能力與技巧的逐漸衰退，以及個人即將由職場中的退休。

第八階段：老年的家庭（aging family members），從退休到死亡

(一)主要的家庭任務：老夫老妻彼此珍惜，坦然面對晚年生活。

(二)家庭教育重點：面臨人生最後老年的階段，在家庭教育方面要調整生活步調較為緩慢，有效控制老年的財務狀況，如何接受孩子對自己的照顧，並調適於配偶的死亡及面對個人人生大限之來臨。

　　從時間的觀點而言，人生只是一段有限的年日。少數人因某些主、客觀因素，在少年、青年或中年時就提早離開人世，令人十分惋惜；但多數人平均壽命都在七、八十歲以上，也就應該認真學習了解前述之家庭生命週期的八大階段，充分地發揮家庭教育功能，建立家人間良好的互動關係，尤其以親子互動的發展過程為重心，以便完成各階段的家庭任務，充實而無憾地走過其個人美好的一生。

肆 影響親子之間溝通的阻礙因素

以父母的觀點來看，都會希望和自己子女溝通是良好的，彼此能夠無話不談。雖然想要去接受孩子的意見和想法，不過往往卻在無意中使用了某些傳統的角色，而造成親子溝通的障礙。如鍾思嘉（2004）在面對孩子的問題，就指出一般父母通常會扮演七種傳統角色，以至於影響親子間溝通的通暢，茲分述如下：

一、指揮官的角色

有些父母會當孩子有負向情緒困擾時，採用命令的語氣來企圖加以消除，如此往往會造成孩子心靈的威脅，甚至扼殺了孩子表達的勇氣。

二、道德家的角色

有些父母會常對困擾或沮喪中的孩子採取說教的方式，而讓子女覺得父母很嘮叨。

三、萬能者的角色

此類父母會表現出一副無所不知、無所不曉的態度，甚至常會替孩子解決問題，反而造成孩子無形的壓力。

四、法官的角色

父母扮演仲裁是非者，常會評價孩子的行為，甚至批判孩子的情緒。

五、批評者的角色

此類型之父母與道德家、萬能者及法官類型的父母相似，都是標榜父母是對的、正確的，而此類父母則用嘲笑、諷刺、開玩笑、貼標籤的方式。其語言反而造成親子之間很大的隔閡，無形中也傷害孩子的自尊。

六、安慰者的角色

父母只是幫助孩子宣洩其情緒，而不是真正參與孩子困擾問題的探討及處理。

七、心理學者的角色

扮演一位心理學者的父母，善於發覺孩子的問題，並加以分析、診斷，常告訴孩子問題之所在，而且會將問題歸因於孩子身上。

同時，在親子溝通過程中，也有些父母不免會說一些重話以達管教之目的，這些說者無心的負向語言，卻往往造成孩子長久的負面影響。周婉湘（1990）的研究，讓大學生受試回憶其國中時代，父母說「養你有什麼用」當年實際發生的情形，其結果包括如：子女考試成績不佳時，父親說：「養你有什麼用，考這種成績，將來念什麼？……」；子女有些事情不會做，父母會說：「養你有什麼用，叫你去買個東西都不會……」；女兒不幫忙做家事的時候，母親會說：「養妳沒用啦！千金大小姐！我是妳的僕人喔！……」而這些負向語言經常地使用，不僅對子女造成的侮辱、貶損會產生某些心靈傷害（黃惠真譯，1994）；同時也會阻礙了親子間的正常溝通，實在是不可不慎重來好好地加以處理！

伍 有效的親子溝通技巧

Lamanna 和 Riedmann（1994）曾指出，以下九個技巧會有助於由爭執中凝聚力量，而使爭執成為一種有效而非破壞性的溝通，同時讓彼此的關係更為親近，應可多方運用於家中的親子溝通：

一、傾聽。

二、彼此坦誠。

三、使用「我訊息」的敘述句並避免攻擊（參見第五章第二節）。

四、給予回饋並加以核對。

五、謹慎選擇爭執的時間與地點。

六、把憤怒放在特定的議題上。

七、清楚爭執的原因。

八、有意願做自我改變。

九、不要抱持「非贏不可」的心態。

進一步而言,在有效的親子和家人溝通過程中,要能同時掌握認真傾聽、適當反應及自我表露三方面,分別加以探討如後:

一、認真傾聽

在親子之間相互溝通時,往往因彼此過於熟識而忽略了「傾聽」的技巧。當其他家庭成員在講話時,不要隨意地插嘴;無緣無故打斷他人的說話,將會引起對方的反感,甚至造成對方拒絕與你談話。

傾聽不只是閉嘴聆聽而已,同時還要讓對方知道你在認真專心地聽他說話,這其中代表了你對他的接納、尊重與關懷。所以,在傾聽別人說話時,還應加上點頭、微笑、輕拍他的肩膀、以關懷的眼神凝視對方等行為語言,以便讓對方知道我確實了解他表達的意思。

父母藉由傾聽技巧,表達出對孩子的關切;父母或許不完全同意孩子的想法、態度或行為,然而若能透過有效傾聽的態度,則可充分表達出對孩子的接納與尊重。在親子平日的互動過程中,為人父母者往往可藉由傾聽,來表示對子女的關愛與尊重。父母有時或許不能完全同意孩子的想法、態度或行為,但是若能透過有效傾聽技巧的運用,則可充分表達出對其之接納與重視。父母在面對孩子的溝通過程中,如何才能成功扮演成一個良好的「傾聽者」,則可參酌以下的八項要點來進行(王以仁,2001;2006):

㈠要面對訊息的傳送者,並將自己的身體微微地傾向對方。

㈡溝通過程中經常維持與對方眼睛的接觸。

㈢以點頭或其他不會打斷對方說話的方式,讓他知道我完全了解。

㈣忽略周圍任何會使你分心的刺激,專一於和對方的談話。

㈤隨時以同理的方式,來抓住對方表達的真實情緒。

㈥當有必要時，可要求對方進一步說明與澄清。

㈦必須等到對方的表達告一段落後，才提出自己的回應觀點。

㈧針對訊息傳送者所表達的言語訊息及情緒等是否接收無誤，可以採用摘述的回應方式來加以檢核。

　　國內為人父母者經常只會不停地教導、批評與責怪孩子，而不准孩子有相反意見的表達，同時也往往忽略了自己應具有的「傾聽」技術。閩南語中有一句話，最能貼切地表達這種情形──「小娃仔，只有耳朵可聽而沒有嘴巴來說」。事實上，在良性的雙向溝通過程中，雙方應同時擁有表達說話與積極傾聽（active listening）的權利與義務才是。

二、適當反應

　　當我們在傾聽完了之後，通常會做適當的反應（response）。而在做反應時，我們會從接收訊息者轉換成發送訊息者。在此要來介紹同理的反應（empathic response），並討論有效的溝者所應避免的不適當反應。

　　在同理的反應中，有二項要點須加以把握：㈠要能站在對方的立場，去完全體會他的情緒與感覺；㈡要能以這種體認為基礎，以便做出合宜的反應。

　　另有一種恰當的反應稱之為「反映」（reflecting），係指：當父母藉由傾聽技巧，抓住及明瞭孩子的感受與令他耿耿於懷的事情後，給予孩子適當「回饋」，使其覺得被接納、被了解。反映就像一面鏡子，讓對方藉此能更清楚地看見自己。

　　高明的溝通者有時也會因反應不當而產生問題，但他們在說錯話的時候能很快地察覺而加以修正，也會在未來的溝通中避免再犯相同的錯誤。凡是會導致人們強烈防衛或自尊受傷，以及不能有效達成溝通目標的反應，都屬於不適當的問題反應（problem responses），在溝通中宜盡量避免這類反應的發生。

三、自我坦露

　　在有效的人際或家人溝通過程中，有時亦需要有某種程度的自我坦露

（self-disclosure）。通常自我表露即為分享坦露屬於個人過去的成長經驗、個人的思想與情感。這種表露個人原來不為他人知曉的自我，最能讓對方洞察自己，也可因此拉近二人間的距離。

一般而言，對一個人的認識愈深，喜歡那個人的機會就愈大。然而，自我表露的同時也具有冒險性，因了解太深或過於透明清楚，有時反而讓人受不了。所謂「因誤會而結合，因了解而分開」，不也就是與自我表露有關！

家庭中的親子關係十分密切，父母應可針對適當的主題，在適時適地的情況下對孩子自我表露（例如：在青春期發展中的孩子，常有「性」方面的衝突與困惑）；不但可藉此對孩子產生某些開導作用，亦可作為孩子學習自我表露的最佳楷模，更可由此進一步拉近親子間的距離，實在值得善加利用。

陸　父母要記得在親子互動過程中學習當一名好聽眾

良好的溝通是指能以開放的傾聽態度來接收訊息，亦即可做到專心一意地來聽對方談話。找一個安靜不受干擾的地方，面對面坐下來談話可有助於彼此的溝通，甚至在面對與青春期以上年齡兒女的溝通上，也會有意想不到的功效。通常，一般人習慣於一個勁兒地講而不去聽，他們只關心自己要講的是些什麼，卻沒有真正仔細聽完對方所說的內容。我們常說，溝通應該是一種「發送」與「接收」同時進行的雙向互動過程。

例如：當孩子在小學以前，多半因年紀小又可愛，加上其所學與所知有限，而在主觀意識方面也不強，同時有許多生活所需也得依靠父母來協助才能完成，故親子間的關係自然可以維持得不錯。然而，一旦進入狂飆狀態的青春期以後，親子之間的摩擦及衝突，往往把家中弄得雞犬不寧！然而，青春期是一個人由孩童發展到成年人之間的橋樑，也可說是一個灰色的過渡時期；做父母的要如何成功地帶領與引導家中青少年，確實是一項極為嚴峻的考驗。因為，這個時期的孩子不再像過去那樣的崇拜父母和聽父母的話，他們似乎較能認同於同儕團體的態度、行為與價值觀，甚至會追趕不同的流行。此時父母若不懂得運用傾聽及同理的技巧，親子之間的衝突和對立，就會不

斷發生。因此，聰明的父母實在需要更多的關心與耐心，並得積極去學習成為青春期兒女的好聽眾！

柒　父母對孩子宜多發揮正向的期許作用

日常在親子互動過程中，父母如何去看待與期盼孩子，往往會讓子女朝此方向發展與表達。這就有如在教育心理學中經常提到的「比馬龍效應」（Pygmalion effect），當教師以何種態度對待學生，父母以何種態度對待孩子，則這些學生或孩子就會朝此方向去發展。換句話說，父母如果期待經由親子長期的溝通互動後，孩子能建立正面且自信的自我概念（此一部分請參見本書第二章第三節相關內容），除了應該多運用一些積極正向的語言來鼓勵外，也可透過非語言訊息之行為表達來促成。

以下提出父母可採用的七項非語言正向期待之行為表現：

一、眼神：經常與孩子有直接的眼睛接觸，透出關懷的眼神。

二、面部表情：時常對子女露出自然的微笑。

三、頭部反應：當孩子在說話時，可以適度地以點頭來稱許之。

四、姿勢：經常展現出較開放的接納姿態。

五、聲音：結合音量、音質與頻率來表達溫暖之情，切忌語音單調或不耐煩。

六、彼此身體的距離：父母在家中不論是站著或坐著，都要溫和地靠近孩子。

七、時間的安排：父母要保留適當時間與孩子接觸與溝通，切莫讓其空等待。

第三節　學習召開民主式的家庭會議

在親子與家人的溝通與互動過程中，難免會有些事情期望能聽聽大家不同的意見，或是部分需要凝聚共識的議題，都可透過召開民主式的家庭會議，來達到彼此之間良性的互動和溝通。

家庭會議（family meeting）的舉行，其主要目的在於討論全體家人共同

的想法、建議、委屈、疑問及願望等，同時亦可藉此時機來計畫全家人的娛樂消遣活動，並且分享彼此愉快的經驗及相互間正向之感受。其次，透過家庭會議的召開，可讓家人間彼此能有機會聽到其他成員對於家裡發生之各種爭論及問題的意見，同時亦可增進親子之間良性的互動，並有利於家庭中每位成員在民主素質方面之培養。

其實，今日社會中，不論是地方議會或是中央政府的立法院，經常開會時都是吵吵鬧鬧，更有以三字經或五字經等穢言相互辱罵，甚至是大打出手者亦不算是什麼聳動新聞。何以我們國家的公民素質是如此的普遍低落？這可由從小的平日家庭教育及親子溝通過程，缺乏相互的尊重及基本接納中，得以一窺其蹊蹺之所在。

因此，定期召開家庭會議的聚集，也提供了機會來建立全家一起遵守的規則，達成重要的共同決策。藉此亦可表揚家裡的好人好事，指出個別成員的優點，進而增加家庭的和諧度。同時，應把握定期舉行家庭會議的原則，促使全家每一成員對此均有明確的承諾，願意共同分享或分擔家裡的相關事宜。而家庭會議的時間也應對每一位成員都是方便的，如果有任何成員決定不參加家庭會議，必須接受缺席帶來的合理行為後果。

召開家庭會議是阿德勒學派針對教育父母的主要貢獻之一，透過此一方式可增進親子之間彼此的了解與接納，並改善親子間的關係（李茂興譯，1996）。同時，家庭中若能實施家庭會議，不但可以增進親子之間的溝通，並由其中學會相互尊重其他家庭成員，且增進溝通、協調能力及對自己行為負責的機會，強化個體適應社會生活及符應人際社會關係之要求。

壹　召開家庭會議的基本原則

針對家庭會議的召開，歸納出以下八點的基本指導原則（王以仁、林本喬、鄭翠娟，1996；陳淑惠、王慧姚編譯，1984）：

一、定期舉行會議、把握時效

　　何時或是間隔多久召開一次家庭會議，應該有一個共同的約定，以便每位成員都能事先預做安排，並且可以預期什麼時候會討論到他認為相當重要的問題。當然，每次家庭會議所需的時間，應維持在一小時以內為原則，但針對年幼的孩童則不宜超過三十分鐘。

二、家庭會議的內容要有變化

　　開會最忌諱的是往往流於表面形式，每次家庭會議要能盡量把握重點；依實際需要分別可以採用鼓勵表揚、家規訂定或修正、計畫全家旅遊或休閒活動，作為不同家庭會議的進行重點，才不會使家中成員對家庭會議產生冷感。

三、全家輪流當主席共同負責

　　一般而言，父母可以先當主席以示範會議的正規程序，而後再與孩子們一起計畫全家如何輪流當主席。當主席者須依照事先約定的時間開始和結束會議，且使所有的相關意見都有機會表達出來；只要已入學的孩童，在成人的指導之下足以勝任家庭會議的主席角色。

四、共同訂定並遵守議事規則

　　任何會議都須有其議事規則，包括：發言時間長短的規定，不同的看法時如何折衷或表決，針對拒絕出席家庭會議或無故遲到的成員如何處置等方面。通常家庭會議的議事規則可比照一般性會議的規定，特別的議事規則可由與會的全體成員共同訂定，同時在家庭會議中要能遵守相關之議事規則。

五、尊重每位成員的自我表達

　　在家庭會議中，每位家人在能遵守議事規則的前提下，均能充分享有自我表達的權利；對於正在討論的問題，每個成員都有機會提出個人的意見。

尤其當孩子發言時，父母應予以尊重，不宜再加上自己的說明或修改。特別是在早期開始實施家庭會議中，父母應讓孩子有機會完整地表示意見而不被打斷，這是很重要的基本原則。一旦民主的氣氛建立起來後，彼此才能更活潑、有生氣地在家庭會議中產生良性的互動。

六、家庭會議中若無法達成共識時可採多數決

家庭會議當中所討論的任何一項議案，若無法達到全體家人完全一致同意者，最後可考慮以投票方式來議決，但仍須遵守吾人常論到的「少數服從多數，多數尊重少數」原則。

七、家庭會議的決議應大家遵守

家庭會議所決定的任何協議或決議，到下一次召開家庭會議以前都是有效的。當孩子們不遵守協議時，父母可以運用自然合理的行為後果等方式來加以處理。當然，父母同時也應以身作則，確實遵守對家庭會議所做的決議與任何相關之承諾。

八、家庭會議應有完整的紀錄

如此可使家庭會議中的討論重點、計畫與決議留下一份紀錄，且每次公布上次的會議紀錄，有助於提醒家庭成員已經達成的協議及承諾。記錄的角色如同主席一樣，可由家人輪流擔任（年齡太小而無法擔任記錄的幼兒可免）。

貳 家庭會議的功能及其實施步驟

以下針對家庭會議所能發揮之功能、實施步驟及其相關的注意要點，一一敘述說明如後（王以仁、林本喬、鄭翠娟、呂奕熹，1993）：

一、家庭會議具備的六項功能

㈠聽到家人彼此的意見。

㈡公平分派該做的家事。

㈢計畫全家的消遣娛樂。

㈣彼此相互表達正向的感受與鼓勵。

㈤表達個人的想法、願望、疑問和牢騷。

㈥解決家人之間的衝突，處理家中一再發生的爭論與問題。

二、召開家庭會議的主要內容與步驟

㈠宣讀前次的會議紀錄，回顧前次會議的討論主題及其決議（會議開始可先唱家歌）。

㈡討論前次會議留下來尚未解決的問題，以及需要加以修改的決議。

㈢表揚家庭中發生的好人好事。

㈣討論新的主題與事務，並計畫全家的消遣娛樂或旅遊。

㈤總結所討論的要點做成決議，並清楚地徵得全家人實際實行的承諾。

三、家庭會議召開之注意要點

㈠計畫每次開會所需要的時間，按照事先約定來開會，並應留出時間來表揚家庭中發生的優異表現，給予彼此成員機會去相互鼓勵。原則上每月固定召開　次會議。

㈡家庭會議所有參加的成員一律平等，可輪流擔任會議主席及記錄；且人人均應遵守會議達成的協議。

㈢家庭會議是一個解決問題的資源，應將重點放在全家可以做些什麼，而非要求某一個成員應該做什麼；家庭會議的目標在於增進溝通與達成協議。

㈣在家庭會議中，父母應多利用溝通技巧中之反映、傾聽及「我……」的語氣等技巧，使孩子能學習以更有效的方法與人溝通。

參　學習嘗試召開家庭會議

　　任何事情或良好的意見，都宜採「坐而言，不如起而行」的積極態度！筆者在此提出個人多年來的相關經驗與看法，作為國人實施家庭會議的參考。家庭會議在我家二個孩子青少年成長階段，實施了將近七、八年之久，基本上的成效還相當良好，當然其中也曾中斷過一段時間；本人覺得最重要的是能有規律地按時召開家庭會議，且成員能共同一致投入會議之中，並能維持有民主尊重的會議氣氛。

　　本人家中最初進行的家庭會議，係配合著基督教家庭崇拜聚會來共同進行；每個月原則上會有二次家庭聚會，也就是同時召開二次的家庭會議，通常會利用週末或假日時間進行，由各次輪值主席來做相關議程與內容之安排，而主席則由家中四位成員輪流擔任。整個的過程大約四十分鐘到一個小時，前半段是家庭聚會（有唱詩、讀聖經、彼此分享與互相代禱），後半段則參考前述相關內容來召開家庭會議。經過數年來的努力，配合家庭崇拜聚會與家庭會議的共同舉行，在本人家中確實發揮了不小的親子溝通成效；深切期盼能有更多的國內家庭，也能嘗試召開民主式的家庭會議，必可進一步地增進家中親子間良性的互動關係。

　　「父職」通常僅指父親與孩童的關係而已，這使得親職角色的認定上，有很大的不同。再加上傳統上一直將母親的角色視為女人的天職，這種母職天賦的迷思，使得母親就算外出就業，其撫育子女的工作和家務處理的工作並不會因而減少；相對的，父親選擇性地幫忙照顧子女，卻被視為「新好男人」的表現。

　　「母職」是指作為母親的實際行為，及其衍生出來的社會性印象中作為母親或代理母親者，所應扮演的角色或實際從事的相關事務。「母職」這兩個字，從字面上的意思來看就是母親的職責，「職」代表管理某些事物的意思，亦即有職務要執行，因此也表示一種「負擔」，如果有虧職守的時候，就必須扛起責任來，所以，母職即可視為女人成為母親之後所扮演的角色內涵總和。

　　「子職」是指子女對父母所應盡的職責，也可以說是子女在家庭中，對父母所應盡或所擔負的職責及其所表現之行為的總和。家庭中的每一個成員皆有其應扮演之家庭角色，及其應發揮之功能和應盡的權利義務，而子職角色亦是如此。在中國社會中與子女職責相似的概念是「孝道」，子女職責所呈現的是孩子對父母所能盡到的部分責任，孝道則包括對子女更高標準的要求，因此，盡到子女職責也是盡孝道的一部分。子女是一種社會角色，因而子職就是子女善盡其職分之道。

　　孝道具有四種層次：(1)孝的原則：透過這些原則，才能知道怎樣才算是孝順；(2)孝的意願：是指善待父母的意願，也就是孝忱、孝念與孝思；(3)孝的能力：擁有孝的能力才能進一步去執行孝的行為，如果缺乏孝的能力便無法完成孝的行為；(4)孝的行為：子女表達孝意的行動，也就是孝意真正的實踐方式。

　　從社會心理學的觀點來看，孝道的心理內容又可分為三個層次：(1)孝的認知層次（孝知）：身為子女者對父母及其相關事物的良好認識、了解，即

為信念的部分；(2)孝的情感層次（孝感）：身為子女者對父母及其相關事物的良好情緒與感受（以敬與愛為主）；(3)孝的意志層次（孝意）：身為子女，對父母及其相關事物的良好行為意向或反應傾向。在談及子女職責應該要注重子職事件的部分，唯有將子職認知與子職實踐融合一起，才能算是真正盡到子女職責，而善盡個人之孝道。事實上，人人可以成為孝子，讓子女都能提升其子職認知，而後善盡子職則非難事，是一般人都可以盡本分做到的。

Duvell 於一九七九年在家庭生命週期中的劃分方式，是以最大子女生長過程及教育過程來作為階段的分期，共分為八個階段，每一階段有其特有的需求與任務，完成每一階段的發展任務，才能順利進入下一階段，否則家庭會受到明顯的影響甚至瓦解，而影響家庭中的每個成員。也就是說，每個階段都有其發展重點，需要家庭內所有成員配合，運用各種方式去克服問題。

在有效的親子和家人溝通過程中，要特別重視三方面的技巧，並能懂得如何去同時設法加以掌握，此三項分別是：(1)認真的傾聽；(2)適當地反應；(3)適度地自我坦露。

面對孩子的問題，一般父母常會扮演七種傳統角色，以至於影響到親子間溝通的通暢，這七種角色包括：指揮官的角色、道德家的角色、萬能者的角色、法官的角色、批評者的角色、安慰者的角色及心理學者的角色。同時，在親子溝通過程中，也有些父母不免會說一些重話以達管教之目的，而這些說者無心的負向語言，卻往往造成孩子長久的負面影響。

以下九個技巧會有助於親子間由爭執中凝聚力量，而使爭執成為一種有效而非破壞性的溝通，包括：(1)傾聽；(2)彼此坦誠；(3)使用「我訊息」的敘述句並避免攻擊；(4)給予回饋並加以核對；(5)謹慎選擇爭執的時間與地點；(6)把憤怒放在特定的議題上；(7)清楚爭執的原因；(8)有意願做自我改變；(9)不要抱持「非贏不可」的心態。

父母對孩子宜多發揮正向期許作用，就如在教育心理學中常提到的「比馬龍效應」，父母以何種態度對待孩子，則孩子就會朝此方向去發展。父母如果期待經由親子長期的溝通互動後，孩子能建立正面且自信的自我概念，除了應該多運用一些積極正向的語言來鼓勵外，也可透過非語言訊息之行為

表達來促成，包括：眼睛接觸、面部露出自然地微笑、適度的點頭、展現較開放的接納姿態、結合音量音質與頻率來溫暖表達、溫和地靠近孩子，及保留適當時間與孩子接觸。

　　在親子與家人的溝通與互動過程中，難免會有些事情須聽聽大家不同的意見，或是部分得凝聚共識的議題，都可透過召開民主式的家庭會議，來達到彼此之間良性的互動和溝通。家庭會議的舉行，主要目的在於討論全體家人共同的想法、建議、委屈、疑問及願望等，同時亦可藉此來計畫全家人的娛樂休閒活動，並且分享彼此愉快的經驗及相互間正向之感受。其次，透過家庭會議的召開，可讓家人間彼此能有機會聽到其他成員對於家裡發生各種爭論及問題的意見，同時亦可增進親子之間良性互動，並有利於家庭中每位成員在民主素質方面之培養。

　　家庭會議的召開有以下八點基本指導原則：(1)定期舉行會議、把握時效；(2)家庭會議的內容要有變化；(3)全家輪流當主席共同負責；(4)共同訂定並遵守議事規則；(5)尊重每位成員的自我表達；(6)家庭會議中若無法達成共識時可採多數決；(7)家庭會議的決議應大家遵守；(8)家庭會議應有完整的紀錄。

班級／小團體活動

※「家庭萬象」的分享活動。

活動名稱：家庭萬象。

活動成員：同班、同寢室或修課同學，以 5-8 人分為一組來進行。

活動時間：40-50 分鐘。

活動方式：一、針對每位成員發給他一張白紙，請他在紙上寫下一句話、一
　　　　　　　　段描述、一種比喻、一種象徵代表物，來說明、描述自己的
　　　　　　　　家庭。

　　　　　　二、當組內成員都寫完之後，再一一邀請每位成員來說明或分享
　　　　　　　　方才所寫的內容，並相互回饋。

　　　　　　三、最後，再請各組分別整理出「家庭」的主要概念，及親子間
　　　　　　　　互動溝通的不同方式。

本章習題

一、親職（父職、母職）與子職之間有何關聯？其彼此之間應如何互動，方
　　能收到較佳之成效？請分別敘明探究之。

二、現代人應如何看待「孝道」？請以你個人身為人子的角度，探討在與父
　　母互動過程中，如何善盡孝道。

三、在親子互動溝通過程中，常出現哪些障礙與衝突？試以你個人親身的經
　　驗來舉例說明之。

四、請針對本章第二節所列之一般父母常會扮演影響到親子間溝通的七種傳
　　統角色，就你的家中而言，較常出現者有哪幾項？請具體加以說明之。

五、試擬定一份在你家中召開家庭會議的整體規畫書？並評估其真正實施的
　　可行性及成效為何？

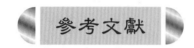

參考文獻

一、中文部分

王以仁（2000）：家庭生命週期與家庭教育。載於中華民國家庭教育學會主
　　編，**家庭教育學**（頁 79-93）。台北：師大書苑。

王以仁（2001）：親子關係及家人間的溝通技巧。載於王以仁主編，**婚姻與
　　家庭生活之適應**（頁 235-267）。台北：心理出版社。

王以仁（2006）：家庭的衝突與有效溝通。載於陳瑞忠主編，**營造溫馨家園**
　　（頁 3-18）。高雄：高雄縣政府。

王以仁、林本喬、鄭翠娟（1996）：國小親職教育小團體輔導方案之研究。
　　嘉義師院學報，10，83-118。

王以仁、林本喬、鄭翠娟、呂奕熹（1993）：**以小團體互動方式進行國小學
　　童稱職父母的系統訓練方案之研究**。行政院國科會補助專案研究報告。

王舒芸（1996）：**現代奶爸難為乎？雙工作家庭中父職角色之初探**。未出版
　　之碩士論文，國立台灣大學社會學研究所，台北。

王叢桂（2000）：促進參與父職因素的探討。**應用心理學，6**（夏），
　　131-171。

朱崑中（1996）：**青少年所知覺的親子溝通與其自我觀念、生活適應之相關
　　研究**。未出版之碩士論文，國立彰化師範大學輔導學研究所，彰化。

李茂興譯（1996）：**諮商與心理治療的理論與實務**。台北：揚智文化公司。

杜宜展（2004）：**父職參與意願、參與行為、參與感受及其相關因素之研究**。
　　未出版之博士論文，國立台南師範學院國民教育研究所，台南。

林玉慈（1998）：**親子溝通品質與青少年生活適應、偏差行為之相關研究**。
　　未出版之碩士論文，國立政治大學教育研究所，台北。

林良姿（1991）：**親子溝通型態對兒童焦慮之研究**。未出版之碩士論文，私
　　立中國文化大學兒童福利研究所，台北。

邱清泰（1979）：從夫妻的溝通問題看促進親子溝通的方法。**張老師月刊，3**(1)，50-52。

周婉湘（1990）：**父母以負向言語管教之情境及孩子的因應策略**。未出版之碩士論文，國立台灣大學心理學研究所，台北。

陳淑惠、王慧姚編譯（1984）：**父母難為——稱職父母的系統訓練**。台北：大洋出版社。

陳靜雁（2003）：**單親母親之母職經驗與內涵**。未出版之碩士論文，國立暨南國際大學社會政策與社會工作學系，南投。

馬傳鎮（1982）：少年犯罪心理學理論之探討。**警學叢刊，14**(1)，73-78。

黃春枝（1980）：**親子關係適應量表指導手冊**。台北：正昇出版社。

黃怡瑾（2002）：雙薪家庭中男性參與親職主觀經驗之探究。**台南師院學報，35**，313-337。

黃郁婷（1995）：**親子溝通、因應方式與老年人幸福感之關係**。未出版之碩士論文，私立中國文化大學家政研究所，台北。

黃惠真譯（1994）：**發展心理學**。台北：桂冠圖書公司。

楊國樞（1978）：以實踐「新孝道與新慈道」來追思總統蔣公的千秋德範。**自由青年，59**(4)，41-46。

楊國樞、葉光輝、黃灑莉（1988）：孝道的社會態度與行為——理論與測量。**中央研究院民族學研究所集刊，65**，171-227。

葉光輝（1997）。台灣民眾之孝道觀念的變遷情形：載於：**九〇年代的台灣社會：社會變遷基本調查研究系列二**（頁 171-214）。台北：中央研究院社會學研究所籌備處。

詹棟樑（1983）：親職教育理論探討。輯於中國教育學會主編，**親職教育研究**。台北：華欣出版社。

廖榮利（1991）：父母協助青少年子女成長。**今日生活，301**，63-65。

蔡嫈娟（2004）：**大學生子職知覺、親職化與子職實踐之相關研究**。未出版之碩士論文，國立嘉義大學家庭教育研究所，嘉義。

蔡麗玲（1997）：**母職作為女性主義實踐**。未出版之碩士論文，國立清華大

學社會人類學研究所，新竹。

鍾思嘉（2004）：**親職教育**。台北：桂冠圖書公司。

二、英文部分

Bigner, J. J. (1994). *Individual and family development: A life-span interdisciplinary approach.* Englewood Cliffs, NJ: Prentice Hall.

Daly, K. J. (1995). Reshaping fatherhood: Finding the models. In W. Marsiglio (Ed.), *Fatherhood: Contemporary theory, research, and social policy* (pp.21-40). California: Sage.

Duvall, E. M. (1977). *Marriage and family development* (5th ed.). Philadelphia: Lippincott.

Lamanna, M. A. & Riedmann, A. (1994). *Marriages and families: Making choices and facing change* (5th ed.). Belmont, CA: Wadsworth.

Lamb, M. E. (1981). *The roles of the father in child development.* New York: Wiley.

Lamb, M. E. (1997). Father and child development: An introductory and guide. In M. E. Lamb (3rd ed.), *The role of father in child development* (ch.1). New York: Wiley.

Marsiglio, W. (1991). Paternal engagement activities with minor children. *Journal of Marriage and the Family, 53,* 973-986.

Moschis, G. P. (1985).The role of family communication in consumer socialization of children and adolescent. *Journal of Consumer Reasearch, 11,* 898-913.

Olson, D. H., McCubbin, H. I., Barnes, H. L., Larsen, A. S. Muxen, M. J., & Wilson, M. A. (1983). *Families: What makes them work.* California: Beverly Hills.

Palan, K. M. (1998). Relationships between family communication and consumer activities of adolescent: An exploratory study. *Journal of Marketing Science, 26* (4), 338-349.

Satir, V. M. (1972). *Peoplemaking.* Palo Alto, CA: Science & Behavior.

Sung, K. T. (1998). An exploration of actions of filial piety. *Journal of Aging Studies, 12,* 287-369.

第八章

夫妻關係與互動

◎本章學習目標◎

- 婚姻中有哪三層基本的內涵？
- 夫妻婚姻中的九項主要特質為何？
- 家事分工理論有哪四種論述？
- 女性所以願意自動自發做家事的原因為何？
- 現代「新好男人」在家事與工作上與以往有何差異？
- 夫妻在性方面溝通上常出現哪四項障礙？
- 在婚姻中性關係滿意度提升上有哪些建議？
- 婚姻中須調適的範圍可包含哪五方面？
- 不快樂夫妻具有的五項特色為何？
- 婚姻中增進夫妻彼此溝通的技巧可包括哪五方面？

 報紙投書

夫妻同甘共苦，一起打拚？

日昨由新聞中得知，高雄市某婦人因丈夫在大陸包二奶，並決定下個月返台和她辦理離婚，且在大陸的二奶更連續發了四通簡訊給她，喧賓奪主地要她讓位，終於擊潰其理智而帶著兩名稚子燒炭自殺，造成又一椿的家庭悲劇。

其實在許多台商紛紛西進大陸以來，有關包二奶或有了新歡而拋棄舊愛的新聞，就不斷地在發生中。台商隻身在大陸工作，競爭激烈、壓力也大，再加上孤單、寂寞，且有諸多的引誘之下，能不出問題者著實少見。

我從小就在教會進出，看到許多國外的宣教士來台灣傳教，幾乎都是夫婦二人同進同出。我甚至有機會曾經親口問過一位宣教士這方面的相關問題，他直接告訴我，若丈夫要離開本國三個月以上，太太一定要設法同行才是！

反觀目前台商赴大陸時，妻子長期隨伴的比例不高，探究其主要原因不外乎是節省經費的考量、孩子的教育問題、婆家或娘家需要有人照顧、不習慣到大陸生活等。仔細想想，若真的在意夫妻的感情與關照，哪一項困難是絕對無法克服者？說實在的，凡是多花錢或時間就可以解決的事，千萬不要捨不得，要知道有時錢財真如糞土般地毫無用處；倘若往後真出了什麼問題，將自己辛苦節省下來的大把錢財供其他人花用（如外遇第三者），那才真的不划算呢！

夫妻之間原本就應該同甘共苦來一起打拚，將來若是事業有成，則是二人共同努力所獲得之成就；即便遭遇到重大的挫敗打擊，也可彼此安慰或相互扶持！千萬別隨意地掉以輕心，任由另一半單獨在異地他鄉獨自奮鬥；要能警覺到人的需求與感情生活之變化，是很容易受到時空環境改變的影響！《聖經》中也有相關的提醒，在哥林多前書七章五節：「夫妻不可彼此虧負，除非兩相情願暫時分房，為要專心禱告方可，以後仍要同房，免得撒旦趁著你們情不自禁，引誘你們。」當外遇已經發生，且感情也隨之變質時，再想努力去挽回什麼，恐怕都屬於不可能的任務啦！（本文係本書作者在 2007.05.22，發表於《基督教論壇報》第 3 版「新聞短打」）

由上述文章中可以得知，夫妻本是兩情相悅而結合的「生命共同體」，在數十年人生黃金歲月的奮鬥中，應該是同甘共苦地一起打拚，同時亦該做到「有福同享，有難同擔」。然而，實際的夫妻關係與婚姻生活卻不見得如此樂觀，內有家務瑣事與金錢費用的煩心，外有工作壓力和諸多誘惑的困擾。故在本章中，將分別針對婚姻中的夫妻互動與家事分工、親密而良好的配偶關係、改善溝通方式來營造美好婚姻生活等三方面，來深入探究夫妻二人之間的溝通與互動關係。

第一節　婚姻中的夫妻互動與家事分工

壹、婚姻的內涵及其功能

婚姻的意義往往會因個人觀點的不同，而有不盡相同的論點。國內學者歸納出婚姻中基本的三層內涵如下（彭懷真，1996；簡春安，1996）：

一、婚姻是一種公開宣告最親密的兩性關係。

二、婚姻是一種動態關係，男女雙方需要經常學習獨立、相互平衡，並扮演適當的角色行為，好讓彼此間的感情可以禁得起考驗。

三、婚姻關係中男女雙方可以享受自我、法律及社會認定之歸屬感，但是二人也必須為此歸屬感負責。

Broderick 於一九八四年曾詳細地列出夫妻婚姻的九項主要特質（葉肅科，2000；藍采風，1996）：

一、婚姻是一種人口事件，並構成一個社會單位。

二、婚姻是兩個家庭及其相關社會網絡的結合。

三、婚姻是一種配偶與政府之間的法定契約。

四、婚姻是一種經濟的結合體。

五、婚姻是一種兩性成人間同居的最普遍模式。

六、婚姻是人類性行為最常發生的地方。

七、婚姻是一種生兒育女的基本單位。

八、婚姻是提供子女社會化的重要單位。

九、婚姻提供一種發展親密關係與分享人生經驗的機會。

　　婚姻可說是一種社會體制下的基本單位，其功能主要有以下五方面（宋鎮照，1997；黃德祥，1997）：

一、繁衍的功能：經由婚姻制度生兒育女，使種族得以延續下去。

二、性需求功能：透過婚姻制度可合法滿足性需求，並可防止性關係混亂。

三、經濟的功能：婚姻的建立就是財產的共享，也是維持家庭生活之基礎。

四、心理的功能：透過婚姻可滿足人類愛情的需求，也可形成生命共同體。

五、社會的功能：透過婚姻維持夫妻雙方的社會地位，或經由婚姻達成某些
　　目標。

貳　家事分工的相關理論

　　日常生活中的做家事並非是一項令人喜歡的工作，而且和有酬勞的工作比起來，做家事既缺少內在動機亦無外在誘因。所以無論是男性或女性，對做家事總持著觀望或望之卻步的態度。做家事通常是不支薪又單調乏味的工作，但因傳統「男主外，女主內」的角色觀念，家庭管理似乎必然成為女性的職責所在，而無所謂家事分工的問題。然而，隨著愈來愈多的女性投入就業市場，以及教育程度的提高，許多女性在兼負內外雙重壓力的同時，亦開始思考此種傳統分工方式的不平等。關於家事分工的理論，主要有以下四種論述（轉引自王以仁主編，2001）：

一、衝突理論的觀點

　　「誰應該做家事」此議題清楚指出家庭內男女利益的衝突。假設夫妻雙方都想擁有一舒適整潔的家，但也都想外出工作，甚至丈夫也非常贊同妻子能外出工作賺錢或實現她的理想。然而，為什麼大部分做家事的責任仍是落

在妻子的身上？根據分析，因為男人擁有較大的權力，享有較高的地位及高薪，所以，在家也掌有較多的權力而可以選擇不做家事。因此，即使夫妻雙方都相信應共同分擔家庭內的事務，但許多妻子仍背負家事工作的重擔，而且傳統所持「男主外，女主內」的兩性分工模式，更使家事自然而然成為女性的工作。

二、理性的投資觀點

由於夫妻雙方希望花在工作與家庭的時間及精力能得到最大的經濟效益，所以在工作上較有效率的人，花在家事的時間相對可以較少。而外出工作時間較長的人，因可花在做家事上的時間也較短，因此做的家事也較少。

三、意識型態的觀點

文化期待是影響男女在家事分工及分配時間的重要原因。研究顯示，教育程度較高的男性較願意和妻子分擔家事，因為教育程度愈高者受到傳統性別刻板印象的影響較少。由於傳統「男主外，女主內」的觀念仍是社會的主流，因此，女生在社會化的過程中比男生做更多的家事，且家事分工仍受到男女特質的影響。如鋪床和換尿布會被視為妻子的工作，而丈夫則負責修護及處理庭院的工作。

四、資源理論的觀點

資源較多的一方往往有較大的權力，而且花在做家事的時間也較少。當一方提供的資源超出另一方所提供的價值時，另一方將提供等值的物質、勞力或感情等以平衡此一關係。因此，擁有較多資源的一方，往往可要求另一方提供相對的資源以補足不平等的關係。應用於家事工作上，收入較高或資源較多的一方，因具有較大的協商決定權，所以，他可利用此一資源優勢要求另一方做較多的家事；反之，資源愈少的一方因無法提供其有利的資源以換取另一方的勞力服務，故須花較多的時間在家事工作上。

基本上，理性的投資觀點和資源理論所強調的不是傳統性別的分工方式，

它們認為配偶間付出較多的時間在工作的人，花費在家事的時間就可以比較少。由於受到社會期待的影響，丈夫通常寧願投資較多的時間在事業上，加上社會對男女資源分配不均的結果，在婚姻關係中，丈夫常比妻子擁有更高的權力及地位，同時也較常拒絕做家事（Coverman, 1985）。

參 家事分工的多方考量

　　僅管在做家事的分配上，現代夫妻已經比較能夠接受分工合作的觀念，但實際上，妻子仍負擔大部分的家事責任，即使妻子為全職外出工作者。由下列表 8-1 發現（引自 Shelton, 1992），職業婦女平均每星期花在家事的時間約為三十八小時，較丈夫所花的二十二小時高出許多。對女人而言，婚姻生活更使女性花在家事的工作時間增加至每星期四十二小時。而家中子女數對女性在做家事的時間影響上，往往比對男性來得大，例如：擁有兩個以上子女的妻子比丈夫更是花超過二十七小時的時間在家事上。這似乎也說明了社會在追求工作、薪資及法律地位等兩性平等的同時，卻忽略了最基本的家庭生活中的平等。在婚姻初期，丈夫有可能會幫忙清掃、煮飯、買東西或送洗衣物，而當孩子出生，以及隨著日常生活的需求增多，做家事也漸漸成為妻子單方面的工作。無論丈夫最後對做家事是抱持何種想法，的確需要花費數年的時間努力溝通，才能讓丈夫扭轉做家事是女人專屬事務的不公平觀念。

　　對所有夫妻來說，家事的公平分配是一件很重要的事。然而，為什麼結婚後的女性，家事工作量大增，而男性反而減少？對已婚的女性來說，孩子的出生可能是家事工作量增加的原因，除此之外，女性的內在動機，對婚姻及組織家庭的感受也是一大影響因素。不可否認，每對夫妻的情況皆不相同，而影響夫妻間對家事分工的因素也不同，但也有一些共同因素可供參考，如：教育、收入、性別態度，以及孩子的年齡。舉例來說，妻子的教育程度及收入愈高，則做的家事較少；對性別角色比較持傳統觀點的夫妻，在家事分工上也愈不平等；擁有年紀愈小的孩子，妻子所做的家事也相對比丈夫來得多。

表 8-1　雙薪夫妻每人每星期花在家事的時間／婚姻狀況／子女數

	男	女	男性花在家事時間上占女性的百分比
平均（小時／週）	22	38	58%
婚姻狀況			
已婚	22	42	52%
未婚	22	32	69%
子女數			
無	19	28	68%
一個	26	44	59%
二個以上	24	51	47%

資料來源：引自 Shelton（1992）。

　　Pittman 和 Blanchard（1996）發現，年紀較長才結婚的女性所做的家事會比較少，是因為這些女性擁有的孩子數較少；另一個原因則是，這些女性原本就有一份工作，並在婚後仍持續地投入職場中，因此觀之，女性就業對男性而言，應是增加了丈夫幫忙做家事的工作量。然而事實上，對很多投入職場的全時女性來說，卻仍然要做大部分的家事，除非妻子在其性別態度上非常傳統，或其所屬的工作是兼職性質，否則丈夫對家事的低參與感往往會形成對妻子在心理上的不支持（Pina & Bengtson, 1993）。

　　其實，在家事的處理上，女性是很難跳脫社會規範的，做家事常被視為是對家庭的付出和照顧。某些女性之所以能享受做家事，主要是因為它有一個強大的動力資源，即家務管理者能使家庭成員心裡所想的和計畫一一獲得實現。僅管女性在教育及收入漸漸與男性取得一定地位，然而在家事分工卻仍呈現不均衡狀態。因此，雖然女性認為這種情況是不公平的，卻也不會造成婚姻的衝突，或許由很多家庭理論用來解釋女性之所以願意自動自發地做家事的原因，可以找到的答案如下：

一、因為女性在家事管理中擁有高度價值感，可以從家事中，決定哪些事該

227

做、誰該做。

二、比起共同分擔和分派家事而言，女性可以比較不須商議和妥協。

三、女性比男性更重視家庭的功能與和諧。

四、女性對傳統性別認同感較高，容易將自己界定在家事管理和照顧孩子的角色。因此，她們的責任是無形的，也就無法像工作一般來下定義。

就家事分工的範圍而言，近來研究指出妻子仍是大量家事工作的最主要分擔者，據相關的研究發現，職業婦女每星期仍分配三十一個小時的時間在家事工作上（不包括照顧小孩），而她們的先生平均每週只花十五個小時在家事工作上；家庭主婦平均一週花四十二個小時在家事工作上，她的先生每週卻只花十二小時在家事工作上（轉引自王以仁主編，2001）。由此可知，要兩性在家事分工上完全達到均等的狀況，可能還要等一些時日才行。同時，目前妻子仍大多數是做所謂的女人的工作（women's work），像是煮飯、打掃，而他的先生則繼續做傳統男人的家中雜物之工作（men chores），譬如，車子的維修及戶外的庭院花木整理。

無論如何，家事工作存在著許多職場上所沒有的附加壓力，如：瑣碎、沒有地位，及似乎無所事事的感覺。因此，那些不大參與做家事的男性應該以一種肯定的態度來支持其配偶，並應多方給予妻子讚美和鼓勵。

肆 家事宜透過溝通來分工

所謂「家事」就是家中瑣瑣碎碎的事物，原本就應該由全體家庭成員來分攤才是。若是就所占比例最高的「核心家庭」而言，當孩子未出生或年紀還又小時，家事就只有依靠夫妻二人來共同完成。如何才是公平合理且適當的家事分配呢？這就得透過夫妻之間良性的溝通與協調來為之！公平合宜的家事分工並不僅是把所有家務工作平均分成兩半再由抽籤來決定。

夫妻之間家事的分配除考慮個人才幹、興趣與專長外，還須計算個人空暇時間多寡、上班地點遠近，及職務工作壓力的大小。換句話說，家事分工必須質量並重，更要能彼此多體諒與發揮同理心才是！記得，作者結婚後最

初十年間已經在大學任教職，但因為孩子年幼且太太擔職軍訓教官，早出晚歸，且經常會輪值住校過夜，因而洗碗、洗衣、幫孩子洗澡、陪孩子睡覺前講故事等，都由我一手包辦，不僅不覺勞累，更甘之如飴；因為婚姻與家庭原是夫妻二人所共同營造者！

現今某些男性已漸漸揚棄把工作成就當作是成功的最終指標這種觀念。願意選擇比較不具有競爭性的工作，而可以把較多時間花在陪伴家人身上的「新好男人」，通常是把家人的需求看得比個人事業成功來得更重要的人。然而，有一些男性仍堅持在工作與家庭中抗爭到底，但是盡量減少工作的時間，以期有更多時間參與家庭活動。

許多男性往往受限於社會規範，認為必須賺比妻子更多的金錢，而無法有更多時間來陪伴家人。即使男性的價值觀想把家庭擺在第一位，基於整個家庭的利益及經濟考量，多數仍鼓勵丈夫把時間投注在事業上，而不在家事分工方面斤斤計較。可見社會規範的限制對兩性在家庭分工之選擇，仍具有相當大的影響力。

第二節　親密而良好的配偶關係

即便目前台灣的離婚率偏高，婚姻外遇的狀況層出不窮，甚至有人高喊「一夫一妻婚姻制度」已經過時，不再適合於現代人的需要，然而相愛的情侶步入結婚禮堂之路者仍不絕於途！其實，婚姻之道如人飲水冷暖自知，在愛情神話與婚姻的幻覺下，各人其在內心深處自有一幅幸福婚姻的藍圖，然而在實際夫妻日常生活相處中，是否能認真地扮演屬於自己應有的角色？俗語說：「婚姻非同兒戲」！有些人形容結婚的情形就有如圍牆一樣，在牆外的人急欲進入裡面一探究竟，而身處圍牆內的人卻想翻出牆去呼吸不一樣的空氣。

如何維繫夫妻間的親密關係永遠是一個熱門話題，因為有些人在婚姻關係中，雖身歷其境卻手足無措而茫然無所從，尤其是在「性的需求與滿足」

方面，國人對此一事大都是難以啟齒的，但這卻是影響夫妻關係是否良好的重要因素。若你願意認真看待自己的婚姻，務必誠心地反問自己，在婚姻關係中你做了什麼？讓你目前的婚姻成為什麼樣子？是否符合你當初所預期的樣子呢？

壹　親密關係與婚姻

雖然大多數的夫妻是在具有親密關係下而結婚，但難以完全證明夫妻結婚是為了親密關係，或因為親密關係而使他們停留在婚姻中。有些夫妻選擇結婚是因為他們已經建立了親密關係，且為了獲取結婚可能的優勢；有些人是在婚姻的過程中才陸續發展出親密關係；也有許多夫妻在結婚初期就喪失了親密，但仍然繼續維持婚姻；另有些人即使已結婚或仍停留在婚姻關係中，卻從來沒有發展過親密關係。例如：有些妻子在婚姻關係中與其分享最內心深處秘密的人並不是她的先生，而是她的同性朋友（Thompson & Walker, 1989），因此，並不是所有的婚姻都會感受到親密關係。

貳　婚姻中的性關係

在婚姻關係中性是不可忽略的一環，婚姻生活與性生活兩者之間息息相關，性在婚姻中扮演著十分吃重的角色。針對此一重要課題，一一論述於後：

一、性生活的重要性

Goodman 提及（引自陽琪、陽琬譯，1995）：「性在大多數有承諾的羅曼蒂克關係中是一項很重要的事件。」對許多人而言，性活動不僅可帶來感官上的愉悅，更可促進彼此的溝通與親密感。在性的肉體層面，如碰觸、愛撫、親吻、做愛等，大多是非語言溝通的形式，而對於能產生深度愉悅感的性，則有賴於雙方的親密程度，這種親密感更能促進伴隨著性行為而來的微妙溝通。許多人表示他們之所以進行性行為，是因為這是一種可以接觸他人

的方法，而無須借助語言來表達自己的感情。

二、婚姻關係與性生活之交互作用

有不少證據可以說明，婚姻的滿意情形與其性關係的滿意度之間有頗高的相關（王以仁主編，2001）。而 Hunt 於一九七四年研究發現，當配偶的婚姻關係愈親密時，則較有可能對其性生活有高比例的滿意程度（參見圖8-1）。

因此，有良好的性關係亦傾向會有良好的婚姻關係。當然，在此很難去解釋何者為因？何者為果？但似乎很可能是因為婚姻關係親密而導致性關係的滿意，而性的滿意又增加了婚姻滿意度。

Trussell 和 Westoff 於一九八○年研究指出，夫妻間的性行為平均每週二

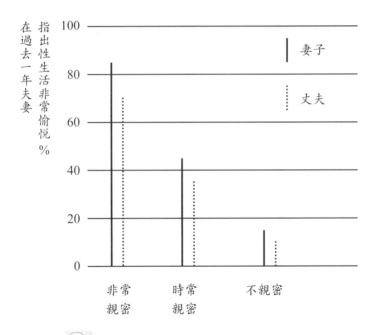

圖 8-1　性關係滿意度與婚姻滿意度

資料來源：轉引自王以仁主編（2001）。

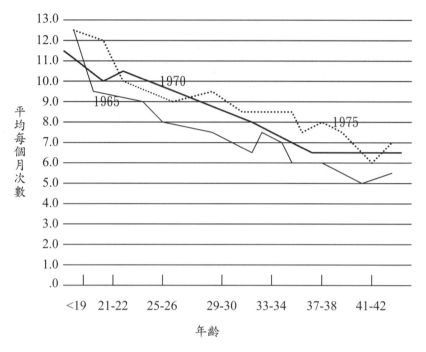

圖 8-2　婚姻性生活次數逐年下降的趨勢

資料來源：轉引自王以仁主編（2001）。

至三次，由圖 8-2 中可以發現，結婚的夫妻在性行為的次數統計結果，傾向於有逐年下降之趨勢。然而，據 Greenblat 於一九八三年提出下降的原因是由於工作上的疲勞、養育小孩辛苦等，使得夫妻間性行為變成一種例行公事（轉引自王以仁主編，2001）。

三、婚姻中的性關係與溝通

　　夫妻雙方在婚姻當中，都帶著不同之動機、腳本、個人特質及態度展現於性生活方面，所以，當性關係出現衝突或不協調時不必感到太驚訝。然而，許多配偶都發現很難和其另一半談論房事，以下針對性方面溝通上常見的四

項障礙（王以仁主編，2001），分別探討如下：

(一)不敢表現出無知的樣子

根據一九九○年 Reinisch 的調查資料顯示，大部分美國人對性的無知感到很苦惱；因為不論是表現出對性很了解或不了解時，通常都會令人感到很羞愧，一旦在夫妻關係中個人愈隱藏對性的無知，則也就愈不敢去談論性。

(二)擔心配偶的反應不佳

當我們誠實地表現出對性的注重，可能會擔心配偶不重視或不再愛我們了，所以常保留這個想法而未與配偶溝通，很不幸的是，這樣更會讓配偶感到不滿意或挫敗。

(三)在性方面的衝突態度

大多數的女人在成長過程中，都對性帶著負面的訊息或衝突信念，這是從小學習而來者。譬如：性是美好的及性是骯髒的，此種態度導致心理衝突，而對性感到不舒服，因而也很難去談論與性有關的問題。

(四)早期負面的性經驗

這方面會造成個人精神上的創傷，例如：被強姦或近親亂倫等事件，會導致個人對性的偏差或不考慮配偶的感受，要解決這類的問題可能需要很長一段時間的專業諮商與治療。

夫妻間的肌膚之親是夫妻生活中最親密也是最隱私的一部分，所以，夫妻間性關係的協調確有其必要性。依據蔡文輝（1998）論及：在性治療方面的專家相信，一個有高度自尊的人比較容易在性關係上得到滿足，因為自尊使個人能夠接受伴侶所付出的快樂，也能把自己的快樂分享給對方。其次是想達到性關係滿足的個人，不應該太受到傳統兩性角色的束縛。譬如：傳統男性角色要男人表現出剛毅而不輕易流露出情感，但這與享受性樂趣會有所違背的；而女性傳統上在性方面往往被要求要處於被動角色，因此夫妻雙方的性關係自然是情況不佳。

近年來在探討性關係方面有較大的進展，在此也提出六項的建議（王以仁主編，2001），對於夫妻雙方在性關係滿意度的提升上，應該有其相當之成效。

(一)強化適當的性教育

　　不可思議的是，大多數人對於性的真正功能都是一知半解的，所以，有關性的課程會有助於人們對性正確的認知，在今天已經有愈來愈多這類課程之開設。

(二)檢視自己對性的價值觀

　　有關性方面的許多問題，是源自於個人對性具有負面的看法，例如，罪惡感會影響對性的感受，因此專家們常鼓勵成人去檢視自己對性的看法。

(三)多做有關於性方面的溝通

　　良好的溝通對性關係是非常重要的，學習對配偶分享你在這方面的想法及感覺，會有助於促進婚姻的滿意度，提出問題討論或學習給予回饋都是不錯的方法。

(四)避免設定目標

　　性事並不是一種考試、測驗或競賽，性關係通常是使人們放鬆心情的一種享受，因此不要刻意去設定目標，而為這樣的美好關係製造緊張氣氛。

(五)享受對性的想像

　　對性的幻想是非常正常的，夫妻雙方若有對性的幻想，亦會增加彼此的興奮，不用害怕使用對性的想像，這樣會增強彼此對性的喚起。

(六)有關性的選擇

　　夫妻雙方應該採取開放性的溝通，深入而詳細地討論關於「做愛」的時間、地點與次數等問題。

　　綜合上述對於婚姻生活中性關係的種種討論，可以明確知悉婚姻親密關係與彼此的性關係滿意度之間，有著密不可分的高度正相關。再加上即使親密如夫妻者，要共同討論性事時仍不免難於啟齒。針對這方面問題，夫妻要能坦承地自我開放與學習，更要多多去接納、尊重與同理對方；若其中尚有負面的性經驗、性冷感等嚴重問題，則需要夫妻同心去接受專業的配偶治療（couple therapy），如此才是較正確而積極的做法。

第三節　改善溝通方式來營造美好婚姻生活

壹　婚前婚後的不同

　　婚姻是由一對彼此頗有差異的男女所組合者，其婚後生活也將是一段極漫長的調適過程。婚前人們總希望將自己最好的一面呈現在心上人眼前，在這種戀人們有如隔著一層薄紗看對方的情形下，怎麼看都是愈看愈美麗、愈看愈瀟灑。因而在愛情的國度裡，往往為了表達自己對愛人的愛意，什麼都可以忍耐或視若無睹，因此一再忽略彼此在某些方面的差異；然而當兩人願共譜戀曲，而走向地毯的另一端時，許多戀愛期中看不清楚的對方缺點，這時很可能會在婚後爭執或衝突中逐漸擴大。這種婚前婚後不同調的情形，很容易導致對當初懷抱美好婚姻憧憬的破碎；但只要有心願意仍留在婚姻關係中的夫妻，就會試著從這樣被搗碎的夢幻婚姻中，重新打造一個符合現實生活的婚姻藍圖，以便繼續努力完成未來美好的願景。

　　俗語說：「十年修得同船渡，百年修得共枕眠。」因此，要修得夫妻緣、夫妻情並非一件容易的事；中國人俗稱妻子為「牽手」，此意味著夫妻關係是需要兩人手牽手，且共同努力去經營的，如此才能攜手走一生。因此，結婚的歷程是一不斷學習的過程，乃藉由雙方的殷勤灌溉方能建立一個美滿幸福的婚姻，就如作者在本章之初所載的那篇投書「夫妻同甘共苦，一起打拚」相類同。

貳　婚姻調適的範圍

　　在早期的美國社會夫妻間最主要的調適是兩人習慣模式的問題，以及住在一起所可能產生的問題。時至今日，所要面對的是雙方對未來的定位、不

同的成長背景、法律上的關係，及面臨小孩的到來。在現實社會中，女人要比男人有更多需要調適的方面，而婚姻中最需要調適的二個部分：一是財務方面，二是性方面，在美國的婚姻關係中占有獨特而重要的地位。

而國內蔡文輝（1998）也指出，夫妻社會角色的彈性協調有助於促進婚姻關係美滿的發展，所以，要促使夫妻關係的和諧發展仍須藉助協調的進行；同時，他亦指出婚姻調適範圍主要有以下五方面：

一、思想意識的調適：夫妻雙方的價值觀、宗教觀念、政治意見，以及對整個人生的態度和看法都必須協調。

二、休閒娛樂的調適：夫妻間應能發展出共同的興趣。據研究指出，夫妻兩人能共享休閒娛樂則婚姻會較美滿。

三、性的調適：夫妻最親密的接觸是在性行為上，所以應避免性行為成為婚姻裡一種不可避免的義務，而應轉變為夫妻共同享受的樂趣。

四、起居時間的調適：每個人都有屬於自己的生活作息，所以，如何在婚後調適兩人的生活作息是一件需要解決的事。

五、權力的調適：傳統社會中以男人為尊，為決定權的代表者，然時至今日，在講求兩性平等的時代，該如何做權力的劃分及協調是一件很重要的事。

參 從系統觀點透視現代的婚姻與家庭

系統理論（system theory）是近來探討婚姻與家庭主題時，最常使用的一個理論模式。系統理論特別重視家庭（一個系統）內每一組織成員彼此間的共存、互動與相互回饋；家是一個整體系統，家人間彼此互動產生的影響頗大，而夫妻互動又是其中之核心。茲將此理論之重點扼要說明如下（Goldenberg & Goldenberg, 1996; Worden, 1994）：

一、直線因果論對循環因果論（lineal causality versus circular causality）

傳統上，探討二個事件之間的關係時，常會採用直線因果論，例如：甲事件導致乙事件的發生，我們會認為甲事件是因，而乙事件則為果。依此觀

點，若我們認為在某一對夫妻發生問題的家庭中，若是外遇的老公能及時回頭與妻子和好，則這個家庭就會一切圓滿。若是如此，只要經由個別諮商或治療，針對丈夫加以改變，就可解決所有的問題。然而在婚姻與家庭中，許多問題的產生往往不是如此單一的直線因果關係，而是必須以循環因果論來加以看待。因為夫妻彼此之間係處在一種「循環回饋圈」（circular feedback loops）中，彼此互動也相互影響，其關係是相當地錯綜複雜。

二、靜態不變對動態改變（morphostasis versus morphogenesis）

家庭或夫妻關係這個系統，為因應內外在環境的改變，有時需要設法保持穩定，而產生所謂的「靜態不變」；但另有些時候卻需要改變其結構，亦即所謂的「動態改變」，以確實達到內外在的要求。當在婚姻與家庭關係中有某些問題產生時，整個家庭系統及其結構，是否必須有所改變或是應保持穩定而不變，確是一個值得深思的考量。家庭不斷的改變會造成混亂而不適應，若是一成不變又恐過於僵化；如何做到有所變、有所不變，以充分發揮家庭的正向功能，這是今日研究與探討婚姻與家庭問題時，最值得深思與拿捏的一大課題。

三、內容對過程（content versus process）

由婚姻或家庭系統的觀點來看，在其問題的諮商晤談過程中，當然會討論某些成員的具體行為問題或症狀，這就是所謂「內容」的部分；但若考慮到隱藏在問題內容背後家人間的互動形式，就屬於所謂「過程」的部分。換句話說，「內容」的部分討論的係問題是什麼（what）？而「過程」的部分則指的是問題係如何（how）形成的？其主要原因為何（why）？固然弄清楚問題是什麼有其重要性，而釐清問題是如何形成的當然就更形重要了。

肆　幸福婚姻中溝通之重要性

俗話說：「婚姻是需要經營的」，亦即在婚姻關係中，若要幸福美滿，

乃是需要雙方共同努力的,因此如何才能達此目標呢?就得夫妻兩人不斷地經由溝通來一起成長!但兩性間對溝通的認知為何?如何促使夫妻之間有積極正向的溝通模式,是值得吾人進一步深入探究者。

如同社會化對親密關係的影響一般,同樣的,也由於兩性在社會化過程中接收到不同的性別角色期待,因而兩性的溝通方式也會有所不同,也因為雙方溝通的不同調,易引發兩人之間的爭執與衝突。大體上,男性在與人對談中較易使用競爭方式,這是為了在互動關係中建立起個人的支配地位;而女性則較以親和的方式進行,欲藉此在互動關係中建立友誼。所以女性的傾聽行為(如:專注、眼神凝視、詢問相關問題等)較男性為多,而男性習慣將較多的注意力放在自己的身上(陳皎眉、江漢聲、陳惠馨,1996)。

國外,有學者就婚姻中夫妻的溝通模式進行分析研究,而有如下之發現(Thompson & Walker, 1989):

一、妻子較能清楚地傳達訊息,且對丈夫所傳達的訊息較為敏感與有反應。

二、丈夫較易傳達中性訊息,如:這事與我無關,但妻子易傳達正面或負面的訊息,然丈夫的中性訊息不易被妻子所解讀與了解。

三、在爭執的情況下,女性較易採用情緒上的懇求或威脅,來達到目的;男性則是以說理方式,企圖中止或延緩衝突。

溝通的影響力對婚姻成功與否居於關鍵地位,有一個研究結果指出87%的夫妻會說他們在溝通上感到很困難,所以缺乏溝通的確會產生一些問題讓夫妻感到苦惱(周麗端等,1999;葉肅科,2000)。另外有一個研究指出,不快樂的夫妻具有下列的特色:一、夫妻很困難去傳遞正面的訊息;二、常常是不了解彼此;三、較少去確認對方的訊息而不懂對方在想些什麼;四、常使用負面且強烈的訊息;五、喜歡在其關係互動中經常意見相左(Noller & Fitzrick, 1990)。

陳皎眉、江漢聲、陳惠馨(1996)對於夫妻間的溝通,提出六點建議包括:積極傾聽、盡量使用「我訊息」的陳述、盡量採用建設性的請求、當伴侶達成你的要求時不要吝於給予讚美、提供正向持續性的回饋、重述聽到的訊息並加以確認是否有誤等。其實溝通是可以經由許多不同的方式來增進的,

像：避免採用防禦的方式，有心去創造良好的溝通氣氛，且在解決衝突時發展出建設性的分析方式等。

要知道社會化的過程形塑了男性要有男子氣概，而女性則強調要有溫柔一面，這也影響了夫妻之間兩性溝通的方式。因此有學者建議夫妻雙方都應該互相學習溝通之道，如女性應學習溝通中的衝突或差異並不一定會威脅到親密關係，而男性也應該學習女性多做情感表達，同時了解雙方的相互依賴並不會損及個人的獨立與自由。

伍　增進夫妻之間的溝通技巧

溝通是指人們互相接收訊息的過程，在溝通時，除了透露事件本身的內容讓對方知道外，藉此也傳達了個人的感覺、態度及信念。溝通的能力並非與生俱來的，它是一門人人都必學的精緻藝術。以下所介紹說明的，是一些婚姻中增進夫妻彼此溝通的技巧（Rice, 1993）：

一、先要有良好的動機與關懷

當一對夫妻願意關心彼此，以及有意願了解對方，這時的溝通會是最有效的。溝通不僅在於語言部分，而訊息背後的情意、配偶對彼此的感覺、溝通時的聲調、所使用的文字及同理心的運用等，都是影響夫妻溝通的重要因素。一對經常給對方積極正面評論的配偶，和一對只給予對方負面批評的配偶相比，前者必然會有較高的婚姻滿意度。此外，支持性的溝通也會刺激彼此相互的回饋，增進婚姻整體效能的程度。

二、適度的自我坦露

自我坦露如何影響婚姻滿意度，這必須視配偶雙方對另一半的感覺如何？假如配偶一方對另一方的感覺是正面的（如關懷、尊敬、同理心及珍惜），那麼自我坦露會增進婚姻的滿意度，愈是開放地表達出正面的感覺，婚姻會愈是快樂；反之，對配偶沒有正面的感覺時，自我坦露就不易促進快樂的婚

姻。事實上，當配偶對彼此只有負面的感覺而被鼓勵要做深層自我坦露時，反而會對婚姻狀況沒有任何幫助。除非個人願意談論自己的事情，否則人們通常無法了解他真正的想法為何。當然，在自我坦露時，坦露的深淺、內容、時機及方式等，也會是非常重要的考慮因素。

三、學習多多加以澄清

每個人能正確傳遞訊息的能力都不同，有些人的口才較差，在溝通時可使用較多的非口語技巧。以下是溝通時如何達到真正澄清目的的一些指引：

㈠避免「雙重訊息」，不可說一回事而做又是另一回事，或影射其他的人事。

㈡切中問題核心，明確說出自己真正的想法。避免以模糊、曖昧不清及非直接的言語來溝通。

㈢避免誇大對方所提出來的議題，或僅是輕描淡寫地帶過。

㈣避免以尖酸刻薄或開玩笑的口氣，掩飾自己真正的情感。

㈤如果有任何的質疑，可以請對方再重述一遍。

㈥把焦點放在重要事情上，並避免外在事物的干擾，以免轉移問題的焦點。

四、當一名配偶的好聽眾

良好的溝通是指以開放的傾聽來接收訊息，亦即專心傾聽對方的談話。找一個安靜不受干擾的地方，面對面坐下來談話會有助於彼此的溝通。有的人只顧著講而不傾聽，他們只關心自己要講些什麼，卻沒有真正聽到對方所說的內容。溝通應該是一種「發送」與「接收」的雙向互動過程，當配偶急於表達自己的觀點時，常會忽略去聽對方的意見與想法，致使夫妻之間的衝突與爭執就無可避免地發生了。親密關係的建立在於了解對方內心想法，而傾聽的技巧將有助於真實地去關心對方不同的觀點。

五、相互回饋與彼此互惠

回饋包括對他人所講的話給予回應，並表達自己的感覺與意見。溝通包括發送訊息者、接收訊息者及訊息本身。訊息的傳遞不僅由其內容及語氣來

表達，同時也透過面部表情、手勢這些身體語言。由於僅靠表面言語來判定訊息真實的意義，其會錯意的機率仍很大。欲避免這種錯誤，可以自己的語句來重複對方所說過的話，經由一再核對（check out）的過程，去了解對方真實的感受，並達到澄清問題的目的。

　　當個人急於表達自己的觀點時，經常容易忘記聽聽對方的說法與想法，而往往只會固執己見，因而夫妻之間的衝突與爭執就無可避免地發生了。在傾聽的同時，別忘了表露愛、關懷與尊重來讓對方知道，同時避免打斷或批評對方的談話，這樣才能有效地傳達出正面的訊息。親密關係之建立在於了解對方內心的想法，而傾聽的技巧必定有助於真實地關心對方。理論上來說，夫妻原本應該經由溝通，分享彼此的意見、想法及對未來之規畫；而事實上，卻因為在婚前交往過程中，能夠仔細地傾聽對方的觀點與種種不同意見，但在婚後的生活中卻往往失去了耐心，而無法繼續去學習扮演成為另一半的好聽眾呢！

本章摘要

婚姻中基本的三層內涵，包括：(1)婚姻是一種公開宣告最親密的兩性關係；(2)姻是一種動態關係，男女雙方需要經常學習獨立與相互平衡；(3)婚姻關係中男女雙方可以享受自我、法律及社會認定之歸屬感。

夫妻婚姻中的九項主要特質為：(1)婚姻是一種人口事件並構成一個社會單位；(2)婚姻是兩個家庭及其相關社會網絡的結合；(3)婚姻是一種配偶與政府之間的法定契約；(4)婚姻是一種經濟的結合體；(5)婚姻是一種兩性成人間同居的最普遍模式；(6)婚姻是人類性行為最常發生的地方；(7)婚姻是一種生兒育女的基本單位；(8)婚姻是提供子女社會化的重要單位；(9)婚姻提供一種發展親密關係與分享人生經驗的機會。同時，婚姻可說是社會體制下的基本單位，其功能主要有：繁衍的功能、性需求功能、經濟的功能、心理的功能，及社會的功能等五方面。

家事分工的理論，包括衝突理論的觀點、理性的投資觀點、意識型態的觀點，及資源理論的觀點等四種論述。基本上，理性的投資觀點和資源理論所強調的不是傳統性別的分工方式，它們認為配偶間付出較多的時間在工作上的人，花費在家事的時間就可以比較少。每對夫妻的情況皆不相同，而影響夫妻間對家事分工的因素也不同，但也有一些共同因素可供參考，如：教育、收入、性別態度，以及孩子的年齡。對很多投入職場的全時女性來說，卻仍然要做大部分的家事，除非妻子在其性別態度上非常傳統，或其所屬的工作屬於兼職性質，否則丈夫對家事的低參與感往往會形成對妻子在心理上的不支持。

女性所以願意自動自發做家事的原因有四：(1)因為女性在家事管理中擁有高度價值感；(2)比起共同分擔家事而言，女性比較不須商議和妥協；(3)女性比男性更重視家庭的功能與和諧；(4)女性對傳統性別認同感較高，易將自己界定在家事管理的角色。同時，目前妻子仍大多數是做所謂的女人的工作，而他的先生則繼續做傳統男人的家中雜物之工作。

現今某些男性已漸漸揚棄把工作成就當作是成功的最終指標這種觀念，而把較多時間花在陪伴家人身上的「新好男人」，通常是把家人的需求看得比個人事業成功來得更重要的人。然而，許多男性往往受限於社會規範，認為必須賺比妻子更多的金錢，而無法有更多時間來陪伴家人。即使男性的價值觀想把家庭擺在第一位，基於整個家庭的利益及經濟考量，多數仍鼓勵丈夫把時間投注在事業上，而不在家事分工方面斤斤計較。

在婚姻關係中，性是不可忽略的一環，婚姻生活與性生活兩者之間息息相關，性在婚姻中扮演著十分吃重的角色。對許多人而言，性活動不僅可帶來感官上的愉悅，更可促進彼此的溝通與親密感。有不少證據可以說明，婚姻的滿意情形與其性關係的滿意度之間有頗高的相關；似乎很可能是因為婚姻關係親密而導致性關係的滿意，而性的滿意又增加了婚姻滿意度。夫妻間的性行為平均每週二至三次，且傾向於有逐年下降之趨勢。其原因是由於工作上的疲勞、養育小孩辛苦等，使得夫妻間性行為變成一種例行公事。

夫妻在性方面溝通上，常出現不敢表現出無知的樣子、擔心配偶的反應不佳、在性方面的衝突態度，與早期負面的性經驗等四項障礙。夫妻間肌膚之親是夫妻生活中最親密也是最隱私的一部分，所以夫妻間性關係的協調確有其必要性。針對在性關係滿意度提升上，提出六項建議：(1)強化適當的性教育；(2)檢視自己對性的價值觀；(3)多做有關於性方面的溝通；(4)避免設定目標；(5)享受對性的想像；(6)有關性的選擇。同時，夫妻要能坦承地自我開放與學習，更要多多去接納、尊重與同理對方。若其中尚有負面的性經驗等嚴重問題，則須接受專業的治療。

結婚的歷程是一不斷學習的過程，乃藉由雙方的殷勤灌溉方能建立一個美滿幸福的婚姻，夫妻要能同甘共苦一起打拚。在婚姻中須調適的範圍，包括：思想意識的調適；休閒娛樂的調適；休閒娛樂的調適；起居時間的調適；及權力的調適等五方面。而從系統觀點來透視現代的婚姻與家庭時，其討論重點在於：直線因果論對循環因果論；靜態不變對動態改變；及內容對過程等三方面。

兩性的溝通方式有所不同，也易引發兩人之間的爭執與衝突。男性在與

人對談中較易使用競爭方式，而女性則較以親和的方式進行。所以，女性的傾聽行為較男性多，而男性習慣將較多的注意力放在自己身上。同時，婚姻中夫妻的溝通差異，還包括：妻子較能清楚地傳達訊息、丈夫較易傳達中性訊息，以及在爭執的情況下，女性較易採用情緒上的懇求或威脅來達到目的，而男性則是以說理方式企圖中止或延緩衝突。

　　不快樂的夫妻具有以下五項特色：(1)夫妻很困難去傳遞正面的訊息；(2)常常是不了解彼此；(3)較少去確認對方的訊息而不懂對方在想些什麼；(4)常使用負面且強烈的訊息；(5)喜歡在其關係互動中經常意見相左。

　　婚姻中增進夫妻彼此溝通的技巧，計有以下五方面：(1)先要有良好的動機與關懷；(2)適度地自我坦露；(3)學習多多加以澄清；(4)當配偶的一名好聽眾；(5)相互回饋與彼此互惠。其實，溝通是可以經由許多不同的方式來增進的，例如：避免採用防禦的方式，有心去創造良好的溝通氣氛，且在解決衝突時發展出建設性的分析方式等。

班級／小團體活動

※「家庭四季窗」的分享活動。

活動名稱：家庭四季窗。

活動成員：同班、同寢室或修課同學，以 5-8 人分為一小組來進行。

活動時間：40-50 分鐘。

活動方式：一、先由全體共同決定要先討論家庭四季中的哪一季？其次，再
　　　　　　　發給小組中每位成員一張白紙，請他在紙上寫下家庭在這一
　　　　　　　季中印象最深刻的一件事。其中，家庭的春季是指家中溫暖
　　　　　　　且和樂的情形，夏季是指家中生命力旺盛而欣欣向榮的情況，
　　　　　　　秋季是指家中的一些傷感難過的情形，而冬季則是家中遭受
　　　　　　　打擊最艱困而陷於低潮之景況。

　　　　　　二、當組內成員都寫完之後，再一一邀請每位成員來說明或分享
　　　　　　　方才所寫的內容，其他成員可以發問並相互給予回饋。

　　　　　　三、最後，再請各小組派代表來簡述方才小組討論之摘要，並進
　　　　　　　行整體的回饋。

本章習題

一、試舉例說明家事分工的理論，盡量以你個人的家庭為例來一一闡述之。

二、在你的觀念及理想中，夫妻二人在家事分工上應如何分配？請列出具體的範圍與事項，並說明其理由。

三、試列出現代「新好男人」在與家人互動與做家事方面之具體條件。同時評估其真實的可行性為何？

四、婚姻中須調適的範圍有好幾方面，你認為其中最需要妥善調整者為何？並請提出如何有效進行這方面的調適。

五、當夫妻之間彼此互動溝通時，如何才能具體扮演一個好的傾聽者？試深入加以詳細探討之。

六、請舉出何以夫妻如此親密的關係，卻無法針對性事開口討論的原因？並請提出如何改善之道。

參考文獻

一、中文部分

王以仁主編（2001）：**婚姻與家庭生活的適應**。台北：心理出版社。

宋鎮照（1997）：**社會學**。台北：五南圖書出版社。

周麗端等編著（1999）：**婚姻與家人關係**。台北：國立空中大學。

陳皎眉、江漢聲、陳惠馨（1996）：**兩性關係**。台北：國立空中大學。

陽琪、陽琬譯（1995）：**婚姻與家庭**。台北：桂冠圖書公司。

黃德祥（1997）：**親職教育**。台北：偉華書局。

彭懷真（1996）：**婚姻與家庭**。台北：巨流圖書公司。

葉肅科（2000）：**一樣的婚姻，多樣的家庭**。台北：學富文化公司。

蔡文輝（1998）：**婚姻與家庭——家庭社會學**。台北：五南圖書出版社。

簡春安（1996）：**婚姻與家庭**。台北：國立空中大學。

藍采風（1996）：**婚姻與家庭**。台北：幼獅出版社。

二、英文部分

Coverman, S. (1985). Explaining husbands' participation in domestic labor. *Sociological Quarterly, 26*(1), 81-97.

Goldenberg, I. & Goldenberg, H. (1996). *Family therapy—An overview* (4th ed). Pacific Grove, CA: Brooks/Cole.

Noller, P. & Fitzrick, M. A. (1990). Marital communication in the eighties. *Journal of Marriage and the Family, 52,* 832-843.

Pina, D. & Bengtson, V. (1993). The division of household labor and wives' happiness: Ideology, employment and perceptions of support. *Journal of Marriage and the Family, 55* (4), 901-912.

Pittman, J. & Blanchard, D. (1996). The effects of work history and timing of marriage on the division of household labor: A life course perspective. *Journal of Marriage and the Family, 58,* 78-90.

Rice, F. P. (1993). *Intimate relationship, marriages, and families* (2nd ed.). Mountain View, CA: Wadsworth.

Shelton, B. A. (1992). *Women, men and time.* New York: Greenwood Press.

Thomopson, L. & Walker, A. J. (1989). Gender in families: Women and men in marriage, work, and parenthood. *Journal of Marriage and the Family, 51,* 845-871.

Worden, M. (1994). *Family therapy basics.* Pacific Grove, CA: Brooks/Cole.

第九章

同儕關係與互動

報紙投書

愛上網，下不來，恍神少年仔

　　近十年來個人電腦與網路之使用，迅速地深入到個人的生活、學習、休閒與人際溝通等範疇之內。尤其是網路聊天、交友及遊戲，完全改變了個人生活。當大學的學務長們聚在一起開會時，經常討論卻無法解決的一大難題，就是學校宿舍中學術網路在半夜是否應關閉的問題。原本教育部補助各大學設立的學術網路，原意係協助學校便於師生蒐集資料進行學術研究之用，哪知道目前運用最多的是宿舍同學以此網路的方便性，長時間泡在上網打 BBS、聊天室、網路交友及遊戲中；經常是打到半夜一、二點還不睡覺，到了第二天早上當然是無法起床上課，若碰到會點名的老師就乾脆撐到課堂上去打瞌睡。何以學校不下令電算中心每夜十二點或一點關閉學術網路呢？想當然的是擔心學生大反彈，或是會搬離宿舍到校外賃居！

　　還好，絕大多數的大學生在經歷過國高中六年以上的磨練，也清楚自己讀大學的方向和目標，雖然愛上網路，倒也不至於不顧一切完全脫離現實生活的責任，碰到要交報告或期中、期末考試等重要時段，還能脫離網路虛擬世界去盡點大學生的本分！然而對於十多歲的青少年，一旦墜入網路世界往往會成癮而無法自拔！

　　在電視廣播與報章等媒體報導中，經常會有青少年逃學、逃家而日夜沉迷於網咖的新聞。根據官方的數字統計，以九年義務教育的角度來計算，二○○二一年的中輟生人數超過六千，其中國小學生占二成，國中生占八成；而前年的中輟學生於去年返校就讀者的比例，全國的平均也只有五六成而已！若能仔細去分析這些個案，應該至少有半數以上會跟沉迷於網路或網咖有密不可分的關聯。

　　個人曾經有協助一位沉迷於賭博性電玩的五年級男童之經驗，他的父母用盡了各種方法軟硬兼施卻不見任何成效。最後只得求助於一個宗教性的戒毒機構，剛開始他們也不願接受這種個案，因其服務目標是協助戒除毒癮而非這種打電玩上癮，然經其父母一再懇求，並陳述同是上癮行為所造成的禍害，才收留在北部一個山丘上的戒毒中心，其方圓數公里之內沒有任何賭博性電玩或網咖店。男童早上幫忙養雞的勞動教育，中餐和午休之後就是運動時間，晚上則是靈修與學習時段；經過一年之後，男孩回到家中並接續六年級的課程，目前已就讀高職當中。

　　我覺得在日常生活中，人的「慣性」與「惰性」對其人生有著極大影響，從而產生「良性循環」與「惡性循環」二種截然不同的生活！今日，部分青少年的「網路成癮問題」就是落入「惡性循環」之中，愈沉愈深而到了完全脫離正常青少年的生活情況。

　　欣見日昨新聞報導，新竹地區有位母親對日夜沉迷於網咖的兒子束手無策，而要求少年警察以「少年事件處理法」中符合「虞犯少年」之條件移送少年法庭；同時在開庭審理時，母親痛陳孩子迷戀網咖無法自拔的迷失，要求將其收押管束而獲得法官同意的裁決。個人認為這是一種有效中斷「慣性」與「惰性」造成「惡性循環」的方法！

　　其實，網路成癮問題不是青少年階段的專利，在各個年齡層當中都有，只是以對青少年的影響最直接而嚴重。如何協助這些青少年與其家長，使其能從這種不良循環的慣性生活之中脫離，就是政府與社會各界必須慎重而積極加以共同面對者。（本文係本書作者在 2003.10.13，發表於《聯合報》第 15 版「民意論壇」）

　　網路成癮在今天資訊普及的時代來說實在不是什麼新聞，成癮的年齡層由十來歲到五、六十歲者都有，不過，其中又以青少年學生與失業的成年人所占比例最高，也只有這二類人最有網路成癮的條件及環境。網路成癮與人際互動不佳之間的相關度頗高，只是很難去區分何者為因何者為果？抑或是二者互為因果？然而，倘能改善網路成癮者的人際關係，加強其與同儕之間的互動和溝通，應是協助其脫離網路成癮束縛的良策。在本章中，將針對同儕間的人際吸引力、自我肯定與拒絕對方，及彼此信任與維持雙方良好的情誼等部分，分別加以說明如後。

第一節　同儕間的人際吸引力

　　同儕關係的建立不僅是青少年階段的重要任務，也能對其未來的正向發展具有相當的預測功能，並會影響其日後人際與社會適應能力的發展。

壹 同儕的意義

《劍橋國際英文字典》（*Cambridge International Dictionary of English*）中對「同儕」（peer）的定義是：「在一個團體中之個人，其年齡或社會地位或能力與此團體中的其他人相同。」而韋氏字典對同儕所下定義是：與別人有相同立足點的人。若以「年齡」來區分，同儕就是由年齡相近的成員所組成的群體；若以「地位」來區分，同儕意指彼此處於同等地位的人，這包含了平等的社交程度、相同的成熟水準與相似的學習階段（羅品欣，2004）。另有學者則針對青少年與同儕容易形成團體的特色，而對同儕團體定義為：是指兒童或青少年們自由組合的團體，成員們在年齡上極為相近，團體中成員關係非常親密，成員們認同團體的行為標準，有隸屬感且持有類似的價值觀念（張春興，1989）。因此，在本章中所提的同儕，即泛指社區生活中的好友、學校班級中的同學，及組織工作中的同事等。

在同儕之間人際互動交往中，除了別有用心的巴結及利用之外，通常彼此之間是否具有吸引力，將是人際關係能否維持長久與親密的重要因素。在茫茫人海中，你為何會和某個人成為好朋友呢？對方具有哪些特質或條件，讓你會特別願意與他往來互動呢？以下就會陸續探討此一人際吸引力的主題。

貳 同儕團體的重要性與功能

孩童時期的同儕關係是否有問題，將會影響到長大之後的社會適應。學齡期的親子關係、同伴友誼，以及參與有意義的人際交往等方面，能夠為兒童提供以後應付人生的挑戰所需的社會技能（郭靜晃、吳幸玲譯，1993）。佛洛姆曾說：「人只有和他的友輩親近和團結一致時，才能找到自我的滿足和快樂。」所以，同儕關係對兒童及青少年而言，有其重要性。

孩子的人格發展等於人際關係的總和，雖然父母是兒童最早開始建立人際關係的對象，但是到了學齡期便把重心轉向同學和朋友，以尋求情感的慰

藉、認同與支持，所以同儕是具有相當影響力的；兒童把家人的愛視為理所
當然，然而想要獲得同儕的情誼卻需要付出，在這個過程中，需要借助兒童
的情緒和社交技巧。因此，兒童時期的交友狀況會深深影響個人一生的人際
關係及自尊，影響力和父母的愛與教養不分上下。童年時期缺乏朋友或不被
同儕接受，會造成他們心理上的缺憾與不滿足，儘管日後也是能有所成，但
兒時的缺憾仍無法抹滅。因此，兒童期的同儕關係如果進展順利，兒童才可
能帶著有關人際互動的適當知識和技巧進入青春期，而這樣的青少年與成人
也才能夠以有效的方法去適應社會環境的變化（蘇秋碧，2000）。同儕團體
對兒童與青少年而言，可能有以下的五項功能，分述如下：

一、發展自我概念、建立自尊及自信

　　在同儕團體中，可以透過別人的眼光來看自己，同時也提供個體一個對
本身能力和技巧的比較基礎；也只有在團體中，才能感受自己的聰明和受歡
迎的程度。同儕就像是一面鏡子，與其互動時，可以從他們的反應中發展出
清晰、正確的自我畫像（黃惠惠，1999）。為了更加了解自己的特色和長處，
會拿自己與同伴做比較，以獲得有關自己的結論並希望獲得肯定，來查驗自
己所相信與感覺的自我是否真實（呂翠夏譯，1994）。林世欣（2000）研究
發現，青少年的同儕關係與其自我概念有所相關，且同儕關係對自我概念的
解釋量，高於自我概念對同儕關係的解釋量。

二、促進個體的社會技巧

　　人與同儕互動之間是平等自由的，因為這樣特殊的性質，可以促使其體
驗和探索一種全新的人際關係，從而發展其社會交際能力和社會的判斷力（林
崇德主編，1995）。和自己有平等地位的人一起相處，才可以引發個人處理
社會互動的技巧，同時必須在單獨面對友伴的情形下，學習克服被孤立與排
斥，然後方能在同儕團體中生存下來。

三、在同儕團體中尋求歸屬感

人是群性的動物喜歡群居生活，以及被同伴所肯定和接納，同時藉此可以滿足歸屬感的需求（呂翠夏譯，1994）。而在兒童時期所建立的親密、同性間的友誼關係是必需的，可培養兒童對他人需求的敏感度及增加快樂的情緒，為未來的社會調適打下重要的基礎。

四、對個人產生教育上的影響

人的成長如果只靠個人的學習是不夠的，因朋友同儕各有專長及不同的經驗，有些確實是值得自己去向他們學習（黃惠惠，1999）。雖然個人在成長過程中很少直接受教於友伴，但可以從觀察友伴的行為中去學習（呂翠夏譯，1994）。小時候由父母決定的價值觀，現在透過和同儕比較意見和態度而由自己做決定。因為同儕的經驗、習慣及對周遭事物的看法，都和父母及家裡有所不同，藉此可豐富知識和拓展其視野，幫助其克服家庭環境所造成的局限（林青青等，1998）。

五、刺激社會認知發展

認知能力發展的程度是個人在人際關係發展上的基礎之一，而社會互動本身也能促進認知發展。根據 Doise 與 Mugny（1984）的研究發現：當孩童獨自一個人無法解決問題時，如果與同儕一起思考往往能獲得解決。善於交往的人比較容易受到大家的歡迎，也較容易解決問題，而不願與人交往或缺乏交往技能的人，比較會感到孤獨與寂寞；所以人際交往的成功與否，會對個人的個性及其認知能力發展產生重要的影響（林崇德，1995）。

人終其一生都是需要朋友的，同儕友伴對於個人的社會化發展尤其重要。除了上述提到的幾項功能外，其他還有很多的功能，譬如：透過社會性的比較，可以尋求自我肯定和建立自我概念等。

參　同儕間的人際吸引

所謂「人際吸引」（interpersonal attraction）就是指人與人相互之間有了良好的接觸和知覺後，彼此所形成的相互吸引之情形。也可以說是，人與人間彼此欣賞、注意，產生好感更進而想要接近，以建立更親密人際互動的心理歷程（徐西森、連延嘉、陳仙子、劉雅瑩，2002）。同時，在同儕關係的發展過程中，人際吸引往往是人際交往的第一步，設若彼此沒有互相吸引的部分，也就很難去建立良好的人際關係了。

心理學家們從實驗中研究出同儕之間，人與人互相吸引有以下六個因素，分別加以說明如下（黃國彥、李良哲，1986；陳皎眉、鍾思嘉，1996）：

一、彼此的接近

人與人相互接近（propinquity），是形成友誼的主要原因。一般而言，與某個人愈接近，愈會感覺受到某人的吸引。有相關的研究證實了距離上的接近，有極大的可能性形成彼此間的互動，進而決定兩個人間是否會產生吸引的關係。因此，相處的時間日久，交往的機會自然較多；因接近而相識，終而建立情誼，中國人所謂的「近水樓台」即係如此。

二、態度的相似

在人與人交往初期，如上所述的空間距離是決定誰與誰較有往來的主要因素。但到了後期，彼此之間態度、價值觀與人格特質等的相似，卻超過了最初的空間距離之重要性，而成為建立情誼之重要基礎，愈相似者其彼此間的吸引力也會愈大。

三、需求的互補

有時發生互動的兩個人，彼此的態度、觀念雖然大不相同，但若是一方表現出來的行為，正好可以滿足另外一方的心理需求時，則兩人之間反而會

產生強烈的吸引力，這種情形在配偶的互動當中常可見到。

四、能力的表現

一般說來，能幹而聰明的人總比平凡庸俗的人來得令人喜歡。在人際互動之中，我們通常喜歡親近能力比我們強的人；然而若是聰明才幹超過我們太多，反而會產生相反的排斥作用。因此，能力稍微高一些的人，經常是比較能具有吸引力的。

五、外在吸引力

外在吸引力在第一印象（first impression）的形成上，扮演著很重要的角色，尤其是在與異性的交往過程中。同時，對方的外在吸引力對男性的影響遠大於對女性的影響。也有人針對個人外在吸引力，做了以下的評述：臉蛋漂亮不如身材姣好，身材姣好不如風度翩翩，風度翩翩不如氣質高雅。

六、自我的開放

人們往往為了自我防衛，而經常帶著一副假面具，藉此將個人內心的思想與感覺隱藏起來。一個人要被喜歡或被愛以前，必須能被別人所了解，否則根本就沒有彼此建立關係的機會；自我的開放與大膽表露自己的思想和感覺，是人際真誠交往的基石。

肆 家庭對同儕間人際關係的影響

Baumrind（1971）之研究發現，父母的管教方式影響其孩童的同儕關係甚巨，如果父母使用要求而溫暖接納的教養方式，則孩子較能被同儕接納；而放任型或專制型父母所養育的孩子個性較易衝動，對同儕具有攻擊性而會被同儕所排斥。

吳立焉譯（1987）認為父母對友誼關係的價值判斷，不論是正式或非正式、接納的或排斥的、深刻的或表面的，都不可避免地會經由與他人相處的

方式來傳遞給下一代；而情緒智能（EQ）也在父母的教養中發揮潛移默化之影響，因而父母對於孩子的同儕關係，亦可能是透過情緒智能來間接地影響。

　　吳美均（2006）的研究亦發現：青少年的親子互動、同儕互動、氣質與行為適應之間，有顯著性的相關，且親子互動、同儕互動與氣質能預測其行為適應。同時，同儕互動與氣質也分別是親子互動與行為適應的中介變項。

　　國內近來相關研究發現：同儕在青少年的成長過程中，占有舉足輕重的地位。除了逐漸取代家庭地位，給予青少年支持外，也能提供其行為學習與試驗的場所；同時，同儕能提供情緒的抒發與生活經驗的分享，滿足親密的需求，更提供其基本的社交地位，讓青少年為進入未來的社會早做準備（石培欣，2000；施玉鵬，2001）。

第二節　自我肯定與拒絕對方

 **經驗分享**

第一次運用自我肯定技巧來討回公道

　　一九八一年四月初春假其間，帶著新婚妻子回台中拜訪岳父母大人，同時買了第二天早上八點四十分於台中火車站後站公路局往溪頭的聯營早班預售車票（事實上一天也只有三班車跑這條路線）。當天早晨八點左右即已到達車站，因屬春假旅遊旺季，只見人山人海頗為混亂，但當時心想：好在我早已購得預售該班車的最後二個位置（31、32 號），人再多我也不用擔心，反正鐵定有位置坐。

　　哪知到了發車時間還不見班車影子，直到將近九點車子才珊珊進站，好不容易擠到剪票口才上了車，整輛車擠得滿滿是人，但我們因有位子坐，也還耐得住性子！車子離站開了十多分鐘，卻有二位高中模樣的男生走過來，抱怨我們坐了他們的座位；我隨即拿出車票來跟他們核對，結果四個人的座位號碼完全同號，顯然是賣票人員疏忽造成的，我們自

然不便讓位啦！誰知其中有人眼尖發現不是這樣，因這班車是九點開的加班車，我只得去詢問駕駛，哪知他搖搖頭後告訴我，今天因乘客過多站上值班站長臨時加開九點一班，且為紓解人潮，原訂八點四十分的班車提前於八點半鐘就先開走啦！不過在整個過程中都有透過麥克風多次廣播請旅客注意，然而人群吵雜誰聽得清楚，更何況是提早發車，聞所未聞！然而如今發生這種問題，他當司機的也無法處理，要我們自己設法！

我只得悻悻然地回到座位，且將整個情形告知那二位高中男生，同時也埋怨他們何以一上車不立刻來就座，如此就能在車未離站前發現問題時，可以立刻向站上反應要求合理解決。因我們是出來度蜜月的，若讓我的新婚妻子一路站到溪頭，我想這個問題可就難以收拾了！經我極力爭取，他們同意讓出一個位置，就這樣太太坐著，我站在她旁邊，又捱了一個多小時才抵達目的地。下車時，我們夫婦故意走在最後面，且只交回一張票根（當時的慣例是上車剪票下車收票），司機自然是不答應我們的做法，同時又搬出他的工作名言：「我當司機的一定要做到：上車剪票、下車收票、到站停車！」經我再三說明與要求，必須保留一張票根當證據，以便回到台中時可以去討回公道！

幾經爭執，最後達成一項協議：我再付一張票的錢補一張票由他收回，但司機會在我的票根上註明我有另外補買一張票，且加上他的簽名及編號。當然，等我第二天下午由溪頭返回台中站上去理論時，最初值班站長必然會死不承認昨天早上有提早發車等情事，待我出示票根證明之後他才說昨天不是他當班，要去詢問一番才能明白實情。過了一刻鐘，他回來時，堆上滿臉笑容向我們道歉，並表示這種不當的調度他們一定會檢討改進！既然對方表現出如此誠意的道歉，我也就欣然接受，不過，我只坐一趟車卻買了二張票並不合理，因而要求他站上退回一趟車資；誰知他卻抱怨為何要再補買一張票，如今車也坐了，票根也解角，依規定無法退錢，更何況他根本沒有這麼大的權限！我卻反諷道，剛才要不

是我出示這張票根做證明，你不也是抵死不認錯嗎！

幾經折衝，我終於見到有權做主的——副總站長（總站長因公出差不在），他一聽完我的申訴，又清楚我只要求退回一趟車資，立刻做出完全同意退錢的裁示。同時泡茶道歉，並且再三感謝我們能體諒他們在昨天混亂情況下的不周到決策，並且保證在春假過後一定會好好地檢討改進！

上述的方塊小故事是將近三十年前我的親身經歷，類似這樣的遭遇，個人這一生中還碰到過不下十次。包括：同仁之間不合理要求調換值班時間、被稅捐單位誤開漏稅罰單、戶政單位不知變通的刁難、身分證同號的困擾、定期存單名字打錯一個字而無法提領兌現等，真可說是不勝枚舉。像這類的合理要求對方仍置之不理，不合理的種種卻又拒絕不掉，都是我們應該立刻運用適當的自我肯定方法，來有效處理與因應者。以下將針對此一範疇分別清楚扼要地予以解說，並具體介紹一些實用的自我肯定技巧，一併加以說明如後。

壹　自我肯定行為之意涵

自我「肯定行為」（assertive behavior）是一種在強調與爭取自己偏好及保護自己權利的同時，也能尊重他人的偏好和權利的表現。許多人面對本來應該屬於自己的權益，以及企圖說服和取得他人順從的過程中，仍然無法有效地發揮該有的影響力，即為其無法表示出個人自我肯定的行動所致。自我肯定需要我們能夠真實而堅定地敘述我們的感覺，或用語言表達我們的需要和個人的權利。自我肯定訊息包括敘述感覺、提供支持一個信念的好理由，或是建議我們認為是公平的行為或立場；自我肯定的陳述不是為了戲劇性的誇張效果，更不能對他人進行人身攻擊。當我們相信，我們的權利或感覺處於被侵犯或被忽略的不滿與危急狀態時，如果我們能把自我肯定和其他的互

動方式加以相互對照,即可明白點出自我肯定的主要特色及其功效。

　　然而,當個人公開陳述其誠實意見、需要和權利,以說服其他人的同時,也應學習能尊重其他人的感覺、需要和權利,如此才能稱其為個人所採取的自我肯定行為。自我肯定的行為與推銷行為或激進行為之間最大的差別,不在於個人如何感覺,而在於其所採取的作為方式,能否做到尊重他人的感覺和權利等。

　　當個人面臨失敗的威脅時,此時若能肯定其重要的自我概念,則自我設限的傾向將會因個人已經由自我肯定的歷程,恢復了整體的自我系統平衡而降低。而亦有研究認為,自我能力感、自我肯定與自我喜愛感間的矛盾性,最能預測人際間的攻擊行為(劉樹斐,2000;Mruk, 1995)。

貳　自我肯定行為訊息的特徵

　　自我肯定行為的表達過程中,有六項主要的訊息特徵,分別加以說明如下(黃鈴媚、江中信、葉蓉慧譯,2007):

一、擁有自己的想法、思想和感覺

　　因為自我肯定行為訊息的目的,就是要能明確而完全地說明你的立場或需要,而這些訊息則應包括常用些「我訊息」的陳述(在本書第五章第二節中曾有詳細說明),譬如:「我想……」、「我覺得……」和「我期待……」。

二、清楚說明行為和感覺

　　如果我們要求別人能應允或滿足個人的需求,那麼我們就應該提供明確的資訊給他們,以便合理地陳明我們的要求。我們需要清楚地說明自己的感覺,以及所期待的行為和結果,以便能達成提供資訊之目的。

三、維持適度的目光接觸和自信姿勢

個人的非語言行為會傳達我們對自己立場的堅持程度。當我們隨時保持穩定的眼光接觸，以放鬆而投入的身體姿勢來傳達自信，如此必能使別人可以感受到我方認真的態度，然而，亦非以怒目瞪視對方來表現自己的自我肯定；但反覆將個人視線移開卻是一種順服的表現，這類行為在此是絕對需要避免者。

四、使用肯定而愉悅的說話語調

通常咆哮和嚴厲的語調是象徵激進性的言詞攻擊，卻非自我肯定行為表達所應採用者。自我肯定的訊息是在於言語內容之真實而肯定，卻可經由正常音調、音量和頻率來加以傳達。

五、說話要流利些

切忌避免發音停頓或其他的不流利語言之表露，因為如此一來會造成對方很快就能夠感覺到那種猶豫不決的情況，如此必會使自我肯定的訊息表達大大地打了折扣。

六、敏銳地感受到其他人的面子需要

前面曾多次提及，自我肯定訊息表達之目的，就是要在不傷害雙方感情的前提下而能影響他人。如此的訊息內容應可符合別人的面子需要，也同時能呈現表達者之需要。

然而，在整體自我肯定行為的表達過程中，最重要的是，必須了解你無法藉由自我肯定每次都達到你的目標。就如同自我揭露和陳述感覺一樣，採取自我肯定仍是有它的風險。例如，某些人會把任何自我肯定的行為貼上「激進」的標籤。然而，對於在自我肯定上有困難的人們而言，他們通常很難接受自我肯定的潛在利益遠大於其風險。請記住，我們的行為教導別人如何對待我們。當我們表現消極，人們就會輕忽我們的感覺，因為這是我們教導他

們能夠這麼做。當我們表現具有激進性，我們也在教導人們可以採用同樣的方式回應。對照之下，當我們自我肯定時，我們能夠影響他人以我們希望被對待的方式來對待我們。

參　自我肯定行為的指導原則與實用技巧

以下是在練習自我肯定行為時，有用的四項指導原則說明如下（黃鈴媚、江中信、葉蓉慧譯，2007；Verderber, Verderber, & Berryman-Fink, 2006）：

一、辨識自己的想法或感覺

自我肯定行為多半是要強調與爭取自己的偏好及保護自己相關之權利，其中的重點就在於「我的想法」及「我的感覺」。因此，在進行自我肯定行為的第一步，亦即要能清楚地辨明自己真正的感覺和想法。

二、分析造成感覺的原因

個人的感覺往往是複雜而抽象者，再加上人在自我防衛機制運作之下，經常無法搞清楚真實的感覺究竟為何，而必須嘗試去深究其原因有哪些，如此在自我肯定行為的表達中，方能掌握真正重點之訴求。

三、選擇適當技巧來溝通感覺及爭取結果

自我肯定行為有許多不同方式的表達技巧，而面對不同人、事、物與情境的差異時，可考慮選擇最適當或較為熟悉的技巧，來溝通自己的真實感覺，或極力爭取屬於個人權益的有利結果。

四、跟適當的人溝通這些感覺

可找尋適當的同儕或友人，讓自己有機會向其表達相關的感覺與情緒，藉此可收先行歸納整理之效，同時亦可視為一種練習或磨練的機會，以便正式表達自我肯定行為時成效更佳。

俗話說：「羅馬不是一天造成的」，也提到「路是無限的寬廣」。如果我們認為在同儕與人際互動過程中，合理的表達、要求、爭取及拒絕都有其相當之必然性，就應該勇敢地去學習與嘗試自我肯定行為的第一步，學習從你覺得成功之可能性較大的情境先開始，久而久之自然能得心應手。

肆　破唱片的自我肯定行為技巧

破唱片（broken record）的肯定行為技巧，是借用「破唱片」不斷重複某一相同內容，以進行自我肯定行為之呈現。早年，唱片內容的播放是要將唱片放在唱盤上，在開電轉動唱片之際，將唱針置於想要聽的部分播出來即可；而所謂的「破唱片」也非真正破成碎片者，而是因唱片不小心被刮了一條痕跡，之後每當唱針轉到這條刮痕時，就會發出相同的聲調啦！

茲舉一例來做說明，如張先生在上班前太太特別叮嚀，要求其回家途中繞到百貨行去買一個蒸汽電熨斗，同時再三提醒一定要插電試過且要殺價才成。張先生果如太座所說，下班後來到店中，挑了一個蒸汽電熨斗並詢問價錢，店員Ａ小姐告知為一千二百五十元，張先生幾經交涉最後以一千二百元成交，同時要求店員Ａ小姐插電試試，哪知她卻回答：「這個產品有正字標章，在出廠前均有通過嚴格測試，品質保證絕無瑕疵！」張先生聽了覺得也有道理，就由Ａ小姐將貨品包好付帳後帶回家中。

回到家中，張先生將蒸汽電熨斗交由太太使用，誰知不管怎樣操作或轉動蒸汽電熨斗開關，都未能發出任何熱度來運作。經張太太再三詢問先生，才知該產品在購買時，根本未經插電試過的程序。如此一來，誰的權利受損最大？當然，這必定是非張先生莫屬啦！他第二天就帶著這件瑕疵品返回那個百貨行，要求更換一個新而能正常使用的蒸汽電熨斗；哪知到了店家的原販售部門卻發現，只見當班的另一位店員Ｂ小姐而不見昨天售貨給他的店員Ａ小姐。以下為張先生為此爭取其個人應有權益之相關對話摘述：

張先生：「請問，昨天傍晚這個部門好像不是妳當班……」

B 小姐：「是那位 A 小姐！她今天休假。有什麼事可以為您服務嗎？」

張先生：「我昨天由 A 小姐手中買了一台蒸汽電熨斗，這是當時開立的發票……」

B 小姐：「由發票來看的確如你所說。這又有何問題嗎？」

張先生：「我買了回家後怎麼試它都無法運作，所以我要求換一台好的蒸汽電熨斗回去……」

B 小姐：「先生！我剛試過，的確無法正常發揮功能！但我怎麼知道你在這過程中是否有摔過或其他不當使用？何以你當初購買時不先試一下，如今依本店規定：貨物既已出門，一律概不退換……」

張先生：「我當時曾經要求 A 小姐插電試試，她卻告知這產品有正字標章，在出廠前均有通過嚴格測試，品質保證絕無瑕疵！但我買回去才發現不能用……所以我要求換一台好的蒸汽電熨斗回去。」

B 小姐：「對不起！我剛才已經說過本店的售貨規定，個人實在無權為你更換新貨……」

張先生：「我無法接受花費一千二百元，卻買了這種不能用的瑕疵品。妳既然無權更換那就請有權的人來談！我要求換一台好的蒸汽電熨斗回去。」

B 小姐：「你等一下吧！我去找店長來……」

店　長：「這位先生，有什麼事我可以為您服務呢？」

張先生：「……（將方才與 B 小姐交談重點重述一次），所以我要求換一台好的蒸汽電熨斗回去」

經過店長仔細察看購物發票，也查核了昨天店中相關的出貨紀錄……

店　長：「OK！我答應更換一台好的蒸汽電熨斗給你，但有一些更換貨品所需的作業文件需要由你簽名……」

張先生：「只要能答應我的訴求：我要求換一台好的蒸汽電熨斗回去……

其餘的我當然會全力配合……」

經過一陣子作業程序與相關文書簽核後，終於完成了更換手續……

B 小姐：「先生！這是剛才插電試過，一切正常的新蒸汽電熨斗，給您
　　　　　包好了請收下。抱歉！這次給您添麻煩了！歡迎下次再來光顧
　　　　　本店！」

　　此即為一個典型運用「破唱片的肯定行為技巧」之案例，文中的張先生
所主張的自我肯定訴求是「我要求換一台好的蒸汽電熨斗回去」，非常的清
楚而明確，這句話也就是如前所述破唱片法中被刮的那一條痕跡，每當表達
爭取時只要唱針轉到這條刮痕，就會發出相同的要求聲調啦！這也有點像俗
話所說的「閻王易見，小鬼難纏」！一般的情況，部門主管確實會有較大權
限，但他通常都不會站在第一線，此一區域都是小鬼（小職員）在當差，負
責盡量快速解決各樣問題！小鬼不能隨意棄守其職責，然而只要稍加對抗小
鬼的意思到了，他也會很自然地將不易解決的問題推向自己的主管！訴求者
若能見到該單位主管時問題就解決了一半，因為這就是已經找到了較有權限
的閻王！此一情形拿來與本節一開始所列出的經驗分享相互對照，即可清楚
明瞭自我肯定行為技巧之精華為何！

伍　如何拒絕對方

　　「拒絕」（refusal）簡單地說就是否定對方的提議或要求。這在同儕之
間的人際互動與彼此往來上，也是一門大學問。在本節前述之討論，多半聚
焦在如何爭取應有的權益，除此之外，在自我肯定行為中還有另外一半的範
疇，就是針對「如何去拒絕對方之不當要求或提議」部分！其實，在有效地
「拒絕對方」過程中，同樣可運用自我肯定行為中之相關技巧。

　　譬如：在春節期間要擬定單位的輪值表，經過大家討論後同意抽籤來決
定，誰知抽完籤後，有位籤運不佳的同事纏上你，用盡一切威脅利誘手段，

來要求你跟他換班；但你個人也極不願意答應時，就可運用破唱片的肯定行為技巧來拒絕對方。其中最重要的就是得緊守那一條刮痕策略——「我也有困難，這次春節輪值絕對無法與人換班」，不管對方如何舌燦蓮花般地滔滔不絕提出訴求，你可以耐心地聽完後，在每次回應中，必得提到「……我也有困難，這次春節輪值絕對無法與人換班！」如此這般地幾經折衝之後，對方必定因為無法得逞而悻悻然地離去！

俗話說：「寬待敵人，就是虐待自己！」我們應該事前就想清楚，針對他人不合理的要求或請求，明明就該一開始就堅決地一口拒絕！何以每每拉扯了一半天，最後又是悄悄地讓步或是糊里糊塗地答應下來！所以，要想在「拒絕他人」方面能圓滿達成，就得多多依照前面所提在練習自我肯定行為時，要常使用辨識自己的想法或感覺、分析造成感覺的原因、選擇適當技巧來溝通感覺及爭取結果及跟適當的人溝通這些感覺等四項指導原則，久而久之在「拒絕他人」方面必然能夠達到熟能生巧的境界。

第三節　彼此信任與維持雙方良好的情誼

壹　彼此信任

信任（trust）是以一種冒險的方式把信心寄託在別人的身上，同時也是一種預測：如果你洩漏自己的秘密給別人，其結果對你會有利。我們通常會信任那些不會傷害我們利益的人（LaFollete, 1996）。

而Rusbult、Olsen、Davis和Hannon（2001）的研究則指出：當夥伴之間信任增加時，他們之間的依賴更加深；也就是說，彼此之間的滿意度增加，且願意放棄其他選擇，而願意在這樣的關係中增加投資。

Boon（1994）的研究中發現，在培養彼此信任的良好關係過程中，會有以下四類：

一、可靠的夥伴

可靠的夥伴（dependable partner）是隨時隨地都可以依賴仰仗的，我們可以知道只要是有任何需要，這個人一定會在。

二、有回應的夥伴

有回應的夥伴（responsive partner）其採取之相關行動，會全部都用來回應對方的需求，甚至有時還會不惜以犧牲自己的有關利益，來遷就與完成對方之所需。

三、有效解決衝突的夥伴

有效解決衝突的夥伴（effective conflict-resolving partner）是一個能夠以合作的方式協助處理衝突的人，在雙方能夠用公平與建設性的方式解決衝突時，彼此都信任其能在兩利之下解決衝突。

四、誠信的夥伴

誠信的夥伴（faithful partner）是會堅定地相信對方值得信任，也同樣堅定相信彼此的關係持久不變；反之，若是聽到對方經常懷疑彼此關係能否維持時，其關係將注定生變。

貳　增進同儕之間良好關係的策略

在生活中最正向的也是令人感到快樂的事就是：建立良好的關係；而最讓人難過的事則是：喪失了關係。因此，如何幫助個人在同儕間建立良好的人際關係，也是一件相當重要且吃重的事情。根據本書前面對於人際關係與溝通的剖析，再參酌相關學者專家之論述（王以仁、林淑玲、駱芳美，2006；朱敬先，1992；苗延威譯，1996；Kaplan & Stein, 1984；Keirsey & Bates, 1984），提出增進同儕間人際關係的八項綜合策略如下。

一、建立正向信念

　　通常人際關係不好的人，會有較差的自我概念、消極的自我對話，對事情亦常有不當的解釋。也由於這種消極、負面的信念，使得其人際關係也不好。大多數人並不喜歡和一個沒有自信、畏畏縮縮的人交往；換句話說，每個人其實是以自己的「個性」在與他人交往，將自己的「個性」表現於行動舉止上。因此，要想改變自己與同儕的人際關係，首先要建立起對自己正向的信念。這些信念可以包括有關的道德，或是良好的人格特質，譬如：愉快的心情、寬宏大量、真誠、堅毅、同情心、正直無私、可信賴、感恩圖報、自制、謙恭有禮等。如果有個人真擁有這些特質，他不必刻意也會有相當好的人際關係，因為誰都喜歡與這種人交往。因此，要建立正向信念，可期待人們先從下列三點做起：

(一)保持愉快的心情

　　對於周遭的人、事、物要有正向的評價，遇到不愉快的事情要能保持冷靜的頭腦、愉快的心，經常往好的方面想。這也許要花自己好長久的時間，畢竟負面的思考模式也是花了好久的時間才養成的，因而對於自己更要有耐性。

(二)相信自己有能力改變現狀

　　不要太快放棄自己。當別人放棄自己時，要相信自己有能力改變現狀，其實就是要你能堅持信念，繼續地努力不懈。對自己能保持信心，是個人邁向成功最重要的條件之一。

(三)隨時尋找協助與支持

　　在現實生活中人際不睦的人，並不表示他就沒有任何人會支持或幫助他。同時，專業的輔導機構通常能提供必要的協助與支持，如：張老師、生命線、學校內的輔導中心，或社會上類似的輔導機構，通常都能在我們面對挫折時，提供澄清自己情緒、觀念並再出發的力量。

二、做好印象整飾

人際吸引的第一個條件是良好的第一印象。本書前面提過，第一印象包括個人的外貌、衣著、談吐、舉止，及非語言肢體動作等。因此，要讓人印象深刻，第一次接觸就須給人留有好印象，要做好印象整飾工作，可包含下列二項：

(一)整潔的外表

多數人不喜歡邋遢、不清潔的人。並非一定要讓自己衣著光鮮亮麗，樸素的衣著有時候反而更平易近人，但很重要的是，應保持乾淨、整齊，且適合個人的年齡、身分。

(二)適度的舉止談吐

在這方面很難加以精確地定義，因為在不同的場合有不同的要求。例如，在同學或同儕之間，所要求的是自然、真誠、符合青少年次級文化的用語及行為舉止，這時候，正經八百的言行反而會讓人覺得這個人太硬梆梆而格格不入；相反的，在正式會議中太過隨便而率性的言行，會讓人覺得輕浮而不受尊重。因此，在進入團體表現行為之前，應先觀察整個環境，並了解自己身處何境，而後才調整自己的行為舉止。

三、了解規則

規則可以幫助自己盡快地打破限制而與他人溝通往來，因此，要有良好的同儕關係就應先了解其人際交往之規則。沒有人可以告訴你所有的互動規則，規則到底在哪裡？其實很簡單，就在嘴上。不知道規則時，問問別人就知道了；不知道該穿什麼樣的衣服，去參加畢業前的謝師宴，問問要去參加的人或是過來人，應該就可以得到答案。了解規則是要讓個人知道不同人際關係網絡中的遊戲規則，以免自己誤觸規則而被排斥，這也是讓個人盡早融入同儕關係的好方法。問題是，對於不能接受的規則應該如何面對呢？其實，要學會去尊重相關之規則，例如：禮節與民俗的建立過程相當漫長，且其影響層面十分廣泛，不可能在短時間內就有極大的改變，因此先要懂得尊重它，

再依情形決定如何去自處。

四、社會技巧的訓練

　　為了有較佳的人際關係，社會上出現許多有關社會技巧訓練或溝通技巧訓練的課程，如卡內基訓練等，藉以教導個人在短時間內增進其社交技巧及溝通能力，倘能多參加這種訓練課程，可有效地增進自己的人際關係。一般學校的輔導單位也可能辦理類似的小團體輔導活動，在課程中會教個人如何與陌生人談第一句話、意見不同時如何交談、如何說「不」、如何維繫關係等，對於人際關係的改善確能提供實質的幫助。

五、增進自我的覺察力

　　覺察力其實就是敏覺力、敏感力，也就是對情境的觀察力。若以Sternberg的智力理論來看，就是所謂的人際智慧。人際智慧是個人洞悉環境中人際交往與互動關係的能力，有些人天生在這方面的能力就高；不過，這種能力也可經由後天的訓練而加強。事實上，每一種情境要求個人對自我的表白均不同，若就適應的觀點來看，個人確實需要有相當的人際覺察力，才足以適應各種不同的環境所需。

六、主動參與

　　同儕間人際關係不佳的原因之一，可能是個人欠缺適當的社會交往機會。因此，要擴大個人的互動交際範圍，加強與同儕間的交往與互動，積極地參加相關的社團活動等，都有助於人際關係的擴展。其實，日常生活中可參與活動的機會有很多，故人際關係不好的人並非沒有活動可參加，而是因為他自己處處自我設限。因此，最需要突破的是自己個人參與人際活動的觀念，在初次參與時可以找熟悉的人一同前往，也可以參與半強制或強制性的活動，幾次下來就會覺得較自在。

七、掌握波此互動與信任

同儕間人際關係的往來，多半會基於彼此互動的原則。吾人不是常說「要想怎麼收，先去那麼種」；我們怎樣去對待別人，對方也會同樣地回應我們。因此，在同儕往來過程中宜掌握主動式的互動，凡是先從自己要求、自己做起；同時，要學習去信任對方，並要能扮演著誠信的夥伴角色。

八、提供他人需要的互惠條件

依據社會交換理論的觀點，人際間的互動必須是互惠的方能維持長久。所謂互惠並不一定是物質上的互惠，而要更重視精神上的互惠。譬如：經常為他人服務、擁有同理心、接納不速之客或初入團體的人等，都能讓個人受到廣大同儕之歡迎。

　　同儕是指在一個團體中之個人，其年齡或社會地位或能力與此團體中的其他人相同；《韋氏字典》對同儕所下定義是：與別人有相同立足點的人。另有學者則針對青少年與同儕容易形成團體的特色，而對同儕團體定義為：是指兒童或青少年們自由組合的團體，成員們在年齡上極為相近，團體中成員關係非常親密，成員們認同團體的行為標準，有隸屬感且持有類似的價值觀念。在此所提的同儕，即泛指社區生活中的好友、學校班級中的同學，及組織工作中的同事等。

　　孩子的人格發展等於人際關係的總和，雖然父母是兒童最早開始建立人際關係的對象，但是到了學齡期，便把重心轉向同學和朋友，以尋求情感的慰藉、認同與支持，所以同儕是具有相當影響力的。同儕團體對兒童與青少年而言，具有發展自我概念、建立自尊及自信，促進個體的社會技巧，在同儕團體中尋求歸屬感，對個人產生教育上的影響，以及刺激社會認知發展等五項功能。人終其一生都是需要朋友的，同儕友伴對於個人的社會化發展尤其重要。除了前述的五項功能外，其他功能還有：透過社會性的比較，可以尋求自我肯定和建立自我概念等。

　　國內近來相關研究發現：同儕在青少年的成長過程中，占有舉足輕重的地位。除了逐漸取代家庭地位，給予青少年支持外，也能提供其行為學習與試驗的場所；同時，同儕能提供情緒的抒發與生活經驗的分享，滿足親密的需求，更提供其基本的社交地位，讓青少年為進入未來的社會早做準備。

　　心理學家們從實驗中研究出同儕之間，人與人互相吸引有六個因素，分別是：(1)彼此的接近；(2)態度的相似；(3)需求的互補；(4)能力的表現；(5)外在吸引力；(6)自我的開放。

　　自我肯定行為是一種在強調與爭取自己偏好及保護自己權利的同時，也能尊重他人的偏好和權利的表現。許多人面對本來應該屬於自己的權益和企圖說服和取得他人順從的過程中，仍然無法有效地發揮該有的影響力，即為

其無法表示出個人自我肯定的行動所致。自我肯定需要我們能夠真實而堅定地敘述我們的感覺，或用語言表達我們的需要和個人的權利。自我肯定訊息包括敘述感覺、提供支持一個信念的好理由，或是建議我們認為是公平的行為或立場；自我肯定的陳述不是為了戲劇性的誇張效果，更不能對他人進行人身攻擊。

當個人公開陳述其誠實意見、需要和權利，以說服其他人的同時，也應學習能尊重其他人的感覺、需要和權利，如此才能稱其為個人所採取的自我肯定行為。自我肯定的行為與推銷行為或激進行為之間最大的差別，不在於個人如何感覺，而在於其所採取的作為方式，能否做到尊重他人的感覺和權利等。

自我肯定行為的表達過程中，包括擁有自己的想法、思想和感覺；清楚說明行為和感覺；維持適度的目光接觸和自信姿勢；使用肯定而愉悅的說話語調；說話要流利些；及敏銳地感受到其他人的面子需要等六項主要的訊息特徵。而在整體自我肯定行為的表達過程中，最重要的是必須了解你無法藉由自我肯定，每次都達到你的目標。就如同自我揭露和陳述感覺一樣，採取自我肯定仍是有它的風險。

在練習自我肯定行為時，四項有用的指導原則分別是：(1)辨識自己的想法或感覺；(2)分析造成感覺的原因；(3)選擇適當技巧來溝通感覺及爭取結果；以及(4)跟適當的人溝通這些感覺。

破唱片的肯定行為技巧，是借用「破唱片」不斷重複某一相同內容，以進行自我肯定行為之呈現。所謂的「破唱片」也非真正破成碎片者，而是因唱片不小心被刮了一條痕跡，之後每當唱針轉到這條刮痕時，就會發出相同的聲調啦！

「拒絕」簡單的說就是否定對方的提議或要求。在有效地「拒絕對方」過程中，同樣可運用自我肯定行為中之相關技巧。要想在「拒絕他人」方面能圓滿達成，就得多多依照在練習自我肯定行為時，要常使用的四項指導原則，久而久之，在「拒絕他人」方面必然能夠達到熟能生巧的境界。而在培養彼此信任的良好關係過程中，可分為可靠的夥伴、有回應的夥伴、有效解

決衝突的夥伴，及誠信的夥伴等四類。

　　一般的情況，部門主管確實會較有權限，但他通常都不會站在第一線，此一區域都是小職員在當差，負責盡量快速解決各樣問題！小職員不能隨意棄守其職責，然而只要稍加對抗小職員的意思到了，他也會很自然地將不易解決的問題推向自己的主管！訴求者若能見到該單位主管時，問題就解決了一半，因為這就是已經找到了較有權限的人啦！

　　增進同儕間人際關係的綜合策略，可包含以下八項：(1)建立正向信念；(2)做好印象整飾；(3)了解規則；(4)社會技巧的訓練；(5)增進自我的覺察力；(6)主動參與；(7)掌握彼此互動與信任；(8)提供他人需要的互惠條件。

班級／小團體活動

※「肯定的自我表達」活動。

活動名稱：肯定的自我表達。

活動成員：同班、同寢室或修課同學，以 5-8 人分為一小組來進行。

活動時間：30-40 分鐘。

活動方式：一、發給每位小組成員一張白紙，並請他在 15 分鐘內填完以下三
　　　　　　　　個句子：

　　　　　　　　㈠我是……

　　　　　　　　㈡我需要知道……

　　　　　　　　㈢我想要變成……

　　　　　　二、隨後，分別針對每一個相同主題的句子，由小組成員輪流大
　　　　　　　　聲將自己的答案唸出來。

　　　　　　三、每當有一名成員唸完他的答案後，其他成員可立即給予回饋。

本章習題

一、在目前所屬的同儕團體，對你而言具備哪些功能？請一一加以具體舉例來論述之。

二、試根據人與人互相吸引的六項因素來進行自我評估，找出你在其中最占優勢的一項，並加以詳細說明與探討之。

三、在面對惡質情境針對他人的死纏爛打時，你要如何才能有效地「拒絕他人」？試提出你可能使用的策略或技巧來加以分析之。

四、請針對下列的二種情境，分別列出「破唱片的肯定行為技巧」中之那條刮痕來表示你的主要訴求。

　　甲、在目前服務的同一個單位中擔任了八年的基層員工，而與自己相同學歷與程度的同事，幾乎全都早已升到小組長以上職務。在這次即將辦理的升遷作業中，個人想向主管爭取小組長職缺！

　　乙、個人目前雖為單身貴族，在財物方面無所匱乏。但面對同單位的小李，老愛裝闊有錢就亂花，手頭不便時就到處借錢但還錢卻不乾脆！過兩天就要發年終獎金，而小李已經在四處打探想要借錢帶女友去歐洲旅遊，要如何斷然拒絕他！

五、在培養彼此信任的良好關係過程中有四類夥伴，在你所屬的同儕團體中最常扮演哪一類夥伴？並請舉出三項實例來說明之。

276

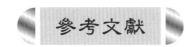

一、中文部分

王以仁、林淑玲、駱芳美（2006）：**心理衛生與適應**（第 2 版）。台北：心理出版社。

石培欣（2000）：**國民中學學生家庭環境、同儕關係與學業成就之相關研究**。未出版之碩士論文，國立高雄師範大學教育研究所，高雄。

朱敬先（1992）：**健康心理學**。台北：五南出版社。

呂翠夏譯（1994）：**兒童的社會發展——策略與活動**。台北：桂冠圖書公司。

吳立焉譯（1987）：**兒童也需要友誼**。台北：桂冠圖書公司。

吳美均（2006）：**青少年親子互動、同儕互動、氣質與行為適應之研究**。未出版之碩士論文，私立大葉大學教育專業發展研究所，彰化。

林世欣（2000）：**國中學生自我概念與同儕關係之研究**。未出版之碩士論文，國立屏東師範學院教育研究所，屏東。

林崇德主編（1995）：**學生心理學**。台北：五南出版社。

林青青等（1998）：**孩子的世界**。台北：桂冠圖書公司。

苗延威譯（1996）：**人際關係剖析**。台北：巨流出版社。

施玉鵬（2002）：**出生序、父母管教方式對國小高年級學生自我概念、同儕關係、社會興趣之關係研究**。未出版之碩士論文，國立台南師範學院輔導教學碩士班，台南。

徐西森、連延嘉、陳仙子、劉雅瑩（2002）：**人際關係的理論與實務**。台北：心理出版社。

郭靜晃、吳幸玲譯（1993）：**兒童發展——心理社會理論與實務**。台北：揚智出版社。

黃國彥、李良哲（1986）：**心理學**。台北：華視出版社。

黃惠惠（1999）：**自我與人際溝通**。台北：張老師出版社。

黃鈴媚、江中信、葉蓉慧譯（2007）：**人際關係與溝通**。台北：前程文化公司。

張春興（1989）：**張氏心理學辭典**。台北：東華書局。

陳皎眉、鍾思嘉（1996）：**人際關係**。台北：幼獅文化公司。

劉樹斐（2000）：**自尊的多面向對大學生憂鬱與攻擊行為的影響**。未出版之碩士論文，國立政治大學心理研究所，台北。

羅品欣（2004）：**國小學童的家庭結構、親子互動關係、情緒智力與同儕互動關係之研究**。未出版之碩士論文，國立台灣師範大學教育心理與輔導研究所，台北。

蘇秋碧（2000）：**國小六年級被同儕拒絕兒童其被同儕拒絕因素之研究**。未出版之碩士論文，國立台中師範學院國民教育研究所，台中。

二、英文部分

Baumrind, D. (1971). Current patterns of parental authority. *Developmental Psychology Monographs, 4*(1), 1-103.

Boon, S. D. (1994). Dispelling doubt and uncertainty: Trust in romantic relationships. In S. Duck (Ed.), *Dynamics of relationships* (pp.86-111). Thousand Oaks, CA: Sage.

Doise, W. & Mugny, G. (1984). *The social development of the intellect.* Oxford: Pergamon.

Kaplan, P. S. & Stein, J. (1984). *Psychology of adjustment.* Belmont, CA: Wadsworth.

Keirsey, D. & Bates, M. (1984). *Please understand me.* CA: Prometheus Nemesis.

LaFollette, H. (1996). *Personal relationships: Love, identity, and morality.* Cambridge, Mass: Blackwell.

Mruk, C. (1995). *Self-esteem: Research, theory, and practice.* New York: Springer.

Rusbult, C. E., Olsen, N., Davis, J. L., & Hannon, P. A. (2001). Commitment and relationship maintenance mechanisms. In J. Harvey & A. Wenzel (Eds.), *Close romantic relationships: Maintenance and enhancement* (pp. 87-113). Mahwah, N. J.: Erlbaum.

Verderber, K. S., Verderber, R. F., & Berryman-Fink, C. (2006). *Inter-Act: Interpersonal communication concept, skills, and contexts.* Oxford University Press.

第十章

小團體互動與溝通

◉本章學習目標◉

- 何謂「團體」？何謂「小團體」？

- 小團體大略可分為哪七類？

- 小團體的功能及效益為何？

- 有效的工作團體須具備哪七項特質？

- 在團體的領導過程中，有哪三種主要領導風格？

- 小團體互動溝通時，其成員所扮演之角色有哪三種？

- 傳統問題解決方法為何？理性問題解決之決策程序又為何？

- 何謂「謠言」？在團體中要如何才能減少謠言的中傷？

- 團體決策有何優點與缺點？

- 團體決策的新技術為何？各有何優點呢？

 報紙投書

給個正面管教模式吧！

　　教育部近年來本諸人本精神，大力提倡「零體罰」政策。先是廢除多年來的髮禁、鞋襪禁，繼而提出嚴禁任何形式的體罰，不僅打手心、交互蹲跳、青蛙跳等要禁止，連責怪學生「罵豬、笨」也算是體罰的範疇。當然，有部分教育第一線的老師認為如此規定過於簡化，難免會有動輒得咎之壓力，而不禁大大感嘆今日老師的難為。

　　其實，老師在教育現場傳道、授業、解惑的過程中，不但要恪遵教育主管當局之相關規定，同時也得體認時代社會思潮的轉變。在師資養成教育中，講台上的教授不是經常提醒大家「教學是一門藝術」，要隨時懂得變通與創新嗎？

　　不過，西洋有一句諺語說道：「創新源自於豐富的知識」。也就是說，創造與創新，看來像是「無中生有」，其實更像是「有中變新」。換句話說，教育主管單位不宜單單針對嚴禁體罰項目洋洋灑灑的「負面表列」，能否積極一點提供更多合宜且有效「正面表列」的管教方式。

　　記得，十多年前，台灣省教育廳輔導團曾花了一年多的時間，在全省各地進行「優異教學技巧」的蒐集、競賽及辦理研討會，進而編撰出好幾本的優異教學技巧專書，提供全國教師們在教學中可加以參考運用。

　　在此，建議各級教育主管單位，何妨也來舉辦一些「有效管教方法或班級經營妙方」的研討或研習會；不僅由教師們來現身說法，並請大學教授來指導之外，亦可歡迎家長與民意代表們一塊兒來共同腦力激盪，以便能找出更多有效的管教方法。（本文係本書作者在 2007.02.22，發表於《中國時報》第 15 版「時論廣場」）

　　上述文章所述是因近年來教育主管當局，在大力提倡零體罰管教政策下，相繼廢除了中學生的髮禁、鞋襪禁之外，也嚴禁任何形式的體罰。這項政策若從人權與人本主義角度出發，應是絕對無可厚非者！然而，在第一現場的教師面對嚴禁體罰項目諸多的「負面表列」，確實會感到有些無所適從！因而期盼能否透過共同腦力激盪方式，找出更多合宜且有效「正面表列」的管

教方式。在本章當中，也將分別針對小團體領導的內涵與功能、小團體的互動與引導技巧，以及集體溝通與決策等部分，一一加以說明如後。

第一節　小團體領導的內涵與功能

壹　小團體的意涵與類型

　　在介紹小團體之前，先談談何謂「團體」（group）？其簡單的定義是指兩個人以上為了某一目標，聚在一起進行一些特定的互動及互相影響（程小蘋等譯，1995；Forsyth, 1990；Jacobs, Harvill, & Masson, 1994）。而「小團體」（small group）僅特別在其人數上有所限制，大概以七至十二人為宜，其餘應與團體定義相類同。

　　一般組織與行政談領導時，多半所界定的團體範疇人數可由幾十人到幾百幾千以上，在本書與本章中暢談人際互動與溝通，較側重於彼此相互的往來及回饋，故在人數方面的規定頗為嚴謹，而將其局限於小團體的範圍內。因為，通常團體的人數愈少，彼此間互動可能會相對增加；而當團體的人數愈多時，則易使成員參與彼此互動的機會減少（王慧君等，1996）。

　　根據目標的不同，可將小團體大略分為七類（程小蘋等譯，1995；Jacobs, Harvill, & Masson, 1994），一一加以扼要說明如後：

一、教育性團體

　　這類小團體主要是為了針對成員的要求，提供其不同主題的資訊，並催化成員間的互動來幫助成員們學習。

二、討論性團體

　　這種小團體的焦點往往在主題或議題上，而非成員個人關切的問題上；

其主要團體目標在於使成員有機會分享彼此的觀點,並相互交換資訊。

三、任務(工作)團體

此種小團體的組成是有任務待完成,或是有明確的系列工作要去執行,所以也可稱之為工作團體。

四、支持性團體

這種小團體的成員會分享自己的想法、感受,同時也傾聽別人的分享;如此不僅可檢視多數成員針對同一問題的不同看法,且成員間也可發展出一種共通感,而能夠彼此互相支持。

五、成長性團體

此種小團體是為了那些希望獲得團體經驗,或是想要更了解自己的人所設立者,並藉此可促使成員有成長的機會。

六、治療團體

這類團體的目標相似於成長或支持團體,均是藉由分享個人關心的焦點,並聆聽他人關心的問題來促進成長或解決其困擾問題。

七、自助性團體

這種團體基本上是由成員自己所組成,同時並無固定的領導者,且其成員的加入或退出亦較為隨意為之。

由上述介紹的七種不同類型小團體分析,有時同一個團體同時包含好幾個類型也有可能,譬如:某一個討論性團體亦同時具有教育性團體與任務團體的特性。在本章中探討小團體互動與溝通的內容時,基本上也以泛指之工作團體為代表來論述,也就是偏重於在團體內的溝通、討論及互動為主軸,而不牽涉到支持、成長和治療的部分。

貳　小團體的功能與效益

有關小團體的功能及效益，經歸納整理可包括以下四項（王以仁等，1993；宋湘玲、林幸台、鄭熙彥，1989；黃惠惠，1993；Corey, 2000）。

一、經濟成效

在小團體互動過程中，團體內十位左右的成員都可以同時加入討論與溝通，如此可以發揮節省人力及在時間上獲取最大之經濟效益。

二、產生共鳴

小團體在討論的互動過程中，往往容易產生某種程度的共鳴現象，因為彼此共同針對團體內某一主題或議題溝通時，很容易產生這種共同的感受。

三、身歷其境

在團體互動中藉由彼此的互動，可將某些問題加以具體化，而讓其成員擁有幾乎是身歷其境的真實經驗。

四、多元觀點

在小團體的成員之間，可以發揮相互回饋（feedback）的機會，因而針對同一議題往往會產生多元的觀點，而能協助其深入地討論、溝通與決策。

參　良好工作團體之安排

相關團體的研究指出，有效的工作團體須具備以下七項特質（曾端真、曾玲珉譯，1996；Verderber, Verderber, & Berryman-Fink, 2006）。

一、良好工作環境

好的工作環境能促進團體成員之間的互動。以團體座位安排而言，最理想的安排是圍成圓形或橢圓形，讓每個人都能看到全體的成員，亦即每位成員都是平等的。如果場地沒有圓形桌子，那麼最好把桌子移開，或是把桌子排成四方形，使其成類似圓形的排列。圓形排列的優點是視線較好，說話的動機性會較高；若是長方形的桌子，坐在頂端的人易被看成是身分較高者，或被當成是領導者。

二、適當成員人數

有效團體成員人數之考量，以能引起足夠的互動，但又不會頻繁到讓討論變得冗長沉悶之程度。通常在工作團體中以六至八人為較恰當者，因人數若低於六人則嫌太少，萬一再有一、二人請假或缺席，團體則無法有足夠的人員參與溝通。反之，如果團體人數多於九、十人以上，則沉默者將更不會發言，且在團體人數較多時，將只有固定幾個人（二至四人）在發言，其他人則會顯得較被動與安靜。

三、發展出凝聚力

凝聚力（cohesiveness）是指成員結合在一起而互相吸引，且共同投注在工作任務上。而發展團體凝聚力有下述三個要件：㈠團體本身目標的吸引力；㈡成員間有共同的需求和興趣；㈢提供成員人際需求的滿足，如，情感需求（愛人與被愛）、歸屬需求（和他人共屬於團體的一員）、控制需求（握有決定權）。只有一次聚會的團體不易形成凝聚力，但是對持續性團體而言，凝聚力是其應有的特質。凝聚力通常在第一次聚會之後會開始滋生而後繼續增長，在團體功能達到最佳狀況時，凝聚力應該已經形成。

四、對任務的信諾

在工作或任務團體中，無論其任務是被指派的或是由團體成員自行決定

者，全體成員都必須盡全力投入於此任務中，才有可能獲致成功。當任務愈重要時，成員往往將會愈致力於任務的完成。

五、遵守團體規範

為了工作團體有效運作，必須去制定團體規範，以作為全體成員的行為守則，因規範對成員行為有非常大的影響力。團體在開始之初便應著手建立規範，在成員互相熟識之後，規範會隨之改變而趨於完備。規範的形式可能是訴諸文字的守則，也可能是具有效力的彼此約定，或是在某種特殊狀況下發展出來的規定。規範亦有助於凝聚力的發展，當成員遵守規範時，將會和其他成員有較好的關係。

六、達成全體共識

如果一項決定並非團體思考與互動的結果，則將失去團體互動與溝通的意義。當決定是來自團體互動的結果時，成員將比較願意投入所做的決定中，工作的過程也會比較愉快。理想的情況是該決定是全體團體成員所共同贊成的。團體對一個問題已有足夠的討論後，會有成員提出要大家表明立場的問題，若大家都同意則達成共識。若成員的意見不一致，則必須繼續討論，直到能博採眾議為止。

七、具備角色要件

角色是指能顯示個體在團體中之地位特質的行為模式。團體成員中有任務角色和維持角色。任務角色（task role）指的是團體成員完成某些工作以達到團體目標；維持角色（maintenance role）指的是成員展現能讓團體順利運作的行為。這些角色都和本書前面所談的人際關係與溝通技巧有關，團體中並非每個角色都能產生正向功能，有時成員會有意或無意地表現出一些有害於團體運作的言行出現。由於領導者對任何團體都是很重要的角色，以下將專門討論此一重要角色。

肆 小團體領導者的要件

在小團體的運作當中，每位成員的參與、投入與互動是相當重要的一環。同時，該團體領導者是否適合而稱職，也是團體能有效運作之關鍵人物。不論何種類型或情形，團體都需有人來領導，而要想成為一位有效的小團體領導者，則須具備以下五項先備要件（曾端真、曾玲珉譯，1996；Corey, 2000）：

一、對團體任務有豐富的知能

雖然領導者不必是團體中唯一的訊息提供者，但如果領導者能擁有豐富的相關知識與能力，則成員會比較願意聽從其引導。領導者的知識及團體互動經驗愈豐富，則愈有能力去溝通和分析成員所提出的觀點。

二、比團體中任何成員更投入

領導者通常在團體中具有示範作用。當團體成員看到領導者全力投入與付出時，將比較會支持且順服這個領導人。當然，這麼做必然會有些個人的犧牲，但是要想成為一位好的領導者，必須能心甘情願地付出這些代價。

三、對團體目標和團體需求的承諾

欲獲得與維持領導者之角色，則必須對團體任務有很大的承諾。當有些鬆懈時，領導者的角色自然會跟著衰退，並會影響到整個工作團體的運作成效，同時其領導者的身分及角色也會遭到成員的強烈質疑。

四、能與團體成員自在的互動

領導者自然必須充分參與團體的互動與溝通，這不表示必須時時去主控團體討論的方向，不過，領導者對於團體整個的目標早已了然於心，應該隨時留意團體整個的運轉是否會有所偏離，而適時地加以提醒或在互動中來導

引之。

五、培養維持性與任務性角色技巧

　　有效的領導者能讓團體成員有很好的感受，更能促進團體的凝聚力。雖然工作團體通常會兼有任務性領導者和維持性領導者，但其主要的領導角色及功能仍是在於擁有維持性技巧的領導者。

伍　領導的風格

　　在團體的領導過程中，可分為自由放任、民主式以及獨裁等三種主要領導風格（洪英正、錢玉芬譯，2003；Bennis & Nanus, 1985），分別扼要說明如下：

一、自由放任的領導者

　　自由放任這個名詞來自法國，其字面含意是「允許去做某件事」。用於團體互動與溝通時，就變成了一種放任的領導風格，領導人不會主動提出指示或給予意見，而是讓整個團隊自由地發展前進。這種領導者絕對否定任何專制，只有在被問到時才會回答一些問題，或是提供具有實際價值的資訊。由於這種領導方式完全不予組員評價或批評，因此，自由放任的領導風格對成員是毫無威脅力的。

二、民主式的領導者

　　民主式的領導人允許團隊自由發展成組員所期許的樣子。這種領導者鼓勵組員確定目標與程序，激發出組員的自我方向與自我實現。不同於自由放任的領導人，民主的領導者會增援組員間的溝通討論且給予建議，但最終還是讓組員們自己去做出決定。

三、獨裁的領導者

獨裁的領導人剛好與自由放任的領導人對立。他們喜歡自己獨自決定工作團體的政策，對於組員的任務分配也從不徵求組員的意見。溝通幾乎都是來自於領導者，鮮少有組員對組員之間的互動溝通。這種領導人擔負起團隊發展及運作的最大責任，而從不允許由組員來提議或干預。

雖然，在工作或任務小團體中，其目標較為具體而明確，但小團體溝通首重成員彼此之間的互動討論，以便能收豐富回饋和多元角度觀點之優勢。因此，領導風格固然有以上三種之差別，但在小團體運作中最不適合採用獨裁的領導方式。

第二節　小團體的互動與引導技巧

在工作團體的互動與溝通成效中，領導者角色的重要及其所需條件，在前一節中已有相當深度之說明及探討；不過團體運作過程中，更重要的是在於彼此之互動。在此，將先探究團體成員的角色與其互動，其次將就團體運作中領導者所使用的主要技巧亦一併加以說明。

壹　小團體成員角色與其互動

在介紹小團體互動溝通時，其成員所扮演之角色包括以下三種（洪英正、錢玉芬譯，2003；曾端真、曾玲珉譯，1996; Verderber, Verderber, & Berryman-Fink, 2006），分別加以簡要介紹：

一、團體職責角色

成員所採團體職責角色在於幫助小團體將重點放在欲達成之目標上。有能力的成員可扮演多種角色，但也有些人會在特定的角色裡抽不出身。通常

這種只有單一角色的集中，較會產生不良之後果；若能把各種角色平均分配給各組員，並能將角色經常輪流替代會比較好些。下面為一些角色的事例：

(一)探詢訊息者與提供訊息者，在於盡量提供事實、消息、想法和意見，並找尋受到廣泛討論事件的證據，而對組員呈現相關可靠之訊息。

(二)分析者與評論者，要去剖析及評論小團體所做的決定，質疑提議的理由或可行性，然後給予小團體正面及負面的回饋。

(三)記錄者能處理各種相關事務的細節，如：分配成員資料及安排位置，記錄小團體活動、意見與回饋等。

二、團體建立與維護角色

沒有一個工作小團體能無時無刻都朝著任務方向邁進。組員間的人際互動關係變化多端，如果一個團體要想運作良好的話，這些相互關係就需要繼續維持。團體建立與維護角色正好供應了這種需求。以下為一些列舉的事例：

(一)鼓勵者與協調者透過讚美或社會認同，來給予成員們正面的肯定，藉此調和成員之間多變的差異性。

(二)調和者要將各種不同意見加以整合，並盡量設法解決提出想法的組員與其他組員之間發生的衝突。

(三)跟隨者則是與其他成員相處愉快，被動地接受他人的想法，扮演好一位聽眾角色。

三、個別的角色

上述提及的團體職責角色，以及團體建立與維護角色，是屬於生產性的角色，可以幫助團體達成其目標，是特別著重於小團體的角色。而個別的角色就不一樣了，這是屬於產生反效果的角色；亦是阻礙團體達成目標的角色，其強調的是獨特性。這種被稱作阻礙運作的角色，不僅會妨礙團體有效的生產力，也影響了個別成員的愉快心情。以下為一些列舉的事例：

(一)挑釁者與阻撓者通常都會不友善地對組員們提出負面的評價，或是攻擊這個小團體，甚至是為反對而反對。

㈡尋找自我認同者與自我懺悔者會把焦點放在自己身上,不斷吹噓其豐功偉業而忽略手邊的責任,容易不顧團體而僅表達自己的感受。

㈢主宰者經常設法去操控團體與成員,藉著各種時機運用權謀來討好或控制小團體之成員。

貳 小團體成員參與互動溝通的準則

身為小團體中的成員,以下四個準則將能協助你在參與小團體溝通與互動時,得以發揮更大之成效(洪英正、錢玉芬譯,2003;Verderber, Verderber, & Berryman-Fink, 2006):

一、要以小團體為重

一旦加入了小團體即成為其中的一員。要能夠和其他成員共有一個目標,而且在某方面因你的加入,對於達成此一目標應該是頗有助益的。在小團體中,你需要運用個人的才能、知識與洞察力來加強溝通和解決問題,並協助團體進入最佳狀態。

二、把衝突置於爭論點上

人們一有了接觸和互動關係後,其相互間的衝突自是無法避免者,這也是施與受過程中常見的自然法則。要認清衝突是小團體進步過程中,極有可能發生的狀況,也往往會因此而能推動出好結局的產生。然而,有效的衝突處理必須懂得對事而不對人,當有成員不同意你的想法時,就純粹只是因為不同意你所提出的那個意見。

三、面對批判要敞開心胸

當小團體剛組成或有新成員加入時,這個團體難免會發生一些混亂與折衝。在這種情況下,小團體的目標容易被忽略,而整個團隊的進行過程也將被搞亂。為了避免這種情形,盡量提出不確定的解決方法或觀點比已經確定

的更好。而且，要敞開心胸聆聽並願意接受別人的意見，也要根據溝通與互動結果來修正自己的想法。

四、要能確定了解清楚

要確定所有小團體成員都了解你的觀點與想法。要發表意見時，就要講得清楚些。同時，也要確定你是真的了解其他成員的想法，特別是當你有不同意見時；聰明的人通常會先在發表反對觀點之前，先重述對方剛剛所說的，以確認自己的想法是不是真的有所不同。

參 小團體領導者的引導技巧

在小團體的運作與互動溝通過程中，領導者雖然基於對每位團體成員的尊重，不過分主動干預其發言、回饋等表達行為；但為了使每一位成員都能積極投入，且能圓滿達成預定的團體工作目標或任務，領導者還是需要適時地運用下列五項引導技巧（吳武典、洪有義、張德聰，2004；程小蘋等譯，1995; Jacobs, Harvill, & Masson, 1994）：

一、切斷

切斷（cutting off）是指領導者終止團體內成員的發言或表達。此一技巧由成員就領導者使用角度來看，似乎是相當霸道與專橫的表現；而事實上，只是領導者以非懲罰性的方式，截斷某一成員冗長而偏離主題的發言，以使小團體能朝預定的目標或方向進行。

二、引出

引出（drawing out）係指領導者誘發團體內某些成員發言的技巧。此與上述那些滔滔不絕的不停發言者是明顯的對比，有時團體中總有那麼一二位成員參與團體時幾乎是不發一語。小團體中的互動與溝通，最重視的就是彼此交互往來，若是只一味地靜靜在聽而從不表示任何意見時，領導者即可使

用本技巧來引發其開口發言。

三、兩兩配對

兩兩配對（dyads）是領導者將團體所有成員按照兩個一對視為一組，藉此二人間的互動溝通，作為促使團體集中焦點的一項技術。因此，兩兩配對通常是將成員每兩人分成一組來討論某些主題或做反應，如此可有較多的時間讓他們彼此深入討論或溝通，其後還可回到整個團體中共同分享。

四、繞圈發言

繞圈發言（rounds）也是領導者用來集中焦點或做整體回饋的技術。繞圈發言通常是領導者讓團體內每一位成員，對某個刺激（主題）都一一做簡短的回答，轉完一圈時每位成員也都至少表達過一次。此一技術經常會在每次團體即將結束前，以此來摘述重點或蒐集成員們對此次團體或某個特殊經驗的整體反應，亦可用於檢視成員完成個人目標的程度為何。

五、沉默

沉默（silence）這個技巧的使用對於團體領導者而言，相當複雜而不易拿捏。因通常碰到團體進行中有沉默或冷場情形時，都要設法以解凍或引出等技巧來鼓勵成員發言。但是，團體的進行也不是從頭到尾大家熱烈發言討論，就算是一個成功且有效能的工作團體了。有時，小團體進行到中途而出現沉默的景況時，領導者若統合判斷團體當時的這種現象隱含有更深沉的意見或做法要提出時，就不該隨意設法去打破沉默；反而要利用此一沉默時機，來醞釀成為整個小團體的突破契機才是。

其實，在上述介紹的小團體領導者之引導技巧之外，其他在輔導或諮商時所使用的技術，也一樣可以在此團體互動與溝通的帶領中，多多加以運用，譬如：尊重、接納、同理、重述、澄清、面質、反映、摘要、示範、自我坦露等，都是值得善加珍惜與採用者。

第三節　集體溝通與決策

在團體中，難免會碰到一些棘手的問題，或因成員間彼此看法的不同，或因理想與現實間的頗大差異，而面臨不知到底該如何處理或解決的難題。哪樣的問題解決模式才是合乎理性的方式，如何透過集體的思考和溝通來產生最有利的共識，都是在本節中一一要探討者。

壹　正式溝通與團體中的問題解決

團體中有不同的問題解決取向，包括自發性的（descriptive）及規範性的（prescriptive）二種方式。其中，自發性問題解決法是指團體若無外力介入，問題能順其自然地加以解決；而規範性問題解決法是指問題解決得依一套有意設定的程序進行，且規範性問題解決法又稱為傳統的方法（traditional approach）。這種傳統的問題解決是由早年 John Dewey 的思考法衍生而來，其步驟分為：確認、界定與分析問題，及建議、選擇、考驗和實踐等解決方法。而現代人強調理性問題解決之決策程序，則包括：界定問題、制定決策準則、賦予決策準則相對的權重、發展替代方案、分析替代方案、選擇替代方案、執行選擇方案，及評估決策績效。

綜合相關之研究，以下將說明與團體溝通有關的問題解決扼要方法，即分為界定問題、分析問題、提出可能的解決方法，及選擇最好的方法等四步驟，來做如下之說明（曾端真、曾玲珉譯，1996；McShane & VonGlinow, 2005）：

一、界定問題

團體討論初期經常會發生話題打轉的現象，主要原因在於成員不了解他們自己的目標。任何團體都有其目標與任務，為了能有效地加以討論，團體

任務最好能以問句的形式呈現。基本上，團體剛開始時並不知答案為何，但團體仍具有選擇的功能。將團體目標轉化成問句的型式，比較有利於探求答案。但在此界定問題過程中，仍須注意下列四點：

(一)問題是否只出現一個主要觀點

「體育課選修項目太多，是否應該將壘球與登山從選修項目中剔除？」這就不是一個很好的問句，因它同時包括了兩個不同性質的選項，必須分開來討論而不宜同時進行。

(二)使用的語詞是否能被所有成員所了解

當問句中的語詞模糊不清時，團體成員將浪費許多時間在探索其意義上。例如，在某大學校務發展會議中想討論學系的退場機制問題，「針對不具競爭力的學系，應如何訂出退場先後順序？」這個問句雖有指出討論的目標重點，但「不具競爭力」一語，會使得討論產生許多困難。最好能事先就用明確的語詞及定義，以免討論時發生困難。

(三)問題是否能促進客觀地討論

問題本身對團體討論的結果有非常大的影響。例如，「針對校內多數教授研究表現太差，是否應該予以減薪或停聘？」要知道在校內各系所中，教授等級高又擔任絕大多數重要會議之代表，若以如此赤裸裸的問題拿來討論，恐怕不容易得到正面的回應。

(四)問題是否能清楚顯示其為事實、價值觀或是政策性等問題

通常在團體會議中，進行討論的方式往往會依問題的種類不同而有所差異。因此，必須先釐清問題本身是屬於哪一類型。通常，問題應會屬於以下三種類型之一：

1. 屬於事實的問題，主要在探討問題的真實性。這類問題必須用可直接觀察或有紀錄的證據，來決定其是否為事實。

2. 屬於價值觀的問題，主要是在證明信念或價值觀。這類問題常夾雜評價性字眼，縱然我們能訂出「太具有挑逗性」和「有效」的標準，並且依此標準來評量，仍然無法證明其評量的結果。這類問題的答案需要依價值來判斷，而不是事實與否的問題。

3.屬於政策性的問題，主要在於決定是否要執行某種方案。其問題的呈現必須以探求解決之道為重點，而其中又會牽涉到相關財力與物力之條件，以及優先次序之排列。

如果所討論的是事實性或是價值觀的問題，則不適合運用所談的問題解決步驟（分析問題、提出可能的解決方法、選擇最佳的方法）。因討論事實性問題時，主要在找出事實並形成結論。而討論價值觀問題的過程與討論事實性問題也相似。價值觀問題的討論也依事實來做結論，不過，此結論是依照某種標準對事實進行評價的結果。

二、分析問題

當團體成員對問題的種類有共識時，則可進一步進行「分析問題」。分析意指決定問題的性質，包括：問題的大小、問題的原因、問題發生或持續的力量、評估的標準等。分析問題所需時間長短不一，有時只需數分鐘，有時卻需較長的時間。在準備解決問題或是在討論問題時，團體常急於想盡快找到解決之道，而忽略了對問題進行慎重之分析。問題的分析主要在盡可能發現必須考慮的相關問題，以及決定什麼方法是可被接受的。

三、提出可能的解決方法

任何問題都有不只一項的解決方法。此階段的討論，目的不在考慮是否為好方法，而是在於盡量地列出所有可能的答案。腦力激盪是一種用來想出可能答案的好方法。它是一個自由聯想的過程，亦即在此過程中盡量說出閃入腦海的想法，並自由發言，直至能列出一長串的答案。在進行腦力激盪時，不可對所提出的方法予以評價；當成員覺得不論他們的方法多麼奇怪，都能自由提出而不必擔心被批評的話，他們將比較能有創發性的思考。在列出長串的方法之後，每個方法再依據準據來評估其可行性，以選出最符合條件的方法。

四、選擇最好的方法

在此階段的團體討論中要評估每種可能的方法，看其符合標準的程度為何；並可經過加權計分後，以選出最理想的方法。

貳 非正式的溝通

團體和組織中除了正式溝通之外，另外還存在非正式的系統，其訊息流通是沿著秘密管道（或稱葡萄藤方式）來進行，這種方式稱作非正式溝通。非正式溝通常會出現四處散播「謠言」（rumor）的現象，其造成的原因可說是人們天性使然，尤其是訊息不明而人們又急於知悉時更是如此。譬如：經濟不景氣時公司裁員的謠言滿天飛，以及大選前賄選四起等，都是非正式的溝通結果。

在團體或組織中要如何有效地減少謠言的中傷呢？可以考慮採用此四項做法來因應，包括：清楚公開宣布何時會發布重要的決策；解釋看起來很突然或神秘的行為；強調與剖析目前決策與未來計畫的風險性；以及採取開放的方式來廣泛討論問題。

參 團體決策的優缺點

所謂「三個臭皮匠，勝過一個諸葛亮」。這就是明白地告訴我們，集體創作或團體決策（group decision-making）之時代優越性。團體決策的優缺點可分別列舉如下（McShane & VonGlinow, 2005）：

一、團體決策的優點

(一)能提供較完備的資訊與知識

經過團體的討論，每位成員都可將他所蒐集的相關資訊提供出來，如此必可獲得較完備的知識與訊息。

(二)能提供較多不同的看法

所謂「人多勢眾，人多點子也多」！在團體溝通與研討時，各種不同角度的想法與觀點都可紛紛出籠。

(三)能提高決策的接受度

此種決策過程可讓團體內每位成員都參與及討論，因為大家都充分了解其內容，故對最後之決議也較能接受與遵循。

(四)能提高決策正當性，較符合民主觀念

在今日民主社會中，任何團體與組織均應盡量擴大參與，方能符合民主之精神。

二、團體決策的缺點

(一)消耗太多時間

團體的討論必然相當花費時間，尤其要想讓參與者都可暢所欲言，再加上還要盡量達到多數人能有共識，必然會消耗大量寶貴時光。

(二)當成員有新奇構想時，容易遭到組織規範或社會規範的壓力

所謂「新奇」必然是與眾不同，一旦攤在團體多數人的面前，其壓力之大就不得而知啦！

(三)易被團體中少數人把持，造成團體的盲思

組織或團體中必然有某些人或是小圈圈勢力龐大，經其合縱連橫之下最後決策結果極易為其所把持。

(四)責任劃分不清，沒人願意負最後之責

團體決策人人都可表示意見，又因是大家共同的決定，沒有人需要負責或願意負責，如此極易衍生問題。

肆　團體決策新技術的演變

隨著時間的轉變，團體決策的技術真可說是日新月異。茲列舉其中較具代表性的三項技術扼要說明如下（陳瑞麟、趙美齡譯，2003；McShane & VonGlinow, 2005）：

一、腦力激盪法（brain storming）

腦力激盪法是最早也是使用最廣的一種團體決策技術，簡單的說，就是集合眾人共同的想法和創意，一起來創新的決策方式。此方法之運用有三項基本原則，分別是：㈠愈多愈好；㈡多搭便車；㈢延遲批判。

腦力激盪法的使用，經比較分析其優缺點分別是：

㈠優點

    1. 可完全地挖掘出每位成員的所有想法。

    2. 可提高成員的創造力與想像力。

㈡缺點

    1. 僅適用於少數的領域，例如：廣告業。

    2. 其效率相對較低。

    3. 忽略了構想批判與構想分級等重要步驟。

二、名義團體技術（nominal group techniques）

此一技術原則上是以腦力激盪法為基礎，再加上一些修正與改變而成，可幫助團體形成想法，並評估所選擇的解決方法。名義團體技術比腦力激盪法更易理解，此技術主要是在選擇解決方法與評估決策時使用。

名義團體技術之進行有五個步驟，敘述如下：

㈠討論之前每個人安靜地寫下自己的想法。

㈡輪流提出自己的構想，一次提出一點，直到所有的構想都被提出。

㈢充分討論彼此的看法與評估各種意見。

㈣安靜地做出自己的選擇，並以加權的方式來投票。

㈤最高票的構想則為團體之最終決策。

正如前述所言，名義團體技術是腦力激盪法的修正版，故其擁有三項優點分別是：

㈠兼顧腦力激盪的優點，同時又能對構想做出適當的評估。

㈡可促進團體成員的平均參與程度。

㈢允許團體召開正式會議，又不限制成員獨立的想法。

三、得爾非技術（Delphi techniques）

得爾非技術是由分散各處的專家，以匿名的方式提出想法與判斷。其與名義團體技術主要的不同是，專家的想法均由問卷獲得，而非面對面的團體討論。

得爾非技術之進行有七個步驟，分述如下：

㈠確認調查的主題。

㈡找出各界的專家。

㈢製作好問卷。

㈣將問卷送給專家填寫後交回給管理者。

㈤管理者歸納所有的回答後，製成第二份問卷，再將此問卷回饋給這些專家。

㈥專家們檢討回饋，思考主題的優先順序，並且在一定的時間內交回問卷。

㈦這個循環一直重複進行，直到專家們想法趨於一致。

得爾非技術看來又比名義團體技術修正得更多，其較適合使用的情況是：

㈠當面對面的討論似乎是不切實際時。

㈡當不同意或衝突可能會損壞整體溝通時。

㈢當某些人可能會支配整個團體的討論時。

隨著現代科技不斷地快速進步，在調查統計及網路通訊上也是一日千里，故在團體決策技術的翻新上，應該都可依照各團體組織的需求，並斟酌其所擁有的設備及技術能力，來加以量身訂作啦！

本章摘要

　　團體簡單的定義是指兩個人以上為了某一目標，聚在一起進行一些特定的互動及互相影響。而「小團體」僅特別在其人數上有所限制，大概以七至十二人為宜，其餘應與團體定義相類同。在本章中暢談人際互動與溝通，較側重於彼此相互的往來及回饋，故在人數方面的規定頗為嚴謹，而將其局限於小團體的範圍內。

　　根據目標的不同，可將小團體大略分為七類：(1)教育性團體；(2)討論性團體；(3)任務（工作）團體；(4)支持性團體；(5)成長性團體；(6)治療團體；(7)自助性團體。有時同一個團體同時包含好幾個類型也有可能，在本章中探討小團體互動與溝通的內容時，基本上也以泛指之工作團體為代表來論述，也就是偏重於在團體內的溝通、討論及互動為主軸。而有關小團體的功能及效益，則可包括：經濟成效、產生共鳴、身歷其境及多元觀點等四項。

　　相關團體的研究指出，有效的工作團體須具備以下七項特質：(1)良好工作環境；(2)適當成員人數；(3)發展出凝聚力；(4)對任務的信諾；(5)遵守團體規範；(6)達成全體共識；(7)具備角色要件。

　　在小團體的運作當中，每位成員的參與、投入與互動是相當重要的一環。同時，該團體領導者是否適合而稱職，也是團體能有效運作之關鍵人物。要想成為一位有效的小團體領導者，則須具備對團體任務有豐富的知能、比團體中任何成員更投入、對團體目標和團體需求的承諾、能與團體成員自在地互動、培養維持性與任務性角色技巧等五項先備要件。而在團體的領導過程中，又可分為自由放任、民主式及獨裁等三種主要領導風格。

　　在介紹小團體互動溝通時，其成員所扮演之角色包括以下三種：(1)團體職責角色；(2)團體建立與維護角色；(3)個別的角色。而小團體成員參與互動溝通時，也應符合要以小團體為重、把衝突置於爭論點上、面對批判要敞開心胸及要能確定了解清楚等四項準則。

　　在小團體的運作與互動溝通過程中，領導者雖然基於對每位團體成員的

302

尊重，不過分主動干預其發言、回饋等表達行為；但為了使每一位成員都能積極投入，且能圓滿達成預定的團體工作目標或任務，領導者還是需要適時地運用五項引導技巧，分別是：切斷、引出、兩兩配對、繞圈發言及沉默。其實，除此五項外在其他輔導或諮商時所使用的技術，也一樣地可以在此團體互動與溝通的帶領中加以運用，如：尊重、接納、同理、重述、澄清、面質、反映、摘要、示範、自我坦露等，都是值得善加珍惜與採用者。

團體中有不同的問題解決取向，包括有自發性的及規範性的二種方式。其中，自發性問題解決法是指團體若無外力介入，問題能順其自然地加以解決；而規範性問題解決法是指問題解決得依一套有意設定的程序進行，且規範性問題解決法又稱為傳統的方法，其步驟分為：確認、界定與分析問題，及建議、選擇、考驗和實踐等解決方法。而現代人強調理性問題解決之決策程序，則包括：界定問題、制定決策準則、賦予決策準則相對的權重、發展替代方案、分析替代方案、選擇替代方案、執行選擇方案及評估決策績效。而綜合相關研究，與團體溝通有關的問題解決扼要方法，即可分為界定問題、分析問題、提出可能的解決方法及選擇最好的方法等四步驟。

團體和組織中除了正式溝通之外，另外還存在非正式的系統，其訊息流通是沿著秘密管道（或稱葡萄藤方式）來進行，這種方式稱作非正式溝通。非正式溝通常會出現四處散播「謠言」的現象，其造成的原因可說是人們天性使然，尤其是訊息不明而人們又急於知悉時更是如此。在團體或組織中要想有效地減少謠言的中傷，則可考慮採用四項做法來因應，包括：清楚公開宣布何時會發布重要的決策；解釋看起來很突然或神秘的行為；強調與剖析目前決策與未來計畫的風險性；以及採取開放的方式來廣泛討論問題。

團體決策的優點包括：(1)能提供較完備的資訊與知識；(2)能提供較多不同的看法；(3)能提高決策的接受度；(4)能提高決策正當性，較符合民主觀念。但團體決策亦有其缺點，分別是：(1)消耗太多時間；(2)當成員有新奇構想時，容易遭到組織規範或社會的壓力；(3)易被團體中少數人把持，造成團體的盲思；(4)責任劃分不清，沒人願意負最後之責。

隨著時間的轉變，團體決策的技術真可說是日新月異，其中較具代表性

的三項技術包括：(1)腦力激盪法；(2)名義團體技術；(3)得爾非技術。

其中，腦力激盪法是最早也是使用最廣的一種團體決策技術。簡單地說，就是集合眾人共同的想法和創意，一起來創新的決策方式。此方法之運用有三項基本原則，分別是：(1)愈多愈好；(2)多搭便車；(3)延遲批判。

名義團體技術原則上是以腦力激盪法為基礎，再加上一些修正與改變而成。可幫助團體形成想法，並評估所選擇的解決方法。名義團體技術比腦力激盪法更易理解，此技術主要是在選擇解決方法與評估決策時使用。而得爾非技術是由分散各處的專家，以匿名的方式提出想法與判斷。其與名義團體技術主要的不同是，專家的想法均由問卷獲得，而非面對面的團體討論。

班級／小團體活動

※「腦力激盪」的活動。

活動名稱：腦力激盪。

活動成員：同班、同寢室或修課同學，以 6-8 人分為一小組來進行。

活動時間：30-40 分鐘。

活動方式：一、小組成員每人先發一張 A4 白紙，要求每個人在紙上盡量列
出目前可以增加收入的賺錢方式。

二、而後再圍成一個圓圈，遵照本章第三節中所介紹腦力激盪的
三項基本原則，來進行此一增加收入賺錢方式的腦力激盪活
動。活動完成之後，各組成員先在自己組內進行彼此的回饋。

三、最後，將全員集合起來由分組報告後，再做整體討論與分享。

305

本章習題

一、針對有效的工作團體之七項特質，請列出你認為最重要的三項？並請詳細加以論述之。

二、在小團體互動溝通時成員所扮演三種角色中，你個人最常扮演的是哪一種？並請舉例加以說明之。

三、在團體中如何才能減少謠言的中傷？試以你曾經親身的經歷來提出應對的良策。

四、比較傳統問題解決方法與理性問題解決方法之間，有何異同？請深入加以分析說明之。

五、腦力激盪法要如何有效地加以運用？請舉一個你生活當中的實例，來詳細加以探究之。

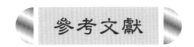

一、中文部分

王以仁、林本喬、鄭翠娟、呂奕熹（1993）：**以小團體互動方式進行國小學童稱職父母的系統訓練方案之研究**。行政院國科會補助專案研究報告。

王慧君等（1996）：**團體領導者訓練實務手冊**（第 2 版）。台北：張老師文化公司。

宋湘玲、林幸台、鄭熙彥（1989）：**學校輔導工作的理論與實施**。高雄：復文圖書出版社。

吳武典、洪有義、張德聰（2004）：**團體輔導**。台北：心理出版社。

洪英正、錢玉芬編譯（2003）：**人際溝通**。台北：學富文化公司。

陳瑞麟、趙美齡譯（2003）：**組織行為**。台北：學富文化公司。

黃惠惠（1993）：**團體輔導工作概論**。台北：張老師文化公司。

曾端真、曾玲珉譯（1996）：**人際關係與溝通**。台北：揚智文化公司。

程小蘋等譯（1995）：**團體諮商——策略與技巧**。台北：五南出版社。

二、英文部分

Bennis, W. & Nanus, B. (1985). *Leaders: The strategies for taking charge.* New York: Harper & Row.

Corey, G. (2000). *Theory and practice of group counseling* (5th ed.). Pacific Grove, CA: Brooks/Cole.

Forsyth, D. R. (1990). *Group dynamics* (2nd ed.). Pacific Grove, CA: Brooks/Cole.

Jacobs, E. E., Harvill, R. L., & Masson, R. L. (1994). *Group counseling- Strategies and skills* (2nd ed.). Pacific Grove, CA: Brooks/Cole.

McShane, S. L. & VonGlinow, M. A. (2005). *Organizational behavior* (3rd ed.).

New York: McGraw-Hill.

Verderber, K. S., Verderber, R. F., & Berryman-Fink, C. (2006). *Inter-Act: Interpersonal communication concept, skills, and contexts.* Oxford University Press.

第 三 篇

實用篇

第十一章

人際間的衝突與結束

◎本章學習目標◎

- 何謂「人際衝突」？又依其性質可分為哪五個類型？
- 近半世紀以來在人際衝突思想發展上有哪三方面不同的變化？
- 人際衝突的過程可分為哪四個階段？
- 人際衝突解決的五種型態為何？
- 談判行為在人際衝突解決的過程中，有哪四種最重要的行為？
- 三種解決人際衝突的非攻擊性策略為何？
- 由第三者介入衝突解決及其對流程和決策的控制程度，可歸為哪三種型態？
- 根據 Baxter 提到，人們在結束關係時會採用哪四種常用的策略？

 **報紙投書**

人心難測

　　喧騰一時的璩美鳳偷拍光碟一案，台北地檢署已於日昨偵結，計有十餘人都遭到起訴，被具體求刑一至四年不等。法律的事有待判決暫且不談，但從這當中直接、間接卻牽扯出許多不同的人際角色關係，包括：情侶、夫妻、親子、好友、同修與媒體人物等。

　　人與人間的相處實在很難，所謂「知人知面不知心」，昔日的親密愛人、貼心知交，因著相識甚深在翻臉之後，很可能成為今日最可怕的「打手」；一出手絕不落空，招招都是致命之處！再加上社會大眾的八卦心態與好奇心，只見各行各業人士想盡辦法，四處打探為了蒐集一片，造成本案偷拍光碟的高曝光率。凡此種種，都印證了「人心難測、人言可畏、人際複雜」！

　　然而，在此我也想到《聖經》中耶穌曾對當場抓到犯通姦罪婦人的眾人說：「你們當中，誰沒有犯過錯的就可以先拿石頭打她！」耶穌也同時對這位犯錯的婦人說：「回去吧！從此以後不要再犯了！」這與中國哲士的人際關係標準「寬以待人、嚴以律己」，確有息息相通之處！

　　今日所處大環境既然如此險惡，就應學會對自己的要求宜採高標準，以免稍一不慎有了差池，就會「害人誤己」！而對周遭他人，卻應存包容之心，得饒人處且饒人，能過去的就不應斤斤計較而徒生煩惱，造成他人及自己的不便與不幸！（本文係本書作者在 2002.02.09，發表於《聯合報》第 15 版「民意論壇」）

　　上述文章是針對數年之前，所發生轟動社會的「璩美鳳遭偷拍光碟案」，這其中牽扯出許多不同的人際角色，譬如：夫妻、情侶、親子、好友、同修與媒體人物等，以及他們彼此之間既緊密又衝突的複雜關係，當然也可看到所謂的真情告白、漫天謊言，與真真假假、虛虛實實都充斥在這中間。自然也會造成部分調適不良者，感受到莫大的人際挫敗感。在本章中，將分別針對人際衝突的內涵與類型、人際衝突之有效因應，及如何妥善處理人際關係的結束等部分，一一加以說明如後。

人際衝突的內涵與類型

壹　人際衝突的意涵

所謂「人際衝突」（interpersonal conflict）係指人與人在互動之中，有著利益上不同的對抗，或是出現了相反的意見（曾端真、曾玲珉譯，1996；Cahn, 1990）。很多人都會認為衝突應該是不好的，因為這樣會讓我們覺得很不舒服。然而，衝突本身並非必然會傷害人際關係，而是我們在處理衝突時使用了有害的方法。

在各種人際關係中，衝突也是極正常的情況，不可為了要求表面假象的和諧而忽視真正問題的存在。通常，經過建設性的爭執之後，彼此間的關係會更親近，心靈也更相通。因此，藉由人際交往雖可部分滿足彼此在情緒與歸屬感方面的需求，但這並不表示眾人之間就會永遠和諧、沒有爭執與衝突，畢竟這僅是多數人理想中的人際相處模式，而在實際社交互動中並非如此。社會化的過程會讓我們遵守衝突的禁忌（conflict taboo），在道德上總認為衝突是負面的，所帶來的只有破壞而沒有建設，因而極不鼓勵人際衝突的發生。事實上，沒有任何一種長期的人際互動，能完全地風平浪靜而從來都不曾發生口角或爭執；其實，衝突之後如果能經出適當的溝通與建設性的討論，一樣能順利度過這類人際關係所造成之危機。

貳　人際衝突思想的演變

如上所述，一般對於任何團體或組織中的人際衝突，大半持較負向的觀點。其實，近半世紀以來在人際衝突思想發展上，有三方面不同思想的變化，在此一一說明如後（陳瑞麟、趙美齡譯，2003；許南雄，2006; McShane & VonGlinow, 2005）：

一、傳統觀點

此為以往多年來的舊有觀點，多半是以否定的角度來看，認為人與人之間發生衝突總是不好的。因為如此一來會讓衝突雙方都覺得不舒服，且容易造成彼此間的嫌隙及不滿，且常與暴力、摧毀等聯想在一起；當然，也會使得整體的互動關係變得緊張，而工作績效亦愈見低落些。所以，在傳統觀點視人際衝突具有破壞性，應該盡量避免在組織各階層出現，以免其破壞性影響到組織行為的和諧與凝聚力。

二、行為觀點

此一觀點也稱為人群關係學派觀點，主張人際衝突問題的存在極為合理，它是在所有組織或團體中自然會發生者，既然人際衝突無可避免的話，就不妨坦然來面對而設法加以管理及因應，或許可以帶來一些正面的功能。

三、互動觀點

此派觀點是目前對衝突最盛行的一種看法。認為一個安定、安靜的團體或組織，可能會是冷漠、靜止而欠缺回應能力者，毫無創新與變革的團體氣氛；反而不如藉著適度之人際衝突，可產生有效的互動，並且帶動較有利的變化。當然，人際衝突也可能激烈化，但經由有效之衝突管理，可化解衝突的負面影響，並防範其惡化的可能，因而人際衝突不但有其正面的功能，且對於促進團體的運作與績效提升都是不可或缺者。所以，應將團體維持在最適宜的人際衝突水準，且使成員能有自我反省及創造的能力，要知道，有些衝突能夠促進團體達成建設性的目標，另有一些也會妨礙團體績效而產生了破壞。

參　人際衝突過程的四階段

人際衝突的過程經整理可大致分為四個階段，分別說明如後（許南雄，2006; McShane & VonGlinow, 2005）：

一、潛在的對立

是指人際衝突因素雖已存在，但未必會形成實際衝突的階段。此時的前提條件包含：溝通是否充分或不良？團體或組織情境是否有利於衝突發生？個人態度是否傾向對抗衝突？若這些條件都是肯定的，則將進入下一個階段。如果此一階段已因溝通、情境改變，或個人因素已可放下等，則其衝突來源就將消失。

二、個人認知與意圖涉入

是個人認知心理的因應準備，人的個性包括：本能、感情、理智與理性等，將隨個別的差異而有不同感受，此即受認知心理之反應所決定，因衝突行動勢不可免，於是便由感受轉化為實際的衝突行動。

三、衝突行為出現

此為實際衝突行為的出現，其在持續時間、呈現方式、採取直接或間接等方面，都會因人、因時、因勢而有所不同。然此一人際衝突階段，亦包含是否適可而止或繼續對抗在內。

四、衝突結果

人際衝突的雙方在衝突之後，其行為反應的交互作用必然會導致某些結果及影響出現。此一結果若是良性的，則會有助於團體績效之提升；反之，若屬惡性的，則有礙於團體績效之達成。

肆 人際衝突的類型

在人際衝突的類型上有許多不同的分類方法，在此將其綜合歸納為以下五類（黃鈴媚、江中信、葉蓉慧譯，2007；曾端真、曾玲珉譯，1996）：

一、假性衝突

假性衝突（pseudoconflict）是一種表象的而不是真實的衝突，也可說是即將發生的衝突。雖然還說不上是真正的衝突，但很有可能會演變成真的衝突，如經常使用的玩手段、耍詭計（gaming）即是一例。

二、事實衝突

事實衝突（fact conflict）是指因事實訊息的正確性所引起的衝突，它常會發生在一個人提供的資訊被其他人駁斥時。這類的衝突較為簡單，應設法先停止爭論，而立刻去尋找證據，或找出能夠用來判斷爭論點的依據；若爭論的是關於事實的解釋、推論或定義，則應先蒐集與問題有關的資料，亦即將衝突限定在問題的本身之內。

三、價值衝突

價值衝突（value conflict）發生在溝通雙方對於什麼是好的及什麼是不好的，各自抱持不同信念時；或對於彼此所贊同的價值，各自賦予該項價值不同的優先順序。這種將雙方的價值體系介入所爭論的問題中，如此的衝突會變得較難處理。

四、政策衝突

政策衝突（policy conflict）是當關係中的二人對於什麼是合適的、較佳的，發生了意見不一致時就會產生之衝突。因為在每個人的背景與相關資源上，仍有不少的差異，因而往往不同的人對同一件事情所排的優先順序（priority），亦會有所不同。

五、自我衝突

自我衝突（ego conflict）發生在當事人將輸贏當作自我價值、自我概念、自我能力及自我權力之標準時。在此衝突中，有關個人評價的敘述凌駕於事實本身或價值觀，亦即獲勝遠比公正或正確來得重要些，故這種衝突也是最難處理的一種人際衝突。

其次，有些研究者將人際衝突引發主因係屬於人或事，而區分為程序上的衝突及人與人的衝突二類（陳瑞麟、趙美齡譯，2003；McShane & VonGli-now, 2005；Verderber, & Verderber, 1995），說明如下：

一、程序上的衝突

程序上的衝突（procedure conflicts）會牽涉到一連串的不滿，包括誰是領導者或是誰應該是領導者；團隊的責任、權力分配或議程應該如何；以及團體應該如何處理本身之績效等。看來，這一部分幾乎都屬於事務性質而與人無關，其實再深入推敲即可知，事情最終還是要由人來處理及完成。所以，面對程序上的衝突最佳方法是不要讓這些問題在剛開始，或是在團體彼此互動的初期就提出來。如果程序上的問題在達成許多共識後發生，成員或領導者就能引領產生衝突者回到團隊稍早的決定。而如果成員們對稍早的決定愈來愈不滿意，他們就會變得消極與對立，甚至拒絕參與討論和行動。當這種情況（或是成員們想要更改程序）發生時，可以讓人家針對程序做一個簡要的討論；重點是要讓全體成員了解到，程序上有衝突時就應該用程序修正的方式來解決，不要讓這個問題擴大成別的人際複雜問題。

二、人與人的衝突

人與人的衝突（people conflicts）在團隊中經常會發生，不管是團體中的某位成員想要掌控整個團隊，或是幾個成員想要爭取主控權，以及有些成員們不願參與討論等，都會造成此類衝突的產生。此時，領導者就必須捍衛起

成員們該承擔的義務，讓他們了解團隊的發展與成長須依賴於每個人的貢獻。有時候，更需要用定期的獎賞或鼓勵，重新把團隊的焦點放在成員的需求上來滿足他們。當成員受到人身攻擊時，衝突也會因此產生，領導者此時需要確認這些不滿是否是針對觀念而非個人；倘若人身攻擊又開始的話，領導者就應該介入，重新把焦點放在觀念不同的爭執而非針對某人的攻擊。

第二節　人際衝突之有效因應

壹　人際衝突解決型態與運用

在團體中，經常存在有支配者與被支配者這二種角色，因為擁有權力者希望能維持既有的權力，而沒有權力者總是設法奪取權力，所以，團體內人際衝突的發生是必然的現象。由相關針對人際衝突的研究（陳瑞麟、趙美齡譯，2003；許南雄，2006；McShane & VonGlinow, 2005），綜合歸納出在衝突下與其他人相處的「人際衝突解決型態」，亦可稱為「人際衝突管理型態」如圖 11-1 所示，並分別詳細說明如下：

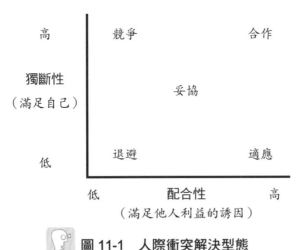

圖 11-1　人際衝突解決型態

一、合作

合作（collaboration）對雙方都有益的解決方案，亦即當雙方所關心的事情都是很值得去付諸實現，且必須從別人的不同見解中整合自己的意見。合作的一個重要的特徵就是資訊共享，所以雙方可以藉此確定共識和潛在可以滿足雙方的所有可行方案。

二、競爭

競爭（competition）是當發生危機而必須採取不受歡迎的行動時，嘗試在其他人損失下的人際衝突中去獲勝。這種型態是最強的「贏－輸」二分導向，且此種型態的較勁性最高，而配合性最低。

三、退避

退避（avoidance）就是當隱藏的破壞性遠大於其帶來的利益，而必須使大眾保持冷靜時，嘗試以圓滑的處理或是完全避免衝突情境的方式為之。譬如，有一些工作成員可能會重新安排他們的工作區域或是任務，以減少與特定員工間的互動或摩擦。

四、適應

適應（accomodation）就是當危機對別人而言比你更重要，或是有意從失敗中學習因應之道而特別強調合群時，所採取以完全符合對方的想法，或是完全配合他人而很少注意到自己的利益。

五、妥協

妥協（compromise）是當目標非常重要或必須臨時解決複雜的危機時，不必要爭執或堅持己見，而嘗試和另一個個體一起去達成共識。此時會尋求一個解決之道，讓你的損失能被所增加的利益所抵消。

針對上述五種人際衝突解決型態，多數人雖然都有其較習慣或較為偏好

的選擇型態；但他們必要時仍會視情況的差異情形，而分別使用不同的型態。衝突管理的技術就是強調要能在適當的情況之下，使用更為正確的型態；換言之，我們需要深入了解衝突管理的各種方法運用之可能性。

合作的型態是較常用於解決衝突的方法，但是合作也只能用於某些情形之下。更明確地說，它最好是使用於團體成員們的興趣相仿，且有足夠的信任和願意分享彼此資訊的情況下。因為團體中的人際衝突很少是全有或全無的情況，所以合作型態通常是具體而可行的。假如能共同找到有創意的解決之道，通常會使雙方均能互蒙其利。

使用競爭去解決人際衝突通常都較不適當，人際關係很少有完全對立情形存在的。然而，有時需要盡快地解決衝突時，競爭可能是必要的方法之一。例如，當第三者會使用我們提供的資訊以使其本身獲利，而非尋求一個雙方互相同意解決方案時，我們傾向於將合作型態轉變為競爭型態。通常，會認為退避是一個無效率的衝突管理策略，但是，最好的方式是當這個議題係不重要的，或是為了平息激烈的爭論時，才使用此方式；然而，退避衝突並不是一個長期的解決方法，因為它會加強了夥伴們之間彼此的疏離。

當其他成員大體上有更多的權利，或是這個議題對於你或其他成員們並不是同等重要時，則使用適應型態可能是較適當的。換句話說，適應行為可能會給予其他人不切實際的期望，但從長期的觀點來看，適應可減少更多的衝突而不是解決更多的衝突。而當雙方有同等的權力和同樣的時間壓力，且欲透過解決問題來獲得彼此的利益時，則妥協的型態可能是解決衝突最好的方法。然而，妥協很少會是最好的解決之道，因很難達到讓雙方都能確實由此獲利。

貳 談判行為

談判行為亦會在人際衝突解決的過程中，扮演極重要的角色。其中有四種最重要的行為，分別是計畫與目標設定、資訊蒐集、有效溝通，以及做出讓步（陳瑞麟、趙美齡譯，2003；McShane & VonGlinow, 2005），分述如下：

一、計畫與目標設定

當人們能夠參與計畫和設定目標時，他們會比較喜歡談判的結果。在特別的情況下，談判者應該仔細思考他們的起始點、目標點，以及拒絕點。他們必須檢查其隱藏的假設（如已設定和未設定的目標），這些通常會涉及某種程度的內部談判，像是在和其他人談判前先解決團隊成員之間的差異。

二、蒐集資訊

在尋求被了解之前應先去了解他人。這意味著在談判時應多花一些時間傾聽，而少花些時間來說話；特別是需要透過仔細地聆聽，加上詳細地詢問他們的立場來蒐集資訊。有時亦會以團隊方式來進行談判，而且讓每位成員負責專心地聆聽和他們的專業有關之議題，這可有效地改善相關資訊處理流程，但也會造成團隊成員之間本身協調溝通的問題。有了更多對方需求的資訊之後，談判者更能夠在較低成本的讓步或是提案下來滿足對方。

三、有效的溝通

不良的溝通會增加雙方的衝突，甚而導致更大的損害。有效的談判者會使用讓雙方保持較佳關係的方式來進行談判，特別是要能做到對事而不對人，使人際和情緒衝突減到最低。有效的談判者也會避免一些會觸怒別人的言詞，並能專精於說服性的有效溝通。

四、做出讓步

讓步在談判中也是很重要的，因為藉此可以使雙方達成某種協議，且由此亦能表現出雙方交易的誠意，同時，也告訴對方談判條件的相對重要性。個人應該做出多少讓步呢？這要視對方的預期和你們之間的信任程度而定。一般而言，最佳的策略是適當地接觸和適度的讓步，藉此表現出誠意且能提供解決衝突的誘因。姿態太強硬可能會破壞雙方的關係，而讓步太多則顯得過於軟弱，並會壯大對方的聲勢，反而促使其拒絕繼續談判。

參　解決人際衝突的非攻擊性策略

就如同前述之互動觀點所強調，人際之間的衝突不見得都是不好的，事實上，還可藉此來認知到問題所在，並解決其衝突，例如：把問題公開化、澄清對彼此的看法，及避免使小衝突累積成為大問題等，都會對人際關係的發展具有正面的影響。要知道重要的不是衝突本身的存在，而是彼此如何共同解決它。

其實每種人際關係中，都有一些衝突與不一致的地方存在，這是很正常的現象，因為沒有二個人對每件事的看法皆一致。無論如何，任何一種人類的關係都有潛在的衝突存在，而愈親密的伴侶其關係滿意度會愈高，但潛在衝突發生的機率也會相對地增高（Argyle & Furnham, 1983）。

以下將分別討論三種解決人際衝突的非攻擊性策略，包括：避免衝突、面對衝突及解決衝突（王以仁主編，2001；王以仁、林淑玲、駱芳美，2006；Stover & Hope, 1993）。

一、避免衝突

有時面對一些重要人際關係的衝突時，會以逃避的方法來應對，譬如：忽視問題、延後對問題的討論，甚至否認問題的存在等。逃避衝突最後會如何影響彼此的關係呢？則必須視以下兩個關鍵的問題而定：誰選擇以逃避作為解決衝突的方法？以及逃避問題的時間有多長？有時雙方會共同以逃避的方法來面對衝突，或是一方選擇以逃避的方法，強迫另一方也以逃避來解決衝突；不過，有時單向的逃避策略實際上卻會成為另一衝突的來源。其次，就逃避問題解決的時間來看，暫時逃避問題並不會對彼此關係造成太大的負面影響，然而，無限期的逃避和未解決的人際衝突，最後往往會導致更多的問題。逃避問題就短期而言或許會有所助益，但若長期而言，終究會將應有的關係破壞殆盡。

二、面對衝突

直接面對衝突比逃避問題的方式來得積極而正面些。面對重大的人際衝突並不是一件愉快的事，選擇以公開方式來解決衝突，有時還需要忍受一段短時間並不和諧的關係，但最後通常會以喜劇來收場。俗話說：「逃得了一時，卻逃不了一世」，就是鼓勵人們要學會能直接面對衝突來解決之。

三、解決衝突

面對衝突只是讓問題浮出檯面而已，但對問題本身並沒有得到一個真正的解決之道。專家建議解決衝突的方法有三，分別是：接受合理的差異（acceptance of legitimate differences）、放棄（giving up）及協商（negotiation）。

肆 由第三者介入來解決衝突

通常由第三者介入衝突解決活動的方式，及其對流程和決策的控制程度來歸類為三種型態，分別是：調停、仲裁和判決（McShane & VonGlinow, 2005）。

一、調停

調停者對於整個介入過程的控制能力相當有限，但可藉由其出面來協助衝突的雙方做出決策，以解決他們之間的差異點。不過，調停者對於衝突解決的決定權很小，甚至於完全沒有決定權。就如同各縣市或鄉鎮所設的調解委員會，可進行各種人際關係的衝突或利益紛爭之調解，有時也能夠發揮一些意想不到的調停效果。

二、仲裁

仲裁者會為衝突的雙方做出具有約束力的決策，當然也能對最後的決策有較高的控制力。然而，仲裁者對雙方對話與進行過程的掌控力很低，因為

這類流程往往都有其既有的進行方式。仲裁通常被運用在大型組織或團體內成員抗爭的最後階段，但是仲裁也適用於其他型式的人際衝突。

三、判決

判決就如同仲裁一樣，有著很高的決策控制權，因為他們可以選擇或要求衝突解決的型態。同時，他們也有較高的流程控制權，因他們會選擇要檢視哪些相關資訊及如何做檢視，以及決定衝突解決之流程應該如何進行。當吾人嘗試去解決工作團體或場域的相關衝突時，組織的管理者經常會採用判決的方法，來主導整個調停流程而做出有約束力的決策；但判決者在這種方式下只能蒐集到頗為有限的資訊，且做出的決策可能對於解決這些衝突並無太大的效率。同時，員工亦會認為判決的程序與結果是不公平的，因為他們對這整個過程並沒有控制權。

總之，第三者介入衝突解決活動的方式，並無一定的標準規範。對於兩個每天爭論的組織成員而言，調解可能是最好的方法，因為他們本身有更多的責任去解決彼此的爭論，第三者介入只是建立適當的環境或溝通平台，讓雙方設法有效的解決衝突；雖然並沒有像其他策略那麼立即有效，但是調解最能使雙方對衝突解決流程和結果感到滿意。當成員自己不能解決他們的差異時，則仲裁的效果最佳，因為事先決定的準則和其他流程可以建立高度的程序公平感；而當組織的目標應該優先於個人目標時，亦會比較偏好於使用仲裁。

我們若能經由建設性的衝突以及爭執之中，學會從正面角度加以因應，則彼此的關係會更加親近些，心靈也更能相通。因此，在溝通的時候，運用坦誠的技巧、使用「我」的語句、隨時給予互惠的回饋、彼此關心、願意以同理心的態度了解對方等，並積極扮演一名好聽眾，這樣才容易創造出雙贏的結果。

第三節　如何妥善處理人際關係的結束

報紙投書

家屬放下，尹案追到底

　　尹清楓命案發生迄今已近十四年，新聞報導尹家日昨在台北的一間教堂舉行追思禮拜，並將他的遺骸從高雄遷葬到台北三芝。雖然，陳水扁總統曾鄭重宣示對於尹案「縱使動搖國本也要辦到底」！不過，整個案情至今仍陷於膠著狀態卻是事實，如此殘酷現實對尹的遺孀李女士及其孩子，真是無比沉重的悲痛與無奈。

　　李美葵女士對於本案不斷地持續關注，希望能為丈夫討回一個公道，也對大家長期關心尹案表達萬分感謝；然而，人生當中原本就有許多的遺憾及挫折，她在七年前為了追查真相而不放棄任何的線索，不惜跑遍大街小巷、大廟小廟，最後在教會牧師及教友幫助之下轉變心境，決定將尹案真相交給公義的上帝，全部仰望上帝來做主和替其申冤。

　　在《聖經》馬可福音第十一章中耶穌曾說：「你們若不饒恕人，你們在天上的父也不饒恕你們的過犯。」如今，就李女士及其家人而言，靠著虔誠的宗教信仰，試著去放下心中的怨恨與仇視，來饒恕兇手與其他相關的不法人士；這可使得家屬們首先獲得自我饒恕，並且得到內心的平安、喜樂！

　　能學習去饒恕別人與饒恕自己，確實是一件不平凡的心境提升。然而，檢調與司法單位負責正義、公理維護的相關人員，仍然應該針對本案繼續盡責努力偵辦到底，卻是無可推諉者！（本文係本書作者在 2007.05.30，發表於《中國時報》第 15 版「時論廣場」）

　　上述的文章是談到十多年前震驚全國之尹清楓命案，其中牽扯不少軍購舞弊與其背後龐大的金錢利益糾葛，因與我們這個主題無關在此均略過而不提。但尹上校突然不明不白地死亡，所帶給家屬的傷痛與不甘自是可以想見。

尹的遺孀李美葵女士多年的奔走申冤及其內心的起起伏伏，在她走入宗教學習放下私怨後，將一切交由上帝來做主處理，也算是終能平順收場。其實，人與人之間的關係有時因迫於現實而終止（如死亡帶來的永別），也有因故而逐漸疏遠（如：空間距離的相隔或彼此理念的不同等），這些都會造成人際關係的結束。以下則將針對如何妥善處理與因應人際關係的結束，來進行一番深入的探析。

壹　對人際與人生勿存完美期待

　　許多時候，我們在人際的互動與交往過程中，常存有頗富理想的憧憬，總認為彼此心意相通、理念相同，必可成為莫逆之交的好朋友。然而，一旦相處久了，慢慢才發現彼此的交情，似乎不如想像中那麼來得穩固與持久。其實，每個人都有其優點與缺點，往來久了看得也更為清楚；同時，人的觀念、態度及行為更非一成不變者，當交往中的一方有異於以往的言行出現時，另一方應如何拿捏和因應都是一門大學問。

　　因此，在政壇中不是流傳著這麼二句話：「沒有永遠的敵人，也沒有永遠不變的朋友」，另有一句說得更實際「不是敵人，就是同志」。可見人際的交往確實會因為許多主客觀因素的影響，而發生截然不同的變化，也就不足以為奇啦！記得有一首老歌中有這麼一段詞：「……到了時候就要分離，就要說再見！人生旅途……」說實在的，「喜怒哀樂、悲歡離合」這就是人生的寫照，不管你同不同意或喜不喜歡，都會遇到這些該結束的人與事！學習如何坦然面對及因應，才是今日正常的處世之道！尤其當親密的人際交往如友情與愛情來臨時，要懂得善加珍惜！一旦熱情過後雲淡風輕，一切種種都由濃轉淡時，也應坦然接受和面對；絕不該逆向操作——擁有時卻不在意，失去時又不甘心！

　　就像前面投書中所提到的尹清楓一案，尹在生前其夫妻感情如何，我們外人無從得知，但由其死後遺孀李女士多年的奔走申冤行動，可以讓人感受她對這樣突發中斷的夫妻之情，內心確實會有許多的不捨及不甘心；然而天

人永隔事實發生之後，再多的思念與無奈又能如何？好在當她走入宗教學習去看透人生，並能深入地體會出人生當中諸多的無常，並且從此放下諸多的恩怨情仇，也因而讓其自我能由重重束縛之中釋放出來！

其實，在死亡所帶來的殘酷分離事件中，最讓人不解與不捨的乃是國內近年來自殺個案的激增，而自殺早已排入國人十大死因之列。雖然，自殺案件已算不上什麼大新聞，然而每當讀到全家大小一同燒炭或服毒自殺等的類似新聞報導時，仍不免讓人感到萬分難過與惋惜。當自殺率如此快速地攀高之際，確實值得深入加以研究來找出有效的因應對策！

每當，看到報紙或電視新聞中報導自殺案件時，真不禁讓人感嘆：「生命怎會如此不堪一擊？要活下去真的這麼沉重嗎？生命的意義到底為何？」猶記得二、三十年前的台灣，針對生命的意涵有一標準答案，幾乎讀過國中的學生均可倒背如流。就是先總統蔣中正曾云：「生活的意義在增進人類全體的生活，生命的意義在創造宇宙繼起的生命！」

不過隨著時空快速的轉變，這種高胸襟與理想的定義，已無法落實於個人日常生活中。記得多年前，我親眼閱讀到一位引火自焚的大學生曾在其日記中提到：「若個人的生活沒有意義又如何能去增進人類全體的生活，若自己的生命沒有意義，憑什麼去製造更多無意義的生命……！」生命與生活的意義到底是什麼？這是許多人內心深處的吶喊！但蒼天無語，老師、父母通常也不會直接回答這類問題。

當然，時空的間隔、文化的差異、宗教背景的不同，都不可能得到對生命相同的詮釋！從哲學、心理、生物、文學、宗教不同的角度加以探索生命，也會提出迥然不同的生命觀點！這些其實也不打緊，在這後現代化多元時代中，不需要事事都統一；尤其針對生命教育，只要有個可以接受與支持的說法，也就足夠啦！

面對許多自殺案件發生後，不應只有一些與身亡者有關的聳動生活事件報導，或是訪問幾位心理輔導專家及精神科醫生來提出忠告！如今，台灣社會正是到了應該積極鼓勵針對本土化生命教育加強研究的時候，只要有心長期投入與推動，相信假以時日必能在這方面開花結果，以便能有效地減少社

會上這類自殺悲劇的一再發生！更可挽回因突如其來死別所帶來親密關係永遠的破損！

貳 人際關係結束常用的策略

在人與人交往之關係中，除了被迫要結束（如：死亡、移民國外）之外，當個人主動決定要結束關係時，往往急於找些藉口來責怪對方，而非尋求一種妥當而合宜的結束方式。根據 Baxter（1982）提到，人們在結束關係時會有四種常用的策略，分別說明如下：

一、操縱策略

操縱策略（manipulative strategies）是採用故意顯現個人嚴重不忠實的言行證據，促使對方不得不去對關係的結束採取行動。這些策略多半是操縱性的，因為會害怕對自己的行動負責，並想讓自己成為「受害」的一方，以便於逃避可能會有的指責。假定某位丈夫想要終止目前的婚姻，但又不願意對提出分手來負責任，因而在未來的幾個月中，他會有意無意地讓妻子聽到一些他和其他女人的外遇消息，並且故意在自己的襯衫上留下別的女人香水味。過不了多久，他太太可能就會「踢他出門」，因而達到了他想終止夫妻婚姻關係的目的。但這是一種不好的策略，而且是極端不誠實的。

二、退縮／逃避策略

退縮／逃避策略（withdrawal/avoidance strategies）是以不知道就不會有傷害的想法為基礎，也算是一種可達到目標的間接方法。假設某個女兒和她的雙親關係惡劣，尤其是和母親常發生衝突，即使這個女兒年滿二十三歲且已經大學畢業，但母親仍想繼續左右其生活。為了終止這種惱人的親子關係，她就接受了一份遠地的工作機會，在那兒工作和生活，除了一年見個一、二次面外，她就幾乎可以完全避免和其父母（尤其是母親）接觸。雖然這種退縮／逃避也可算是一種人際關係結束的解決方法，但似乎並沒有真正地處理

好引起彼此人際困擾的問題根源。

三、正向溝通策略

正向溝通策略（positive tone strategies）是指刻意地使用正向的溝通方式，來結束彼此關係的一種策略。讓雙方都能以坦承與尊重對方的態度，來面對二人關係的結束，譬如：正面地告知對方：「我們在一起很久了，我想彼此都曾喜歡過二人的這種關係。我珍惜這樣的交往，不過我也得承認現今對你已不再有浪漫的感覺，雖然這樣會令人難過，但是我很尊重你，也必須面對我自己真實的感覺，我希望我們以後即使不再親密交往，但友誼卻能繼續存在。」

四、坦誠面對策略

坦誠面對策略（open confrontation strategies）是一種直接而肯定的處理關係之方法。其和正向溝通策略一樣，強調坦誠面對問題也是最誠實的方法。誠實需要很大的勇氣，但這對人際關係的結束卻是十分重要的，可讓別人清楚地知道自己的立場。假定一位女士想要終止和目前男友這種一對一的關係，但她仍希望能保有基本的互動關係。她運用此一坦誠面對策略時可說：「我想要你知道我曾喜歡過彼此的關係，但這幾個星期以來我覺得雖然很喜歡你，但仔細想想我並不認為咱們有足夠的條件，可在未來保有成功的婚姻。我想，我們應該重新看看與檢討我們的關係了。」

其實，以上四種分手的策略各有其優缺點，使用時更應考量相關的主客觀因素後，再選擇較為合宜者進行之。有時，真的是有如「剪不斷，理還亂」、「落花有意，流水無情」、「言者無心，聽者有意」等，真讓人不知如何是好！同時，若加上每個人對親情、友情與愛情的看法和感受大不相同，即使想透過正向溝通或坦誠面對等策略來因應，仍不免是「雞同鴨講」而人言人殊！倒不如採取退縮／逃避策略來得輕鬆有效些！

尤其針對男女兩性親密關係的結束，事後是否真能達到「船過水無痕」的結果，更值得深入探究一番。首先，可從客觀物理事實的角度來分析，當

船經過某一水面的當時，必會劃出一道深深的水痕，而船漸去漸遠之後水面也就恢復了平靜，之前所造成的水痕也自然消失得無影無蹤！這整個過程的確具體驗證了「船過水無痕」的說法。然而，若從主觀記憶與心理層面來看時，則非完全的「船過水無痕」，至少對親身經歷及目睹整個過程的人們來說，當船經過時劃出一道清楚水痕的影像，將會相當時日地儲存在其記憶當中！受到破壞的兩性關係或夫妻情感，若想幫助對方走出困境重新建立美滿的親密關係，則不能依賴時過境遷及船過水無痕的消極作為；而須積極面對彼此坦承溝通，並相互接納與鼓勵。必要時，還得藉助專家的輔導諮商、饒恕治療及內在醫治，才能真正達到相當的良好成效！

本章摘要

　　「人際衝突」是指人與人在互動之中，有著利益上不同的對抗，或是出現了相反的意見。很多人都會認為衝突應該是不好的，因為這樣會讓我們覺得很不舒服。在各種人際關係中衝突也是極正常的情況，不可為了要求表面假象的和諧而忽視真正問題的存在。其實，衝突之後如果能經由適當的溝通與建設性的討論，一樣能順利度過這類人際關係所造成之危機。

　　近半世紀以來在人際衝突思想發展上，有三方面不同思想的變化：(1)傳統觀點：此為以往多年來的舊有觀點，多半是以否定的角度來看，認為人與人之間發生衝突總是不好的；(2)行為觀點：主張人際衝突問題的存在極為合理，它是會在所有組織或團體中自然會發生者，應坦然面對而設法加以管理及因應，或許可以帶來一些正面的功能；(3)互動觀點：認為一個安定、安靜的團體或組織，可能會是冷漠、靜止而欠缺回應能力者，不如藉著適度之人際衝突，可產生有效的互動並且帶動較有利的變化。

　　人際衝突的過程經整理之後，可大致分為：潛在的對立、個人認知與意圖涉入、衝突行為出現及衝突結果等四個階段。而人際衝突依其性質有五個類型，分別是：(1)假性衝突；(2)事實衝突；(3)價值衝突；(4)政策衝突；(5)自我衝突。而另有些研究者將人際衝突引發主因係屬於人或事，而區分為程序上的衝突及人與人的衝突二類。

　　在衝突下與其他人相處的人際衝突解決型態，可分為以下五種，分別是：(1)合作；(2)競爭；(3)退避；(4)適應；(5)妥協。針對這五種人際衝突解決型態，多數人雖各有其較習慣或較為偏好的選擇型態，但必要時仍會視情況的差異情形，而分別使用不同的型態。衝突管理的技術就是強調要能在適當的情況之下，來使用更為正確的型態。

　　合作的型態是較常用於解決衝突的方法，但合作也只能用於某些情形之下。使用競爭去解決人際衝突通常都不適當，人際關係很少有完全對立情形存在的。然而，有時需要盡快解決衝突時，競爭可能是必要的方法之一。退

避是一個無效率的衝突管理策略，但當這個議題不重要或是為了平息激烈的爭論時，才使用此方式，不過，退避衝突並不是一個長期的解決方法，因它會加強了彼此的疏離。當其他成員大體上有更多的權利或是這個議題對於你或其他成員們並不是同等重要時，則使用適應型態可能是較適當的。而當雙方有同等的權力和同樣的時間壓力，且欲透過解決問題來獲得彼此的利益時，則妥協的型態可能是解決衝突最好的方法。但妥協很少會是最好的解決之道，因很難達到讓雙方都能確實由此獲利。

談判行為會在人際衝突解決的過程中，扮演極重要的角色。其中有四種最重要的行為，分別是計畫與目標設定、資訊蒐集、有效溝通以及做出讓步。就如同互動觀點所強調的，人際之間的衝突不見得都是不好的，事實上，還可藉此來認知到問題所在，並解決其衝突，要知道，重要的不是衝突本身的存在，而是彼此如何共同解決它。

其實每種人際關係中，都有一些衝突與不一致的地方存在，這是很正常的現象，因為沒有兩個人對每件事的看法皆一致。無論如何，任何一種人類的關係都有潛在的衝突存在。有三種解決人際衝突的非攻擊性策略，包括：避免衝突、面對衝突及解決衝突。而通常亦可由第三者介入衝突解決活動的方式，及其對流程和決策的控制程度來歸類為三種型態，分別是：調停、仲裁和判決。第三者介入衝突解決活動的方式，並無一定的標準規範。對於兩個每天爭論的組織成員而言，調解可能是最好的方法，因為他們本身有更多的責任去解決彼此的爭論，第三者介入只是建立適當的環境或溝通平台，讓雙方設法去有效解決衝突。

許多時候，我們在人際的互動與交往過程中，常存有頗富理想的憧憬，總認為彼此心意相通、理念相同，必可成為莫逆之交的好朋友。然而，一旦相處久了，慢慢才發現彼此的交情，似乎不如想像中那麼來得穩固與持久。說實在的，「喜怒哀樂、悲歡離合」這就是人生的寫照，不管你同不同意或喜不喜歡，都會遇到這些該結束的人與事！學習如何去坦然面對及因應，才是今日正常的處世之道！

當親密的人際交往如友情與愛情來臨時，要懂得善加珍惜！一旦熱情過

後雲淡風輕，一切種種都由濃轉淡時，也應坦然接受和面對；絕不該逆向操作──擁有時卻不在意，失去時又不甘心！在人與人交往之關係中，除了被迫要結束之外，當個人主動決定要結束關係時，往往急於找些藉口來責怪對方，而非尋求一種妥當而合宜的結束方式。根據 Baxter 提到，人們在結束關係時會採用操縱策略、退縮／逃避策略、正向溝通策略，與坦誠面對策略等四種常用的策略。

其實，上述四種分手的策略各有其優缺點，使用時更應考量相關的主客觀因素後，再選擇較為合宜者進行之。有時，真的是有如「剪不斷，理還亂」、「言者無心，聽者有意」等，真讓人不知如何是好！同時，若加上每個人對親情、友情與愛情的看法和感受大不相同，即使想透過理性的正向溝通或坦誠面對等策略來因應，仍不免是「雞同鴨講」！倒不如採取退縮／逃避策略來得輕鬆有效些！

班級／小團體活動

※「人際互動中願意改變的二件事」分享活動。

活動名稱：人際互動中願意改變的二件事。

活動成員：同班、同寢室或修課同學，以 5-8 人分為一小組來進行。

活動時間：30-40 分鐘。

活動方式：一、針對每位小組成員發給一張白紙，請他在紙上寫下二項個人
認為自己在人我往來與溝通中，經常會造成衝突的缺點或毛
病。

二、當組內成員寫完之後，再一一邀請每位成員來分享或說明方
才所寫的內容。

三、當一位成員分享之後，小組內其他成員可適度地給予回饋。

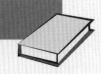

本章習題

一、在「人際衝突」的五個類型中，你最常遇到的是哪一類型？而你通常都是如何加以處理或解決的？請分別詳細加以論述之。

二、在人際衝突過程的四個階段中，哪一階段是你最感棘手者？請舉一實例來加以說明之。

三、在衝突下與其他人相處的人際衝突解決五種型態中，你較為習慣或較為偏好的是哪種型態？試深入加以探討之。

四、針對三種解決人際衝突的非攻擊性策略，你最喜歡或擅長的是哪一種策略？請詳細加以說明之。

五、面對生活環境中經常會接觸到的一位對你明顯表示好感的異性，而你想拒絕其追求時，會採取何種方式因應？請根據 Baxte 提到，人們結束關係時採用的四種常用策略為基礎，來回答並討論此一難題。

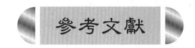

一、中文部分

王以仁主編（2001）：**婚姻與家庭生活的適應**。台北：心理出版社。

王以仁、林淑玲、駱芳美（2006）：**心理衛生與適應**（第 2 版）。台北：心理出版社。

陳瑞麟、趙美齡譯（2003）：**組織行為**。台北：學富文化公司。

黃鈴媚、江中信、葉蓉慧譯（2007）：**人際關係與溝通**。台北：前程文化公司。

許南雄（2006）：**組織行為**。台北：華立圖書公司。

曾端真、曾玲珉譯（1996）：**人際關係與溝通**。台北：揚智出版社。

二、英文部分

Argyle, M. & Furnham , A. (1983). Sources of satisfaction and conflict in long-term relations. *Journal of Marriage and the Family, 45,* 481-493.

Baxter, L. (1982). Strategies for ending relationships: Two studies. *Western Journal of Speech Communication, 46,* 223-241.

Cahn, D. (1990). *Intimates in conflict: A communication perspective.* Hillsdale, N. J.: Lawrence Erlbaum.

McShane, S. L. & VonGlinow, M. A. (2005). *Organizational behavior* (3rd ed.). New York: McGraw-Hill.

Stover, R. G. & Hope, C. A. (1993). *Marriage, family, and intimate relations.* Fort Worth, TX：Harcourt Brace Jovanovich.

Verderber, R. F. & Verderber. K. S. (1995). *Interact: Using interpersonal communication skills* (7th ed.). Belmont, CA: Wadsworth/Thomson Learning.

第十二章

求職面談與生涯規畫

◎**本章學習目標**◎

- 何謂「生涯」？說出生涯定義觀念的演變為何？
- Ginzberg 認為，從兒童到青年之間，個人的職業選擇分為哪三個階段？
- 何為 Super 的「發展的自我觀念」？他將生涯發展區分為哪五個階段？
- 求職的正確理念與人際策略為何？
- 求職面談前，可採取哪四項有效之因應對策來蒐集有關資訊？
- 在求職預備過程中，有哪五項策略與技巧可協助展現最佳的自我？
- 履歷表中應呈現的標準資料為何？
- 做好面試準備應包括哪些內容？
- 面談時的行為管理為何？
- 如何做好面試後的追蹤？
- 在求職面談坦然真誠告知過程中，可參考哪三項原則？

報紙投書

教師，不要流浪

　　報載一群由網路PTT實習老師所組成的「拯救國教大聯盟」近日宣布，將於六月十二日當天發起萬人遊行，以抗議政府漠視國教師資人才培育過剩的惡果，讓絕大多數的準教師變成沒有學校可任教的流浪教師。

　　其實這個問題在十多年前，當教育部擋不住師範教育多元化要求的浪潮，而開放各大學院校可申請開設師資培育中心提供教育學程之修習，就可預測到會有今日大批流浪教師的問題。更何況自從師資培育政策開放以來，並未做好相關配套措施，再加上只須三位專任老師即可成立師資培育中心的低門檻標準，致使目前全台灣有超過七十所以上的大學院校成立師資培育中心，共開設近百個教育學程，而造成目前每年會培育出將近一萬五千名的國小師資！

　　然而國小目前師資人力需求卻相對萎縮許多，一方面是國內「少子化」的風潮正方興未艾，新進入國小一年級的學童人數正以每年幾乎減少一萬人的趨勢快速下降中，造成許多小學不得不減班或者更有廢校者。而「拯救國教大聯盟」這回的遊行訴求，即在於要求降低小班教學的班級人數，以增加教師缺額；其實仔細分析後可知，在台灣二千多所國小當中，一校六班且全體學生人數在百人以下的學校，大概占了一大半以上。以此推想，再如何降低國小班級人數，也無法有效解決此一供需大失衡的困境！

　　主管教育政策的教育部與負責培育師資的相關大學院校，自應有其更積極的因應之道。在此，只想針對流浪教師的生涯困境，提出幾項另類建議以供參考：

　　一、考慮轉行發展：一窩蜂地趕搭師資培育列車，最後面臨無老師可當的窘境時，是否宜考慮認賠殺出、轉向其他行業發展。您只要想到有如農民大家搶種的結果，造成血本無歸後也只能無語問蒼天，而另謀他途。當然，其中要經過縝密的自我評估，在教師甄試過程中，自己是否具備優異的競爭條件？例如，去年我指導的一位實習教師，到國小實習僅三個月就提出終止實習之申請，因為她擁有農學方面的碩士，算算教師甄試錄取機會過低，轉而去準備相關的高普考試。

　　二、搶食補教大餅：目前因孩子生得少，個個都是寶，家長為兒女的教育與成長，從小到大花在補習與安親班方面的經費不在少數。因此，流浪教師何不考

慮轉往家教班、安親班、英語班等方面發展，甚至二三人合作投資在這方面自行創業。

　　三、繼續進修學習：路是人走出來的，年輕人當個家教或打個工來養活自己應該不是件難事，但不能永遠都只停留在此一階段；應該按著自己的興趣與性向，繼續向上不斷學習與進修，同時積極找代課缺吸取教學經驗，並把握模擬面談口試及試教等機會，來增強自己的求職競爭力，也是一條可行之道。

　　目前未有教職的準教師們，學習朝多方面去發展！路是無線的寬廣，何妨轉個念頭、換個方向思考呢！（本文係本書作者在 2005.06.12，發表於《中國時報》第 15 版「時論廣場」）

　　上述文章是針對近幾年來，因師範教育多元化與全台人口少子化的雙重影響，造成絕大多數的準教師們無教職可擔任，而產生了日益嚴重的流浪教師問題。在此文章中，考量流浪教師的生涯困境，提出考慮轉行發展、搶食補教大餅與繼續進修學習等項另類建議工作參考。因此，在本章中，也將分別針對生涯發展與求職、面談前的準備，及面談策略與技巧之運用等部分，一一加以說明如後。

第一節　生涯發展與求職

　　在每個人的生涯發展過程中，有許多相似之處但也有一些個別獨特之經驗。整體生涯過程大多由進學校受教育開始，再逐步邁入職業領域的接觸和奮鬥，這其中得考慮到個人的能力、需求、機會和價值觀等；同時，也會在初步選擇的職業領域中，更確實地探索自己的真正興趣，並對人生目標有較明確的認識。

壹　生涯發展的意涵

　　一九七一年，美國聯邦教育署長 Marland 博士提出生涯教育的構想後，

學術界針對生涯發展與生涯規畫的觀念及課程陸續提出，美國教育學會
（American Educational Research Association）及美國的全國生涯發展協會
（National Career Development Association）等重要學術團體，也為「生涯發
展」正名，生涯發展遂正式成為學術研究的一個領域。近年來，國內各大學
院校也漸重視學生的生涯發展及規畫教育，於通識課程中陸續開設相關課程
供學生修習，以及早協助學生做好生涯規畫。其主要目標在於：一、增進自
我了解；二、了解工作世界；三、進行生涯試探、生涯規畫和生涯準備；四、
增強社交能力；五、培養生涯能力；六、提升自我實現動機（王以仁、林淑
玲、駱芳美，2006）。

　　所謂「生涯」（career），就字面上的定義看，指的是個人一生的歷程。
但今日在學術上所稱的生涯，由於生涯發展理論的推廣，多指個人一生中與
職業、事業、工作有關的歷程。生涯理論大師Super（1976）提出，生涯係指
一個人終生經歷的所有職位之整體歷程。其後，Super（1990）更認為，生涯
是生活裡各種事件的演進歷程，結合個人一生中各種職業與生活角色；生涯
發展是連續漸進的終身歷程，會隨著個人的成長和學習而形成個體獨特的生
涯發展取向。生涯也是人生自青春期以迄退休之後，一連串有酬或無酬職位
的總合，甚至也包含了副業、家庭和公民的角色。國內金樹人（1988）認為
Career 原意為兩輪馬車，引申則為道路，亦即指個人一生中所扮演的系列角
色與職位。

　　由上述定義可以看出，學者對於「生涯」一詞的定義，隨時代變遷，有
愈來愈廣的趨勢。事實上，不論哪一種定義，「生涯」是終個人一生的歷程，
在這歷程中，多數人都會經歷各式的變化或成長；因此，事實上，個人生涯
歷程的變化可以用發展的觀點來了解（王以仁、林淑玲、駱芳美，2006；羅
文基，1991）。

　　在此所探討的生涯發展，是從心理學理論取向中發展出來的，現今有關
個人生涯發展的論著，絕大多數是採取此一學派的觀點。因此，以下介紹生
涯發展理論中的兩位著名學者 Ginzberg 及 Super 的理論（王以仁、林淑玲、
駱芳美，2006；吳芝儀，2000；張浣芸，1987；Herr & Cramer, 1996）。

一、Ginzberg 的理論

Ginzberg 是在一九五一年與其同事以一群八至二十三歲的兒童及青年進行研究，所提出的職業選擇理論。其重點包括：

㈠一個人的職業選擇受到四個因素的影響，這四個因素分別是：*1.*現實的因素；*2.*教育的過程；*3.*情緒的因素；*4.*個人的價值觀。

㈡職業選擇涵蓋人生相當長的時間，大約從兒童期到青年期之間，其中又可分為三個階段：

*1.*幻想期：由出生到十一歲之間，個人對職業的選擇充滿了幻想，常透過遊戲的方式，模仿成人的工作世界，並由此獲得成人的增強，而認為自己可以做自己所幻想的職業，並未考慮現實或實際狀況。

*2.*嘗試期：十一歲到十七歲之間，個人對自己的興趣、能力、個性、價值觀等開始有較清楚之認識，能考慮如何將自己的特性與職業選擇配合，其間又包含下列四個小階段：

(1)興趣階段（11 歲～12 歲）：開始注意培養自己對某些職業的興趣。

(2)能力階段（13 歲～14 歲）：以個人的能力為核心，衡量並測驗自己的能力所在，然後表現能力於各種職業相關活動上。例如：木工、簡易電器修護、電腦操作等。

(3)價值階段（15 歲～16 歲）：個人逐漸了解職業的價值性，並能兼顧個人及社會上的需要，在進行職業選擇與評估時，能漸以職業的價值性為主要考量因素，其次才是個人的興趣與能力。

(4)綜合階段（17 歲）：將前三階段所考慮的因素都納入職業選擇考慮中，統整相關職業選擇資訊，以進行初步的生涯決定。

*3.*現實期：十七歲以後到成年期間，個人對自己有更深入的了解，並從現實的觀點考慮自己的選擇。其中包括：

(1)試探階段：個人根據試驗期的統整結果，實際進行各種試探活動，試探各種職業機會及可能的選擇。

(2)具體化階段：藉著試探階段的經歷做更進一步的選擇，因此而獲得具

體的職業經驗。

(3)專業化階段：就自我選擇的目標進行就業的各種準備。

根據 Ginzberg 的觀點，在生涯決定的過程中，這三個階段的發展順序是不可變換的。過去已決定的事，每個人都無法予以改變，後期的決定受制於前期的決定。因此，每一個人的發展都是先出現幻想期，而後是嘗試期，最後才進入現實期。

Ginzberg 的理論是由一群社會學者、經濟學者、心理學者、精神醫學者等所組成的團隊所共同研究提出的，其理論著重在個人就業前的職業選擇，可說是生涯發展論的早期架構者。但其論點有其不足之處，後由 Super 的理論加以補足，包括：

㈠ Ginzberg 理論中的發展階段主要論及就業前的各個生涯決定階段，未提及就業後的改變及調適。

㈡ Ginzberg 談到個人生涯發展的過程，是個人興趣、能力、價值觀等與外在環境、機會不斷妥協後的節果，但並未論及影響妥協的內在動力。

二、Super 的理論

Super 是提出生涯發展理論中最受重視的一位學者，他的理論、思想，除了受到傳統職業輔導學說的影響外，更容納 Carl Rogers 等人有關自我概念的觀點，以及 Buehler 的發展心理學觀點，使得 Super 的生涯發展理論集各家之大成，並成為當代最重要的生涯輔導理論。

Super 以生活階段及發展任務為理論的重心，特別強調職業選擇是一漫長的發展歷程，個人發展階段中自我概念的發展、發展任務、生涯發展成熟的意義及生涯發展中個人與環境的關係。因而 Super 的理論可被稱為「發展的自我觀念」，但 Super 自己認為應以「差異－發展－社會－現象學的心理學」（Differential Developmental-Social-Phenomenological Psychology）的名稱較符合。Super 最早是在一九五三年提出十項他對生涯發展的基本論點，後來修正為十二項，分別是：

㈠職業生涯發展是一個連續不斷運行的過程，且發展階段前後次序不可變換。

㈡職業生涯發展的過程，是有次序、有常模可循，且可預測結果的。

㈢職業生涯發展是一種動力的過程。

㈣自我概念在青春期之前就已形成了，但到了青春期，個人的自我概念變得更為清楚，並且會轉換到職業選擇中。

㈤在進行職業選擇時，現實因素的考慮會隨著年齡的增加而愈見其重要性。

㈥一個人在一生中各種角色發展及角色間的統整，與個人對父母的認同程度有極高的相關；而這種認同程度的高低，會影響個人未來生涯發展及其最終狀況。

㈦個人在某項職業領域中升遷的速度與方向，受個人智力、父母社經地位、個人對地位的需求程度，以及價值觀、興趣、社交技巧、外在經濟環境等的影響。

㈧個人選擇某種職業的決定，受個人興趣、價值觀、需求、對父母或重要他人的認同，以及所接觸到的社會資源、個人教育背景、外在工作世界結構、社會趨勢及周遭的人對職業的態度所影響。

㈨雖然表面上看來具有某種人格特質、能力及興趣的人來擔任某種職業是最適合的，事實上，職業與人的配合並不是特定的組合方式，而是某種職業可以適合許多不同特質的人，而某一種人也可能適合許多種不同的職業。

㈩個人在工作中能否獲得滿足感，視其個人能力、興趣、人格特質及價值是否能在工作中充分發揮而定。

㈠個人在工作中獲得滿足感的程度與他是否能在工作中充分發揮自我有關。

㈡對大多數人而言，職業的選擇與發展正是一個人個性的展現。

　　另外，Super引用發展心理學中的階段論，將個人生涯的發展區分為五個階段，每個階段皆有其發展活動及任務，而且這些階段具有循環、重複的特性，分別說明如下：

㈠成長期（出生～14歲）

　　經由認同，逐漸發展其自我觀念，需要與幻想是此期最重要的特質；隨著社會的參與及真實試驗之增加，興趣與能力變得更為重要，主要的學習活動為生活自理、社會互動等。

小階段：

1. 幻想期（4 歲～10 歲）：以個人之需要為主，幻想的角色扮演相當重要。

2. 興趣期（11 歲～12 歲）：興趣是其期望與活動的主要決定因素。

3. 能力期（13 歲～14 歲）：能力逐漸具有重要性，並會考慮工作所需。

任務：

1. 發展自我形象。

2. 發展對工作世界的認識，並了解工作的意義。

(二)探索期（15 歲～24 歲）

在學校、休閒活動，及兼差的工作經驗中，來進行自我試驗、角色試探及職業探索。

小階段：

1. 試探期（15 歲～17 歲）：考慮興趣、能力、價值觀與機會，做暫時性的選擇。並經由幻想、討論、課業及工作來加以試驗。

   任務：職業偏好逐漸具體化。

2. 過渡期（18 歲～21 歲）：進入就業市場或專業訓練中，更為重視現實的考慮，並企圖實踐自我觀念，一般的選擇轉為特定的選擇。

   任務：職業偏好逐漸特定化。

3. 試驗並稍作承諾期（22 歲～24 歲）：找到第一份似乎頗適合自己的工作，並試驗是否能成為長期的工作。若不適合可能會再重複上述具體化、特殊化與實踐偏好的過程。

   任務：實踐職業偏好。

(三)建立期（25 歲～44 歲）

尋獲適當的職業領域，並逐步建立穩固的地位。職位、工作可能有變遷，但職業不會改變。

小階段：

1. 試驗—承諾期（25 歲～30 歲）：逐漸安定下來，在選定的職業內尋找一個穩固的職位。在找到終身工作前與生活上的變動，而可能感到並不滿意。

2. 精進期（31 歲～44 歲）：致力於工作上的穩定。對多數的人而言，此時

是最具創造力之期，資深且表現優異。

任務：穩固與精進。

(四)維持期（45 歲～64 歲）

逐漸取得相當的工作地位，重點在於如何維持既得的地位。保持已建立的模式，甚少突破，須面對新進人員處於精進期優異表現所帶來的挑戰。

任務：維持既有的成就與地位。

(五)衰退期（65 歲～）

身心狀況逐漸衰退，從原先之工作中退休，需要發展新的角色。只能選擇參與部分活動，並只作為旁觀者。必須尋找其他可能使其滿意的來源，以取代退休後所失去的事物。

小階段：

1. 衰竭期（65 歲～70 歲）：工作的步調放慢，改變職務與工作性質，以配合漸衰的能力。許多人會改換兼差的工作以代替原先全日的工作。

2. 退休期（71 歲以上）：完全從工作中退休，或改換兼差工作、當志工，或從事休閒活動。

任務：衰老退休，逐漸退隱；淡泊名利，與世無爭。

貳　生涯決定的涵義

生涯發展的過程中必然會面臨許多抉擇的情境，需要個人做出明智的決定。因此，有些提倡生涯規畫的學者認為生涯發展歷程，是一連串抉擇所得的結果。「生涯決定」觀念最早係源自於英國經濟學家 Keynesian 的理論，認為一個人選擇目標或職業，以使其獲得最高的報酬，並將損失減至最低。此類生涯決定理論的主要觀點之一，是個人握有數種選項，每一選項對個人而言均有不同程度的價值，「決定」即是個人在諸多選擇間權衡輕重，達成最大價值的歷程。個人生涯決定程度的衡量，通常是根據Marcia的自我認定狀態理論而建立（吳芝儀，1991，2000）。按照「探索」與「承諾」兩個指標向度，將自我認定的狀態分為「自主定向」、「他主定向」、「尋求方向」

和「迷失方向」等四類，其內容如下：

一、自主定向

指個體在經過一段時間的尋找之後已經形成一個安定的自我認定，表示認定危機已由個體自主自發地達成解決。多了一段「探索」的過程，也使得自主定向者的內在力量不像他主定向者般的僵化，而是具有彈性能適應的。

二、他主定向

指個體毫不懷疑地全盤接受父母的價值觀並做出承諾，個體並未經歷認定危機。對部分的人而言，他主定向是一個發展的起點，可以經由進行探索而成長。

三、尋求方向

指個體主動對以往的價值提出質疑並尋求認定，但是個體尚未有所承諾，因此個體正處於認定危機中。Marcia 認為尋求方向者，正以各種方式努力在職業及價值層面達成認定。

四、迷失方向

指個體拒絕或沒有能力達成承諾，個體不求內在價值觀目標的一致和承諾，也未進行探索（或只有表面性的探索）。迷失方向者傾向往最少抗拒的方向走，有時看似瀟灑但卻充滿了空虛和挫折。這是四類自我認定中發展得最不好的類型。

生涯決定是基於此一理論，依個人在生涯決定上的「生涯定向程度」、「對決定狀態之滿意度」，分為「定向／滿意」、「定向／不滿意」、「未定向／滿意」、「未定向／不滿意」四類，各類型所代表的意義如下：

一、「定向／滿意」

指個人已經確定未來的職業方向，而且對於自己目前所處的決定狀態感

到滿意。

二、「定向／不滿意」

指個人已經確定未來的職業方向，但對於自己目前所處之決定狀態感到不滿意。

三、「未定向／滿意」

指個人尚未確定未來的職業方向，但對於自己目前所處的決定狀態感到滿意。

四、「未定向／不滿意」

指個人尚未確定未來的職業方向，且對於自己目前所處的決定狀態感到不滿意。

參 生涯決定的迷思

由於影響個人做生涯決定的歷程涉及許多不可知的因素，因此，個人在做決定時可能遭遇若干問題。而以作者目前在大學任教，根據 Super 生涯發展論的觀點，大學生正處於生涯探索階段的過渡轉型期（transitional stage），不僅要從事具體特定的職業或生涯選擇，且要採取行動來履行選擇。而在影響個人生涯決定的因素中，認知（cognition）被許多學者視為影響行為的中介變項（mediators of behavior）。認知在生涯決定歷程中扮演一個關鍵性的角色，生涯行為顯然係受到認知中介的影響。而從未定向的相關研究中也可發現，認知因素對於未定向的影響相當明顯。因此，生涯決定理論漸漸走向認知取向則是必然的趨勢。在認知因素中，生涯迷思（即個人對生涯發展或生涯決定所持的不合理的假設）是重要影響來源。

生涯迷思（career myths）可被定義為對於生涯發展歷程所持的不合理態度（irrational attitude），會限制與持續阻礙個人生涯發展。進一步闡述此一

信念,認為這些迷思源自於忽視生涯,或有負向生涯發展經驗的家庭。金樹人(1986)亦贊同個人生涯決定的結果係受到某些信念的影響,他從實務工作中,歸納國內大專學生常出現的生涯迷思包括以下五項:一、走入工作世界,是大學教育的延伸;二、到畢業那天再來找工作即可,現在急也沒有用;三、這年頭找工作都得靠人情找關係,公家機關的就業通報或是報紙的廣告都不可靠;四、我的大學成績極為優異,不怕找不到事做;五、只要我有技術專長,就能在生涯事業上出人頭地。

而這些迷思的思想在東方稱之為「執著的觀念」,在西方心理學家卻稱之為「非理性的想法」。這些「執著的觀念」或「非理性的想法」常常束縛我們謀職與就業的腳步,造成了不少的負面影響。

Nevo(1987)整理歷年來諸多學者於生涯諮商中所發現的非理性信念,認為此等信念可能和生涯未定向及生涯選擇的挫折有關。他列出十項不正確信念,並歸為四大類,分述如下:

一、有關職業的非理性期待

㈠世界上只有一種最適合我的職業。
㈡除非我能找到最佳的工作,否則我不會感到滿意。

二、有關生涯諮商員及測驗的非理性期待

㈢總有某位專家或比我懂得更多的人,可以為我找到最佳的職業。
㈣也許有某項測驗可以明確指出我最優越的特質。

三、有關自我的非理性期待

㈤我必須在我的工作領域中獨占鰲頭,或者成為專家。
㈥只要我努力,便可以做任何事。
㈦我所從事的職業也應該要讓我的家人、親友感到滿意。
㈧從事某項職業,有助於我克服許多個性、特質上的問題。

四、有關決定歷程的非理性期待

㈨我可以僅憑直覺而找到最適合的職業。

㈩職業選擇是一生一次的重大決定。

　　由以上探析可知，倘若個人在做生涯決定時，抱持一些不適應的生涯觀或錯誤的迷失信念，將會對其生涯發展造成某種程度的阻礙。同時，不適應信念極易導致個人進行生涯決定時的情緒困擾與行為阻礙，因而若能找出不適應信念癥結，當可對症下藥來修正這些錯誤的認知歷程，以達成良好有效的生涯決定。

肆　求職的正確理念與人際策略

　　人生當中有許多事情我們都無法完全掌握！在前面第十一章第三節談到要如何妥善處理人際關係的結束時，特別討論到針對人際與人生勿存完美期待；同樣，在生涯奮鬥及求職過程中，更與所謂的「機緣」、「運氣」息息相關，所謂「得之勿喜，失之勿悲」，是非功過都很難下定論！

　　作者在此想以自己讀大學至今三十餘年的生涯發展與抉擇為例，來試圖闡明此一論點。我大學分發就讀的是心理系，這在當時可算是冷門科系，許多親友、師長都勸我要轉系，經過我長時間的思考比較之後仍決定繼續讀下去（升上大二班上同學轉系或重考走了一半）！在大學期間除了修課、社團與談戀愛之外，最主要是參加了台北市張老師的儲訓與擔任義務張老師，可以浸泡在輔導諮商實務領域中。

　　大學畢業服役期間，在金門當了半年裝騎連輔導長，而後經高人指點有機會借調陸軍總部擔任心理分析官，並從事陸軍「趙老師」輔導工作。即將退伍之際考上了第一屆工廠輔導員，也同時獲得救國團專任張老師職務，正在不知如何取捨之際，政大研究所放榜考上了教育研究所碩士班，也就選擇先繼續升學。碩士班畢業前夕，我的指導教授幫我找了三個工作機會都被我婉拒，分別是一個部會首長的機要秘書（我因字寫得難看，擔心不稱職）、

一位新竹地區專科學校的輔導室主任（我因新婚不久，嫌距離台北的家太遠必須住校，週末才能回家），還有一個職缺是台北縣某專科學校的講師（因所教科目五專英文是我最弱的部分）。結果是指導教授不再理睬我，而由自己設法求職。

其後，託一位過去在台北張老師夥伴的告知，台北市某一所專科學校徵課外活動組組長，我即好好準備一番前往面試。很幸運獲得錄取（聽說在我之前來了二、三十位求職者皆未成功），而在那兒工作與歷練了一年，學了許多寶貴的做人做事策略及技巧。因與校長教育理念不合，同時也得到指導教授的引薦而南下高雄，在某一所新設立的國立大學擔任講師兼辦心理輔導業務，服務二年後，因考上博士班而辭職回北部讀書（因業務需要，當時的校長不讓我進修，只得辭職）。

而後適逢師專改制師範學院，我的指導教授獲聘為第一任校長，我也因進修完成拿到高級學位而到嘉義師院服務。二十年來，由講師、副教授到升等教授，兼任過的行政職務包括：秘書室主任、實習輔導室主任、進修部主任、學生輔導中心主任等；二〇〇〇年嘉師與嘉農二校整併成嘉義大學，而後我又有機會陸續擔任系主任、學務長及行政副校長等職。當然，這期間也有五、六年能清閒自在地只當個「陽春教授」！

由以上的扼要描述中，可歸納為二個不同的心境和觀點。三十歲時，個人的座右銘是「一分耕耘，一分收穫」；也可說是對任何的升遷及工作良機，均抱有積極的雄心壯志，自認為只要努力就會成功！四十歲時轉了個念頭，座右銘也變為「但問耕耘，不計收穫」！這種「盡人事，聽天命」的態度，也不能算是消極許多，只算是懂得去知福惜福，絕不可逆向操作！

其次，在歷次的升遷與獲得成就過程中，都匯集了許多「天時、地利、人和」之有利條件，即便在逆境中能得以存活，也是得到恩師與好友的鼓勵及協助！因此，個人在職場的整體競爭力，必定得包括所具備的全部知能與經驗外，自己所建立的人際支持網絡更為重要！所謂「在家靠父母，出外靠朋友」，人際與溝通能力絲毫輕忽不得！

第二節　面談前的準備

👁 經驗分享

生平第一次求職面談的準備經驗

一九八二年六月中旬我剛從研究所碩士班畢業，我的指導教授幫我找了三個工作機會，都因故被我婉拒之後，指導教授自然不再理睬我，而由我個人設法去求職。幸得一位過去在台北張老師夥伴的善意告知，台北市某一所女子專科學校徵課外活動組組長，我即好好準備一番前往面試，而幸運獲得錄用！這是我生平第一次正式求職，且在同一天經過三關面談通過才獲錄取！

在這整個準備與面談過程中，有一些個人的心得在此提出來共同分享。首先，了解學校與校長的特性，再設法盡量配合來爭取被錄用的機會。學校因是女校，聘用男老師一定要穩重可靠，結過婚的男性尤佳；校長是一位德高望重的年長女性，非常重視品行與應對進退的禮儀。

所以，在面試前一天特地去理髮修面並塗上髮油吹了一個四四方方的西裝頭，面試當天穿西裝、打領帶，並特別戴上結婚戒指。事前再三自我叮嚀，多聽少說，經常面帶微笑，回答時要慢慢地說切忌激動。見到老校長要主動先點頭問安，長者先坐下我才落座，有問才扼要回答，絕不可滔滔不絕而口沫橫飛。

事前，我已經打聽過要求的三個基本條件我都符合：已婚男性，社會類科研究所碩士，救國團張老師能帶團體活動。同時，只要通過校長那一關，其他的副校長與常董就容易得多，因為三位是同一家人！也因如此，我參加過研究所畢業典禮之後，不到一週時間就正式到那所女子專科學校報到就業啦！

上述的方塊小故事是我個人於二十多年前，於研究所畢業後第一次正式求職面談前後整個的準備與心得。也算是很幸運，第一次去求職就獲得錄用。若將這些內容與本節主題面談前的準備，以及下一節的面談策略與技巧之運用，加以相互對照參考，真是有些異曲同工之妙，實在值得多加思考和再三玩味。

壹 求職面談前先蒐齊有關資訊

俗話說得好「豫則立，不豫則廢」！這是提醒我們凡事要早做完善準備，才可能有成功的機會。當我們在尋找工作的過程中，好不容易通過審核或初評，方能獲得面試的機會，倘能藉此脫穎而出，就得以進入理想的職場工作來一償夙願！尤其在現今人浮於事的時代，一個好的職位或職缺的競爭更是擠破了頭，如此情況就有如「八仙過海，各顯神通」一般。因此，求職面談前能否先蒐集齊全有關的資訊，並採取有效之因應對策就萬分重要啦！作者以個人相關之經驗針對這個主題，分為四方面來扼要說明如下：

一、透過多方管道來蒐集資訊

今日多元社會中訊息的獲得不可只靠一端，否則難免會發生掛一漏萬的遺憾。新的單位或職務內涵可由書面介紹或報導來知悉，更可以利用網路關鍵字的搜尋，來獲得更多更新的相關訊息。當然，只看報導難免有化妝掩飾的遮蓋，若能透過人脈而直接與該單位相關人員私下談談或請教，必可獲得極為真實且寶貴的資訊；若對方同時還是所謂的「有力人士」，則愉快的私下聊聊更可獲得對方極佳的「第一印象」，對於往後的正式面談評比亦有加分作用。

二、先做好相關文書準備

若在面談之前要先填寫個人相關資料，或是提供個人履歷、自傳、證明文件、某種的企畫（計畫）書，這些都應該事先做好完善的準備，以便隨時

可以提出來運用。今日運用電腦資訊科技十分發達，為了預防臨時漏列什麼資料，最好將各種有關資料都能事先存入於個人攜帶的隨身碟中，以備臨時需要時可以讀取列印。

三、預先演練面試可能的情況

根據應徵的職務或職位條件所需，有些在面試中可能會被詢及的問題或質問的情況，都應預先準備與演練一番。譬如：「請用一分鐘先簡單介紹自己」、「請用英文（日文）做自我介紹」、「你希望的月薪是多少」、「何以你認為自己有把握勝任這個職位」等，都可預作模擬面試。也可準備一份有關職缺與徵才單位的問題清單，因求職面試是雙向的，你在考量公司而公司也在估量你，所以，你也應該會有許多問題要問主試者，譬如：「可以描述在這個職缺上的人，一天所需做的基本工作嗎？」或是「這項工作的最大挑戰是什麼？」準備一份提問的問題清單，一併帶往面試，可以呈現出你旺盛的企圖心。

四、表現要能符合組織文化

任何組織按其性質或傳統，都有特殊的組織文化或氣氛，既然想要爭取進入該單位，就應設法由「入境問俗」而做到「入境隨俗」。譬如，日資企業與軍公教體系較為尊重輩分倫理與禮節，對於穿著和應對進退都有其相關規定，在這種情況下的面試，一定得要注重「整飾儀容」、「進退有節」！

貳　求職預備過程中展現最佳自我

因為在多數企業、機關組織多以面試作為徵才過程的一部分，所以身為一位應徵者，面對重重關卡與諸多競爭對手，在面試時難免會有不少的壓力與緊張。在此將說明如下列可以使用的策略與技巧，而使自己在求職面試過程中，方能來得更加得心應手（黃鈴媚、江中信、葉蓉慧譯，2007；曾端真、曾玲珉譯，1996；Verderber, Verderber, & Berryman-Fink, 2006）。

一、積極爭取面試機會

因為面試通常頗為費時，許多企業組織並不會面試所有的應徵者，而是先用各種篩選機制來淘汰一些不合資格的應徵者。其中主要篩選方式之一，是透過應徵者的履歷表和伴隨履歷表的應徵函，來藉此評估當中所呈現出來的應徵者資格。因此，備妥個人的履歷表和應徵函的主要目的，就是要來促銷自己和積極爭取到面試的機會。

二、以蒐尋資料作為開始

為了能寫一份凸顯自己具備某項工作資格的履歷表，以及一封令人感到深刻正面印象的應徵函，則須事前能對該項工作的要求和徵才公司有深入地了解。若是大專畢業生，學校就業輔導中心的輔導老師將能協助你進行這方面的資訊蒐集。每個應徵者都希望能為面談做充分的準備，但在面談之前有兩件很重要的事要先做功課的，那就是寫應徵函和履歷表。雖然這兩件事不能讓你立刻得到工作，但若準備得宜，則能讓你得到求職面談的機會。

三、撰妥應徵函

應徵函（cover letter）是一種簡短而能清楚表達對爭取該工作意願之信函。此封信通常是寄給有權力僱用你的人（而不是寄給人事部門）。如果你不知那個人的名字，你可上網或以電話向該單位查詢。因為藉由應徵函，你期望能引起讀信者對你的興趣，所以，信不要寫得像印刷函件一樣毫無特色。應徵函的內容應包括以下數項：你在何處知道有此職位、你喜歡該組織的理由、你的主要學經歷（摘要列出重要的項目）、你如何符合該工作的條件要求、與該職務有關的特殊專長與經驗，以及你希望獲得面談的機會等。盡量寫在一頁之內，並附上履歷表。

四、寫好履歷表

履歷表（resume）雖無一定的標準格式，不過，履歷表中應包括以及不

應包括什麼則有共通性。寫履歷表時，必須包括下列各項資料一一條列清楚，才能增加你被面談的可能性：

㈠聯絡處所：姓名、地址、電話、傳真與手機號碼、email 地址等。

㈡職業目標：根據你的專長、經驗領域，用一個句子表達你的職業目標。

㈢相關經歷：從最近的經歷往回寫，可包括支薪及不支薪的經歷。

㈣教育背景：學歷（就讀學校、就讀年份）及註明你所修過與此工作有關的課程。

㈤服役紀錄：包括階級、兵種、功績、技術、能力（女性或未服役者免）。

㈥專業團體：會員或擔任之幹部職稱。

㈦社區服務：單位、組織、內容、日期。

㈧特殊技能：外語能力、電腦、相關證照。

㈨興趣和活動：只列出與工作職務有關的項目。

㈩保證人：只寫出最適於被查詢的保證人或介紹人。

請注意，上列資料未提及個人基本資料亦應斟酌考慮納入，如：身高、體重、年齡、性別、婚姻狀況、健康狀況、種族、宗教、政黨、薪資等。還有，雖然不一定要寫出保證人或介紹人，但你應該已得到某人應允做你的保證人或介紹人。

同時，你必須考慮履歷表的格式及編排上的長度、寬度、間距、版面等。履歷表不要超過三頁，最好是一到二頁，才能達到立即產生具體印象的效果。履歷表要保持整潔且經仔細校對（切忌有錯別字出現），紙張品質與印刷亦要好。試著從雇主的角度和觀點來思考，會想在履歷表中知道哪些或包括些什麼內容。想想該公司或單位需要什麼，不要寫一大堆與工作無關的個人特質或經歷。你可以發揮自己的創造力來呈現自己，但須遵守一般道德規範，同時亦可強調自己的長處，但是不應誇大不實或惡意欺瞞。

五、透過網路電腦適度表現自我

許多網路應徵函和履歷表均是透過線上寄給雇主，網路履歷表已逐漸被雇主和應徵者雙方所普遍採用。雇主也喜歡網路履歷表，因為可以用電腦程

式從大量應徵者中找出具備特別資格或特質的人，必要時也便於建檔儲存；而應徵者喜歡用網路履歷表，因為可以既省時又省事。

雖然網路應徵函和履歷表與傳統的應徵函和履歷表，在形式與文字等方面相同，但也有其他一些不同之別。透過網路電腦可以呈現一些有創意的設計，可以讓雇主耳目一新而印象深刻；但因考慮到要用網路傳遞文件，所以最好避免使用粗體字、斜體字、星號及線條等，因為這些設計部分「只會混淆電腦文字搜尋」。請記得：網路履歷表或為便於掃描的履歷表，最重要的是保持格式簡單。

第三節　面談策略與技巧之運用

壹　求職面談過程中從容呈現自我

面談（interview）是一種結構性的相互對話，其目的在於交換資訊以提供決策之需要。而面談往往又是求職競爭中，最核心的關鍵之一；小心處理一場面試相當重要，包括：做好面試準備、面談時的行為管理，及進行面試後的追蹤，分述如下（黃鈴媚、江中信、葉蓉慧譯，2007；Verderber, Verderber, & Berryman-Fink, 2006）：

一、面試準備

面試準備的完善與否，對於面試的表現有極大之影響。其重點包括下列數項，分述如後：

(一)先做些準備功課

若是在寫應徵函時較匆忙，還未對應徵的職缺與單位做好完整的資料蒐集，則在出發接受面試前一定要完成這項工作，以便確認你已了解該單位的產品及服務、業務的區域範圍、雇主的身分和其財務狀況。當應徵者前往接

受面試卻對該單位一無所悉時，很容易造成面試主考官（主試者）對面試結果的猶豫不決。

(二)穿著得體和適宜

面試時的穿著儀態和舉止言行，會影響到是否被錄用。當你想要製造一個好的第一印象時，儀容修飾和穿著乾淨整齊則是非常重要的。雖然休閒服與運動裝在某些工作場所也普遍出現，但是，某些企業組織仍希望員工在某些場合能穿著較正式的服裝。如果不知道企業組織的服裝規定，可以先以電話詢問，通常一位應徵者最好還是打扮得比一般員工保守一點，如此才可製造一個好印象，所以很重要的是，你要看起來整齊、清潔、得體。男士最好穿著有領襯衫並打領帶，某些場合則需要穿西裝。女士應穿著套裝或看起來較像專業人士的服裝，裙子長度與領口應適中，不要穿著過於暴露，妝也不要化得過濃而引人側目，頭髮要乾淨、不要遮到臉部等。

(三)準時抵達面試地點

面試是單位組織對你的工作態度的第一次接觸，所以千萬不可以遲到。面試前幾天可以先行探路，衡量路程所需花費的時間，並弄清楚確實的地點位置，以免臨時匆忙而跑錯地點，且應計畫到達面試會場時間能比約定時間早十至十五分鐘。

(四)攜帶資料備份

面試時應攜帶額外備份的履歷表、應徵函、徵詢對象名單和提問問題清單，甚至於一些學經歷證件或證書的影本，也應帶著筆和小冊子以便做登載、做筆記。

二、面談時的行為管理

面試的確是會有頗大的壓力，下列幾點指導原則，可以幫助你有一個較好的開始與表現：

(一)仔細地聆聽

當我們感到焦慮時往往會有聽覺障礙，所以要全心投入、了解並記住被問到的問題。要特別留意，主試者都會清楚地感受到你的肢體語言，聆聽的

同時要記住與對方保持目光自然的接觸。

(二)回答前先要思考

如果面試前有充分準備，應該能夠在面試回答問題時充分表達。同時，要想清楚如何利用每個回答來刻畫自己在技能與經驗上的長處。「請自我介紹一下」時，不是要你告訴主試者從小到大的成長歷史，而是要集中你的回答在說明自己與職缺有關的能力、經驗或資格。

(三)表現出積極與熱忱

如果你表現出一副厭煩或沒有興趣的樣子，主試者會推斷你會是沒有進取心的員工，而給予較低之評價，當然要想被錄用的心願就很難達成了。

(四)提出恰當的問題

當面試接近尾聲時，記得可以提出在面試過程中尚未被討論而你想知道的問題。你可以問主試者對於你自己符合職缺的程度，以及對自己強項的看法。

(五)避免討論薪資和福利

記得必須確定自己已經被錄用，才是討論薪資的時候。假如在此之前，主試者設法想從你口中得到更多相關細節時，你可以說些類似這樣的話：「我比較有興趣討論我的經驗是否符合你的需要，我希望遲緩薪資的討論，直到彼此都覺得我適合這一份工作。」同樣地，確定被錄用的時候才能討論工作福利。

三、面試後的追蹤

面試完成之後，還有以下幾項重要的追蹤步驟要一一進行：

(一)寫一封感謝函

寫一封簡短的感謝函或是 email 給主試者，表達出對方給予自己有面試機會的感激之意，並再次表示對該職缺的興趣。

(二)自我評估面試表現

花點時間來評論自己面試的表現。自己表現如何？下次如何改進會做得更好？

(三)聯繫主試者以獲得回饋

　　如果沒有得到職缺，也可以電話或 email 聯繫主試者來獲得一些回饋。記得態度一定要禮貌，並且說明電話聯繫的主要目的只是要獲得對方的協助，以便改進自己的面試技巧。

貳　求職面談要坦然真誠

　　求職面談結果未必一定能獲得錄用，但整個過程進行中應該要能坦然真誠以對，絕不可瞞混欺騙；否則錄取之後無法兌現，仍會引發軒然大波，甚至失去工作機會。在坦然真誠告知過程中，可參考運用以下三項原則：

一、實話實說絕不欺騙

　　謊言必然會有拆穿的一天。在面談之中絕不可惡意欺瞞，否則難免要自食惡果。有時可以技巧性地帶過，或是實問虛答、或是只說一部分，但千萬不要試圖撒謊。

二、適度地自我坦露

　　在前面第六章中提到自我坦露時，一再強調交淺不言深，自我坦露一定要注意到適時適度。在面談中即使談得再愉快，也不適宜做過深地自我坦露，以免嚇壞了主試者而弄巧成拙及得不償失。

三、言而有信慎重承諾

　　重承諾是人際之間進一步互動交往的基石，所謂「言其所信，行其所言」！這些都是絲毫馬虎不得的，有時真如西洋影片中執法者逮捕犯罪嫌犯時必說的一段話——「你有權利保持沉默，但你說的每一句話都可能當作呈堂供證！」要知道通過面試被錄用，只是進入這個單位服務的第一步，往後的工作發展和人際交往，都得要從言而有信慎重承諾做起。

本章摘要

　　近年來，國內各大學院校也漸重視學生的生涯發展及規畫教育，其主要目標在於：(1)增進自我了解；(2)了解工作世界；(3)進行生涯試探、生涯規劃和生涯準備；(4)增強社交能力；(5)培養生涯能力；(6)提升自我實現動機。

　　所謂「生涯」，就字面上的定義看指的是個人一生的歷程。但今日在學術上所稱的生涯，由於生涯發展理論的推廣，多指個人一生中與職業、事業、工作有關的歷程。生涯理論大師 Super 提出，生涯係指一個人終生經歷的所有職位之整體歷程，其後則更認為生涯是生活裡各種事件的演進歷程，結合個人一生中各種職業與生活角色；生涯發展是連續漸進的終身歷程，會隨著個人的成長和學習而形成個體獨特的生涯發展取向。

　　生涯發展理論中有兩位極著名學者Ginzberg及Super。其中，Ginzberg認為一個人的職業選擇受四個因素影響，分別是：(1)現實的因素；(2)教育的過程；(3)情緒的因素；(4)個人的價值觀。而職業選擇涵蓋人生相當長時間，大約從兒童期到青年期之間，其中又可分為：幻想期（由出生到十一歲）、嘗試期（十一歲到十七歲）及現實期（十七歲以後到成年期）等三個階段。根據 Ginzberg 的觀點，在生涯決定的過程中這三個階段發展順序是不可變換的。Ginzberg 的理論著重在個人就業前的職業選擇，可說是生涯發展論的早期架構者，但其論點有其不足之處，後由 Super 的理論加以補足。

　　Super以生活階段及發展任務為理論的重心，特別強調職業選擇是一漫長的發展歷程，個人發展階段中自我概念的發展、發展任務、生涯發展成熟的意義及生涯發展中個人與環境的關係。因而 Super 的理論可被稱為「發展的自我觀念」，但他自認為應是「差異－發展－社會－現象學的心理學」，將個人生涯的發展區分為：成長期（出生～14歲），探索期（15歲～24歲），建立期（25歲～44歲），維持期（45歲～64歲），以及衰退期（65歲～）等五個階段，每個階段皆有其發展活動及任務，而且這些階段具有循環、重複的特性。

個人生涯決定程度的衡量，通常根據Marcia的自我認定狀態理論建立，按照「探索」與「承諾」兩個指標向度，將自我認定狀態分為「自主定向」、「他主定向」、「尋求方向」、「迷失方向」等四類。在影響個人生涯決定因素中，認知被視為影響行為的中介變項。認知在生涯決定歷程中扮演關鍵的角色，生涯行為顯然受到認知中介的影響。而從未定向的相關研究也發現，認知因素對於未定向的影響相當明顯，因而生涯決定理論漸漸走向認知取向是必然趨勢。在認知因素中，生涯迷思（個人對生涯發展或生涯決定所持的不合理假設）是其重要影響來源。

Nevo整理歷年來諸多學者於生涯諮商中所發現的非理性信念，認為此等信念可能和生涯未定向及生涯選擇的挫折有關。他列出十項不正確信念，並歸為有關職業的非理性期待、有關生涯諮商員及測驗的非理性期待、有關自我的非理性期待，及有關決定歷程的非理性期待等四大類。

人生當中有許多事情我們都無法完全掌握！在生涯奮鬥及求職過程中，更與所謂的「機緣」、「運氣」息息相關，所謂「得之勿喜，失之勿悲」，是非功過都很難下定論！要能持定「但問耕耘，不計收穫」這種「盡人事，聽天命」的態度，懂得去知福惜福，絕不可逆向操作！個人在職場的整體競爭力，必定包括所具備的全部知能與經驗外，以及自己所建立的人際支持網絡更為重要！所謂「在家靠父母，出外靠朋友」，人際與溝通能力絲毫輕忽不得！

求職面談前要先蒐集齊全有關的資訊，並採取有效之四項因應對策，包括：(1)透過多方管道來蒐集資訊；(2)先做好相關文書準備；(3)預先演練面試可能的情況；(4)表現要能符合組織文化。要設法在求職預備過程中展現最佳自我，可使用的策略與技巧計有：積極爭取面試機會；以蒐尋資料作為開始；撰妥應徵函；寫好履歷表；及透過網路電腦適度表現自我等五方面。

其中，應徵函的內容應包括以下數項：你在何處知道有此職位；你喜歡該組織的理由；你的主要學經歷（摘要列出重要的項目）；你如何符合該工作的條件要求；與該職務有關的特殊專長與經驗；以及你希望獲得面談的機會等。而履歷表雖無一定的標準格式，但必須包括：聯絡處所、職業目標、

相關經歷、教育背景、服役紀錄、專業團體、社區服務、特殊技能、興趣和活動及保證人等資料，一一條列清楚，才能增加你被面談的可能性。而許多網路應徵函和履歷表均是透過線上寄給雇主，網路履歷表已逐漸被雇主和應徵者雙方所普遍採用。

面談是一種結構性的相互對話，其目的在於交換資訊以提供決策之需要。而面談往往又是求職競爭中，最核心的關鍵之一；小心處理一場面試相當重要，包括：做好面試準備、面談時的行為管理及進行面試後的追蹤。其中，面試準備又含括：先做些準備功課、穿著得體和適宜、準時抵達面試地點、攜帶資料備份等四項；面談時的行為管理，則含括：仔細地聆聽、回答前先要思考、表現出積極與熱忱、提出恰當的問題及避免討論薪資和福利等五項；面試後的追蹤則含括：寫一封感謝函、自我評估面試表現，及聯繫主試者以獲得回饋等三項。

求職面談結果未必一定能獲得錄用，但整個過程進行中應該要能坦然真誠以對，絕不可瞞混欺騙；在坦然真誠告知過程中，可參考運用以下三項原則：(1)實話實說絕不欺騙；(2)適度地自我坦露；(3)言而有信慎重承諾。

※「突圍闖關」活動。

活動名稱：突圍闖關。

活動成員：同班、同寢室或修課同學，以 6-8 人分為一小組來進行。

活動時間：30-40 分鐘。

活動方式：一、小組任由一人來擔任闖關者，其餘成員以手臂互相勾結圍成一個圓圈，闖關者立於圈外。

二、活動開始後，闖關者可想辦法以推、擠、拉、跳、鑽等任何方式企圖闖入圈內，而圍圈的成員則要能盡力抵抗以防止闖關者闖入。每位闖關者至多只有 5 分鐘進行闖入之努力，超過時間者以闖關失敗論。

三、闖關者可由小組成員輪流擔任，待整體活動告一段落後，全體小組成員可以圍圈坐下來由闖關者分享其心得，並由其他成員給予回饋。

本章習題

一、你認為「生涯規畫」與「求職選擇」之間有何關聯？試以你個人的觀點
　　或相關經驗來加以論述之。

二、針對求職面談前先蒐集齊全有關資訊的四項因應對策，你認為其中最重
　　要的是哪一項？請具體說出你的理由為何？

三、試分別條列出你自己的求職正確理念與人際策略各五項，並能輔以你的
　　相關經歷或觀察來具體扼要說明之。

四、根據履歷表的十項資料內容，自行設計並列印出一份你個人較滿意的履
　　歷表內容？盡可能以二頁 A4 紙張大小為範圍去設計。

五、應如何落實面談中行為管理的五項重點，以協助自己可以有最佳之表現？
　　試分別提出可行的具體做法。

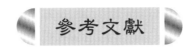

一、中文部分

王以仁、林淑玲、駱芳美（2006）：**心理衛生與適應**（第 2 版）。台北：心理出版社。

金樹人（1986）：理情治療原則在生計決定上的應用。**諮商與輔導，11、12，**頁 27-29。

金樹人（1988）：**生涯發展與輔導**。台北：天馬出版社。

吳芝儀（1991）：**五專五年級學生生涯決定信念、情境—特質焦慮與生涯決定行動之研究——以國立台北商專五專五年級學生為例**。未出版碩士論文，國立台灣師範大學教育心理與輔導研究所，台北。

吳芝儀（2000）：**生涯輔導與諮商——理論與實務**。嘉義：濤石文化出版社。

黃鈴媚、江中信、葉蓉慧譯（2007）：**人際關係與溝通**。台北：前程文化公司。

張浣芸（1987）：**我國專科學生生涯發展成熟度之相關研究**。台北：國立台灣藝術專科學校出版委員會。

曾端真、曾玲珉譯（1996）：**人際關係與溝通**。台北：揚智文化公司。

羅文基（1991）：**生涯規畫與發展**。台北：國立空中大學。

二、英文部分

Herr, E. L. & Cramer, S. H. (1996). *Career guidance and counseling through the life span* (5th ed.). Glenview, Illinois: Scott & Foresman.

Nevo, O. (1987). Irrational expectations in career counseling and their confronting arguments. *Career Development Quarterly, 35,* 239-250.

Super, D. E. (1976). *Career Education and the meaning of work.* Washington, DC:

The Office of Career Education, U. S. Office of Education.

Super, D. E. (1990). A life-span life space approach to career development. In D. Brown, L. Brooks, & Associates (Eds.) *Career choice and development: Applying contemporary theories to practice* (2nd ed., pp. 197-261). San Francisco: Jossey-Bass.

Verderber, K. S., Verderber, R. F., & Berryman-Fink, C. (2006). *Inter-Act: Interpersonal communication concept, skills, and contexts*. Oxford University Press.

國家圖書館出版品預行編目資料

人際關係與溝通／王以仁著. --初版. --
臺北市：心理, 2007.10
面；　公分. --（通識教育系列；33023）
含參考書目
ISBN　978-986-191-077-2（平裝）

1.人際關係　　2.溝通

177.3　　　　　　　　　　　　　　　96018084

通識教育系列 33023

人際關係與溝通

作　　者：王以仁
責任編輯：唐坤慧
執行編輯：李晶
總　編　輯：林敬堯
發　行　人：洪有義
出　版　者：心理出版社股份有限公司
地　　址：231026 新北市新店區光明街 288 號 7 樓
電　　話：(02) 29150566
傳　　真：(02) 29152928
郵撥帳號：19293172　心理出版社股份有限公司
網　　址：https://www.psy.com.tw
電子信箱：psychoco@ms15.hinet.net
排　版　者：鄭珮瑩
印　刷　者：博創印藝文化事業有限公司
初版一刷：2007 年 10 月
初版八刷：2022 年 12 月
Ｉ Ｓ Ｂ Ｎ：978-986-191-077-2
定　　價：新台幣 400 元